中等职业教育改革创新示范教材

中等职业教育国际商务专业课程教材

国际贸易操作实务

（第二版）

孙明贺　主编

科学出版社

北京

内 容 简 介

本书遵循教育部对职业教育的要求，系统介绍了国际贸易的相关知识和技能。全书共分4篇，分别介绍了进出口业务的准备、进出口合同的磋商与订立、进出口合同的履行、进出口业务的后续处理。通过学习这4篇内容，可掌握国际贸易业务的整个运作流程。

在结构上，本书紧密结合职业教育"以行动为导向"的原则，打破传统的教学思路，以项目－任务作为基本学习单元开展实践活动，让学生在活动中掌握技能和理论。各篇分别融入国际商务、电子商务、国际运输、国际结算、国际金融等各学科知识，配以大量的实际操作和模拟实训来巩固学生对知识的理解和把握，大大提高其学习积极性和技能操作水平。

本书专门针对中职学生编写，可作为中职经济管理、物流专业教材，也可作为单证员、跟单员等的资格考试参考书，还可供相关人员选用。

图书在版编目（CIP）数据

国际贸易操作实务/孙明贺主编．—2版．—北京：科学出版社，2015
中等职业教育改革创新示范教材·中等职业教育国际商务专业课程教材
ISBN 978-7-03-045577-2

Ⅰ．①国…　Ⅱ．①孙…　Ⅲ．①国际贸易－贸易实务－中等专业学校－教材　Ⅳ．①F740.4

中国版本图书馆CIP数据核字（2015）第208772号

责任编辑：任锋娟　殷晓梅　涂晟 / 责任校对：王万红
责任印制：吕春珉 / 封面设计：耕者设计工作室
版式设计：金舵手

科 学 出 版 社 出版
北京东黄城根北街16号
邮政编码：100717
http://www.sciencep.com

铭浩彩色印装有限公司印刷
科学出版社发行　各地新华书店经销
*
2011 年 3 月第 一 版　　开本：787×1092　1/16
2015 年 10 月第 二 版　　印张：18 3/4
2017 年 8 月第二次印刷　　字数：433 200
定价：42.00 元
（如有印装质量问题，我社负责调换〈骏杰〉）

销售部电话 010-62134988　编辑部电话 010-62135120-2021（SF02）

中职中专国际商务类教材系列
编委会

主　任

　　姚大伟（上海思博职业技术学院副校长、教授）

副主任

　　符海菁（上海思博·国际商务与管理学院副院长、副教授）

　　丛凤英（汕头外语外贸学校副校长、高级讲师）

成　员（按姓氏拼音排序）

　　毕燕萍（广东工贸学校校长、高级讲师）

　　陈　强（上海市乐辉职业技术学校副校长、高级讲师）

　　顾晓滨（黑龙江对外贸易学校校长助理、高级讲师）

　　乐嘉敏（上海市现代职业技术学校培训部主任、高级讲师）

　　马朝阳（河南省外贸学校外贸教研室主任、高级讲师）

　　尚小萍（上海市振华外经职业技术学校副校长、高级讲师）

　　童宏祥（上海市工业技术学校教研室主任、高级讲师）

　　张　华（辽宁省对外贸易学校教务主任、高级讲师）

　　张艰伟（上海市南湖职业学校一分校副校长、高级讲师）

丛 书 序

FOREWORD

20 多年来的改革开放已经使我国成为经济全球化的受益者，我国已经成为对外贸易增长最快的国家之一。自 2002 年以来，我国的对外贸易连续 5 年保持两成以上的高速增长态势。2006 年我国对外贸易进出口总额达到 17 607 亿美元，稳居全球第三位。2007 年，世界经济贸易仍处于扩张周期，中国经济将在结构优化、效益提高和节能降耗的基础上继续保持平稳较快增长，对我国对外贸易发展的总体环境仍然较为有利，全年有望保持较快的增长。

对外贸易的快速增长必然对国际商务人才产生巨大的需求。因此，人才的匮乏与该行业的蓬勃发展极不相称。为了适应国际商务专业的教学改革以及以就业为导向的培养目标，我们在科学出版社的组织下编写了中职中专国际商务类教材系列。这套教材完全适合国际商务专业核心骨干课程的教学需要，同时兼顾了外贸行业的外销员、货代员、单证员、报关员、报检员、跟单员等职业资格考试的要求，既可以作为广大中职中专院校学生的教材，还可供从事外贸业务人员作为专业培训的参考用书，对参加有关职业资格考试的人员也不无裨益。

本套教材的编写有如下特点：

1. 力求把职业岗位能力要求与专业的学科要求融入教材，以能力为本，体现对学生应用能力培训的目标。

2. 注重技能的训练，在基本原理的基础上将技能实训引进来，让学生通过实训学会解决实际问题。

3. 与行业职业资格考试相衔接，在内容和练习等方面紧扣相关考试要求。

4. 注重对新知识的讲解，适应不断变化的国际贸易环境，以提高学生的适应力。

中职中专国际商务类教材系列编委会

前　　言

我国加入世界贸易组织以来，对外经济贸易发展迅速，呈现出逐年增长的趋势。为了适应对外贸易发展的形势及教学的需要，特组织编写了本书。

本书体现了职业教育倡导实践教学的特色，把行动导向理念彻底贯穿于教学模式中，在编写上注重实践教学与理论教学相结合，教师通过项目-任务式组织学生自主学习，完成对理论知识的掌握。本书内容完全以外贸企业实际操作为主线，力求让学生在实践中掌握真知。在近几年职业教育改革蓬勃发展的大环境下，本书更好地适应了新的行动导向模式，力求凸显以下几个特点：第一，从外贸实际的角度出发，突出实践性，侧重外贸流程操作；第二，以实际的外贸业务为主线，整个教学过程可视为一单外贸业务，实践完书中所有实训活动即可基本掌握外贸流程；第三，将社会能力融入教学，在实践中培养、锻炼学生各方面的能力；第四，强调学生操作上的熟练，引导学生自觉学习理论知识，并以此指导自己的实践活动；第五，尽可能地选用当前最新的知识，让学生能够与时俱进。

参加本书的编写人员具体分工如下：孙明贺，第1篇所有项目，第2篇项目7，第4篇项目15；王晓斐，第2篇项目8、项目9；周玲芬、郑海英，第3篇项目10；楼颖，第3篇项目11；焦艳宁，第3篇项目12、项目13；王静，第4篇项目14；董双双，第4篇项目16；段淑荣，第4篇项目17。孙明贺组织全书编写并统稿。

在编写过程中我们参考了同类书，并通过网络查询了大量资料，在这里向相关作者表示衷心感谢！由于成稿时间仓促，编者水平有限，书中难免有不足和疏漏之处，敬请广大读者批评指正。

目 录

CONTENTS

第 3 篇　进出口合同的履行

第 4 篇　进出口业务的
后续处理

第 1 篇

DI YI PIAN

进出口业务的准备

项目 1

了解国际贸易业务

学习目标

了解国际贸易的内涵、作用，了解国际贸易市场及中国贸易市场走势，初步认识贸易业务，了解进出口贸易流程，能够在认识贸易的基础上，分析中国的对外贸易。

任务 1.1 认识国际贸易及其作用

情境 导入

武宁 2014 年毕业后进入一家大型外贸公司，她努力学习外贸知识，了解公司业务。一个月后，业务部经理对武宁进行考核，提出了以下问题：如果你是国内某知名电器生产商，把自己的电器产品卖给国内经销商和国外经销商，这两种贸易性质是否相同？若想开发国外市场，是否和开发国内市场一样？在售往国外的业务中，技术转让和专利转让是否也属于贸易的一种？请模拟招聘现场，替武宁回答业务经理的问题。

1.1.1 国际贸易概述

国际贸易是指不同国家（或地区）之间的商品和服务的交换活动。国际贸易是商品和服务的国际转移，国际贸易也叫世界贸易。国际贸易由进口贸易（import trade）和出口贸易（export trade）两部分组成，故也称为进出口贸易。

1.1.2　国际贸易的分类

1. 按商品移动的方向分类

1）进口贸易：将其他国家的商品或服务引进到本国市场销售。

2）出口贸易：将本国的商品或服务输出到其他国家市场销售。

3）过境贸易：A 国的商品经过 C 国境内运至 B 国市场销售，对 C 国而言就是过境贸易。由于过境贸易对国际贸易的阻碍作用，目前，WTO 成员国之间互不从事过境贸易。

想一想

国际贸易与对外贸易的区别？

进口贸易和出口贸易是就每笔交易的双方而言，对于卖方而言，就是出口贸易，对于买方而言，就是进口贸易。此外，输入本国的商品在输出时，称为复出口；输出国外的商品在输入本国时，称为复进口。

2. 按商品的形态分类

1）有形贸易：有实物形态的商品的进出口，例如，机器、设备、家具等实物商品，这些商品的进出口称为有形贸易。

2）无形贸易：没有实物形态的技术和服务的进出口，专利使用权的转让、旅游、金融保险企业跨国提供服务等都是没有实物形态的商品，其进出口称为无形贸易。

3. 按生产国和消费国在贸易中的关系分类

1）直接贸易：指商品生产国与商品消费国不通过第三国进行买卖商品的行为。贸易的出口国方面称为直接出口，进口国方面称为直接进口。

2）间接贸易和转口贸易：指商品生产国与商品消费国通过第三国进行买卖商品的行为，间接贸易中的生产国称为间接出口国，消费国称为间接进口国，而第三国则是转口贸易国，第三国所从事的就是转口贸易。

想一想

服务贸易、加工贸易及商品贸易都指什么？

4. 按贸易内容分类

1）服务贸易。

2）加工贸易。

3）商品贸易。

4）一般贸易。

1.1.3　国际贸易的作用

国际贸易对参与贸易的国家乃至世界经济的发展具有重要作用，具体表现在以下几个方面。

1. 调节各国市场的供求关系

调节各国市场的供求关系，互通有无始终是国际贸易的重要功能。世界各国由于受生产水平、科学技术和生产要素分布状况等因素的影响，生产能力和市场供求状况存在着一定程度的差异。各国国内既存在产品供不应求的状况，又存在着各种形式的产品过剩状况，而通过国际贸易不仅可以增加国内短缺产品的市场供给量，满足消费者的需求，而且还为各国国内市场的过剩产品提供了新的出路，在一定程度上缓解了市场的供求矛盾，从而调节了各国的市场供求关系。

2. 促进生产要素的充分利用

劳动力、资本、土地、技术等生产要素在世界上的分布是不平衡的，有的国家劳动力富余而资本短缺，有的国家资本丰裕而土地不足，有的国家土地广阔而耕作技术落后。如果没有国际贸易，这些国家的国内生产规模和社会生产力的发展都会受到其短缺的生产要素的制约，一部分生产要素将闲置或浪费，生产潜力得不到发挥。通过国际贸易，这些国家就可以采取国际劳务贸易、资本转移、土地租赁、技术贸易等方式，将国内富余的生产要素与其他国家交换国内短缺的生产要素，从而使短缺生产要素的制约得以缓解或消除，富余生产要素得以充分利用，扩大生产规模，加速经济发展。

想一想

拥有哪个生产要素比较占优势？

3. 发挥比较优势，提高生产效率

利用比较利益和比较优势进行国际分工和国际贸易，可以扩大优势商品生产，缩小劣势商品生产，并出口优势产品从国外换回本国居于劣势的商品，从而可在社会生产力不变的前提下提高生产要素的效能，提高生产效率，获得更大的经济效益。

4. 提高生产技术水平，优化国内产业结构

各国普遍通过国际贸易，引进先进的科学技术和设备，提高国内的生产力水平，调整和完善产业结构，促使整个国民经济协调发展。

5. 增加财政收入，提高国民福利水平

国际贸易可为一国政府开辟财政收入的来源。政府可从对过往关境的货物征收关税，对进出口货物征收国内税，为过境货物提供各种服务等方面获得大量财政收入。国际贸易还可通过进口国内短缺而又迫切需要的商品，或者进口比国内商品价格更低廉、质量更好、式样更新颖、特色更突出的商品，来使国内消费者获得更多的福利。此外，国际贸易的扩大，特别是劳动密集型产品出口的增长，将为国内提供更多的就业机会，增加财政收入和提高国民福利。

6. 加强各国经济联系，促进经济发展

世界各国广泛开展国际贸易活动，不仅把生产力发展水平较高的发达国家互相联系起来，而且也把生产力发展水平较低的广大发展中国家卷入国际经济生活之中。国际市场的竞争活动，促使世界总体的生产力发展进一步加快。国际贸易不仅促进了发达国家经济的进一步发展，也促进了发展中国家和地区的经济发展。

实训安排

1. 查找资料

➢ 举例说明国际贸易的特点。

➢ 介绍世界贸易组织。

➢ 贸易差额、对外贸易额和外贸依存度都代表什么？

➢ 什么是顺差？什么是逆差？

2. 分析说明

➢ 我国加入 WTO 的利弊。

➢ 是贸易顺差好还是逆差好？为什么？

3. 案例分析

假设世界上只有两个国家，A 国与 B 国，A 国比较富裕，B 国比较贫穷，B 国为了发展经济向 A 国借款。为了还款，B 国加强生产，大量出口产品到 A 国换取外汇，从而成为

贸易顺差国家，而 A 国由于大量进口 B 国产品造成贸易逆差。请问，您是愿意生活在贸易顺差的 B 国还是愿意生活在贸易逆差的 A 国？为什么？

4. 情境模拟

根据情境导入内容设置外贸公司招聘现场，分组教学，由各组成员分别扮演外贸公司业务部经理、前台接待、武宁等人物，自设情境，进行模拟招聘。

实训指导

实训教师带领学生了解国际贸易，能够区分国际贸易与对外贸易，掌握国际贸易的几个指标，如对外贸易额、对外贸易依存度等。实训过程中，实训教师强调学生查询资料应以分析问题为目的，资料应真实、准确，主要为近 3 年的信息。

学生在实训过程中，重点把握国际贸易的分类及国际贸易的发展走势。通过资料查询，了解当前国际形势，能够分析我国发展国际贸易的前景，认识贸易顺差、贸易逆差，并能够认识到贸易顺差和贸易逆差都不能代表一国的经济发展水平，而仅仅代表这段时间内一国的进出口情况。这就可以分析为什么我国是贸易顺差国，美国和日本是贸易逆差国。尽管是贸易逆差，美国和日本进口的是劳动密集型产品，而出口的却是高科技产品，虽然出口小于进口，但是他们仍能在世界经济格局中占据主导地位。

情境模拟中，教师可要求学生自设情境现场，但要规定几项必选考题，各组学生可根据自身特色设定面试者武宁的性格特征，但要求在模拟现场必须能够准确回答业务经理的问题，且要形象模拟出招聘现场的礼仪。

作业点评

1）各小组将查询资料整理成 PPT 文档，演示说明。

2）小组作业实施互评，教师加以点评。

3）教师需把握各小组对知识的掌握，查询资料的详细程度以及分析问题的角度，表达问题的清晰度等。

任务 1.2 了解国内外贸易市场

情境 导入

市场是买卖需求者的集散地。国内外的贸易市场有很多，武宁想到一些问题：贸易市场是如何形成的呢？贸易市场是不是也必须是规定的某些地区或区域呢？贸易市场可否不固定？我国经常与哪些国家进行贸易往来？请帮助武宁写一份中国贸易市场分析报告。

1.2.1 近年我国国际商品市场现状

2012 年中国已成为仅次于美国的世界出口国家，世界第二大经济实体。我国出口商品主要集中在工业制成品，均以劳动密集型为主，而领导时代新潮流的高科技、高尖端技术型产品我们不占优势。

1）我国出口商品种类比较单一，以劳动密集型为主。

2）出口产品多数缺乏自主品牌，附加值低，高科技产品少。虽然我国近年来注重对高新技术产业的开发和研究，但仍落后于美国、日本等发达国家。

3）贸易摩擦不断增加。近年来，我国出口产品价格低廉，部分挤占了一些国家的市场份额，对这些国家的本国生产厂商造成严重威胁，导致很多出口产品遭受反倾销，并且数量显著增加，这对我国出口产品带来了巨大困难。据 WTO 的统计，中国已经连续十年成为反倾销税的最大对象国。因此，我国必须及时调整产业结构，提高产品附加值，培养自主品牌，增强贸易竞争能力。

知识点

倾　销

倾销是指一国（地区）的生产商或出口商以低于其国内市场价格或低于成本价格将其商品抛售到另一国（地区）市场的行为。对倾销的调查和确定，由对外贸易经济合作部门负责。

因为倾销是以消灭竞争对手并垄断整个市场为目的，所以倾销被视为一种不正当的竞争手段，为 WTO 所禁止。因此各国为保护本国市场，扶持本国企业，纷纷采取措施来抵制外来商品倾销，这种行为称为反倾销。目前，很多国家会以怀疑产品倾销为借口阻止某些产品进入本国市场。

1.2.2 我国的主要贸易伙伴

根据海关总署在 2014 年初公布的数据，以下是中国大陆的十大贸易伙伴。排名基于 2013 年各国、各地区与中国大陆的总贸易额（进口额加出口额）。

第十名：巴西，865.8 亿美元，下降了 4%。

第九名：俄罗斯，952.8 亿美元，增长 6.8%。

第八名：澳大利亚，1369 亿美元，增长 3%。

第七名：中国台湾，1983.1 亿美元，增长 6%。

第六名：韩国，2904.9 亿美元，增长 5.9%。

第五名：日本，3124.4 亿美元，与去年持平。

第四名：中国香港特别行政区，3760.9 亿美元，下降了 6.2%。

第三名：东南亚国家联盟，4803.9 亿美元，增长 8.3%。

第二名：美国，5551.2 亿美元，增长 6.6%。

第一名：欧盟，6151.4 亿美元，增长 9.9%。

实训安排

1. 查找资料

➤ 我国在技术、知识产权、专利方面贸易市场的发展状况。

➤ 确定某种产品倾销应具备哪些条件。

➤ 国际贸易商品的分类。

2. 讨论

➤ 谈谈如何调整我国的产业结构。

➤ 怎样提高我国自主品牌的国际影响力？

3. 案例分析

2009 年，奥巴马宣布对从中国进口的轮胎连续三年征收重税的消息，掀起了轩然大波。针对美国怀疑中国轮胎在美国倾销而采取反倾销的行为，从天然橡胶加工厂、橡胶贸易商、中国轮胎厂、轮胎贸易商、美国销售渠道等都在讨论、分析奥巴马的行为将带来什么后果，我国应该采取何种手段来解决这个问题，中国的轮胎企业又应该如何应对这些问题。

4. 撰写中国市场分析报告

通过所学知识，搜集相关资料，尝试帮助武宁撰写一份中国市场分析报告，分析我国 2015 年贸易市场走向，并分析当前商品市场的特点及我国贸易伙伴的特点，试图提供解决方案。

实训指导

实训教师指导学生重点了解我国的贸易市场，以及我国的重点贸易伙伴的情况；了解我国进出口市场的特点、产品种类，分析当前国际贸易市场的占有情况和我国在国际贸易中所占的份额是否能够说明我国经济发展的水平。教师指导学生分析报告的结构，学习如何去调查我国贸易市场。

作业点评

1）各小组将查询资料整理成 PPT 文档，演示说明。

2）学生对倾销的理解。

3）教师把握各小组对知识的掌握，查询资料的详细程度以及分析问题的角度，表达问题的清晰度。

4）学生分析国际上当前有关倾销的敏感问题。

5）分析报告的完成质量。

任务 1.3　掌握国际贸易业务流程

情境 导入

武宁进入外贸公司后，业务经理对其进行岗位培训，除了要求武宁等员工了解公司文化及经营理念，更重要的就是要他们对公司业务十分熟悉，对进出口贸易流程了如指掌。请帮助武宁绘制进出口贸易业务流程图。

1.3.1 国际贸易业务流程

国际贸易业务环节众多，无论进口还是出口，就其基本流程而言，均可概括为四个阶段：交易准备阶段、合同磋商和订立阶段、合同履行阶段、善后处理阶段（图 1-1）。

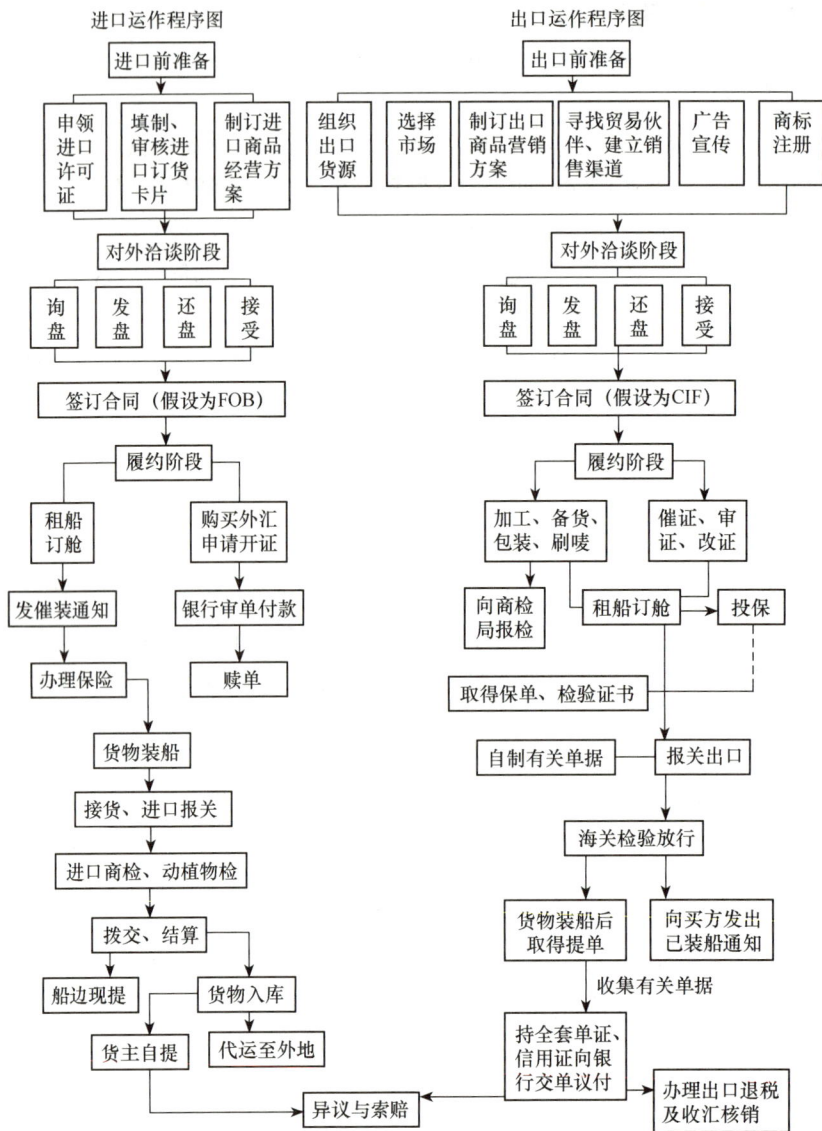

图 1-1　进口业务流程图

1. 交易准备阶段

交易准备阶段是国际贸易业务的开始，在这个阶段，业务人员首先要熟知贸易方式、贸易术语、贸易合同的相关条款等贸易知识。此阶段的主要工作在于申请办理进出口许可证；进行市场调查（寻求商机、调研客户、选择贸易伙伴、掌握贸易政策和贸易习惯等）；开展广告宣传；制订经营方案（撰写营销计划、采购计划和生产计划等）。

2. 合同磋商和订立阶段

合同磋商和订立阶段是通过信函、洽谈、商务函电等方式相互磋商联络，与国外客户就商品交易的相关条件进行商谈，最终达成一致并签订合同。该阶段由询盘、发盘、还盘和接受四个部分组成。

3. 合同履行阶段

合同履行阶段的主要工作是实质性操作，包括进出口货物的检验检疫、通关、运输、保险、仓储、装卸、收取货款等工作。

4. 后续处理阶段

后续处理阶段是完成履行合同后的后续工作。如进口付汇核销、出口收汇核销、争议处理及相关后续服务等事宜。

1.3.2 国际贸易的主要关系人

国际贸易活动中，不可避免地要与各种部门打交道，建立相互联系，实现必要又及时的有效沟通。在贸易活动中，建立良好的关系是贸易成功的重要因素，它能够保证贸易活动顺利展开和结束，不会引起贸易摩擦。主要的关系人有以下几个：

1）政府部门：无论是进口贸易还是出口贸易，都会受到政府相关部门的管制，例如，我们有些商品的出口必须申请出口许可。

2）海关：海关是进出口贸易必须打交道的机构。无论是进口还是出口，都要通过海关，只有经过海关的验查、验单、征税、放行后，进出口货物才能实现下一步的运输。

3）检验检疫局：检验检疫是针对进出口商品质量进行的，特别对食品、生禽等，不合格或未检验的商品是不允许进出口的。一般海关在验单过程中，会要求提供货物的商检证明。

4）保险公司：一般国际贸易涉及的货物都需要上保险，因为路途遥远，不可控因素多、风险较大等原因，保险是买卖双方为降低损失所进行的必要选择。

5）承运人：承运人指实际承担运输工作的责任人。有时候买卖双方会选择国际货运代理负责货运的整个过程。就算是货代也要与承运人合作，保证货物安全、及时、保质保量的运输和装卸。

6）银行：一般国际贸易都需要银行参与融通。银行是提供贷款、汇兑、储蓄及承担信用中介的金融机构。有了银行的合作，进出口商可以放心地进行资金融通，传递商业信息。

■■ 实训安排

1. 画图
- ➢ 请绘制进出口贸易主要关系人的示意图。
- ➢ 尝试自己绘制进出口贸易流程图。

2. 解说
- ➢ 进出口贸易流程。
- ➢ 进出口贸易主要关系人负责的工作。

3. 思考
- ➢ 除了所给资料，进出口贸易还有哪些关系人会和进出口商有合作？
- ➢ 如何加强与这些重要部门的关系？

4. 实际操作
请帮助武宁制作贸易进出口流程图，并能够向客户讲解贸易流程。

实训指导

实训教师带领学生了解国际贸易进出口流程以及关系人的情况。

学生在实训过程中应熟悉流程图，能够使用 Visio 或 Word 自行绘制流程图。了解进出口贸易商与关系人的关系，并能够分析如何建立和保持这种关系。

作业点评

1）进出口贸易流程的掌握程度。

2）绘制流程图的水平。

3）建立合作关系的想法是否合理、丰富，以及实际操作的可执行性。

业务操作

假设每个小组给予 100 万元资金，成立一家贸易公司。要求：

1）拟定贸易公司名称，经营理念，设计公司 LOGO。

2）选择经营一种或几种商品，说明选择的理由。

3）选定公司地址，确定经营规模。

4）选择某个贸易国家作为合作伙伴，说明理由。

5）制作公司宣传海报。

6）向客户介绍如何进行贸易。

小　结

本项目活动主要围绕国际贸易基本知识展开。国际贸易是当今各国发展经济的重要手段，也是加强各国关系的重要纽带。国际贸易根据不同标准可以分为不同的贸易形式，如进口贸易、出口贸易、过境贸易；直接贸易、间接贸易；有形贸易、无形贸易等。由于各个国家的文化、风俗习惯、政策方针的不同，国际贸易的风险远远大于国内贸易。现在我国的对外贸易发展迅速，成为经济发展的重要组成部分。目前，中国的贸易伙伴主要集中在美国、日本、欧盟、东盟、韩国和我国香港特区、台湾地区。

思考与练习

一、不定项选择题

1. 中国与美国进行贸易合作，对中国而言，它与美国做的是（　　）。

　　A．国际贸易　　　　B．对外贸易　　　　C．总贸易　　　　D．转口贸易

2．下列有关国际贸易说法错误的是（　　）。

　　A．国际贸易是国家与国家之间的贸易行为

　　B．国际贸易比较复杂，风险大

　　C．国际贸易就是对外贸易

　　D．国际贸易是一国经济发展不可缺少的手段

3．以低于成本价格销售称为（　　）。

　　A．补贴　　　　　　B．倾销　　　　　　C．反倾销

4．国际贸易的关系人包括（　　）。

　　A．海关　　　　　　B．检验检疫　　　　C．银行

5．按货物流向，国际贸易分为（　　）。

　　A．进口贸易　　　B．过境贸易　　　C．出口贸易　　　D．直接贸易

二、简答题

1．国际贸易与对外贸易有哪些不同？

2．国际贸易有哪些特点？

3．倾销有哪些条件？

三、分析题

国际贸易对我国经济有哪些影响？

项目 2

掌握国际贸易方式

⇨ 学习目标

掌握国际贸易方式，了解经销、代理、拍卖、寄售、招标投标的方法和特点，熟悉加工贸易和补偿贸易，能够选择正确的方式进行商品经营，能说明这些贸易方式各自的优势与劣势，可根据不同国家的贸易特色采取合理的贸易手段。

任务 2.1　认识经销与代理

情境导入

临沂新开泰电脑销售中心（以下简称"新开泰"）是山东临沂的一家电脑经销商，2003 年 11 月份，南京福中信息产业集团有限公司（以下简称"福中"）为拓展全国市场率先打入山东，在山东成立了分公司。

面对在山东品牌知名度相对较低的福中电脑，曾经一直与联想、清华同方、北大方正等知名品牌打交道的新开泰也有些犹豫，但最后还是签了合作协议。针对临沂作为革命老区的市场特点，新开泰与福中通过长期的市场调研，跑遍了临沂的所有县市，最后决定从当地的教育行业入手。凭借福中的"3＋3"服务和良好的业绩，提出为普及革命老区电脑教育事业做贡献的口号，很快就在当地的教育行业引起轰动，临沂的大、中、小学校对福中电脑产生了极大兴趣。临沂师范学院 200 台的订单、沂南县教委的订单、临沂市建委的订单……不知不觉中，新开泰手中的订单越来越多，公司的经济效益也明显好转。新开泰与福中联手已成功为临沂 6 所学校提供了教学电脑及相关解决方案，电脑销售数量达 1000 余台。临沂市教委已将福中电脑列入重点采购品牌的名单，并计划将一张 3000 ～ 5000 台的电脑大订单交给福中。

请分析案例中临沂新开泰电脑销售中心作为电脑经销商起到的作用，它的利润是如何获取的？经销有什么好处？有无弊端？

2.1.1 经销

1. 经销的含义

经销是指出口企业与国外进口商达成书面协议，规定进口商在特定地区和一定期限内，至少达到一定销售额的经营、销售出口企业某些商品的贸易方式。

2. 经销的方式

按照经销商权限的不同，经销方式分为两种：

1）独家经销，也称包销，是指出口企业授予国外进口商在规定的期限和地域内的独家经销权。出口企业与国外进口商签订独家经销书面协议后，就不得再与该地区的其他进口商签订经销协议。

2）一般经销，也称定销，是指出口商不授予国外进口商独家经销权的经销方式。出口商与国外进口商签订经销协议后，还可与该地区的其他进口商签订经销协议。

> **想一想**
> 经销最大的弊端是什么？

3. 经销商与供货人、客户的关系

经销商与供货人、客户的关系如图 2-1 所示。

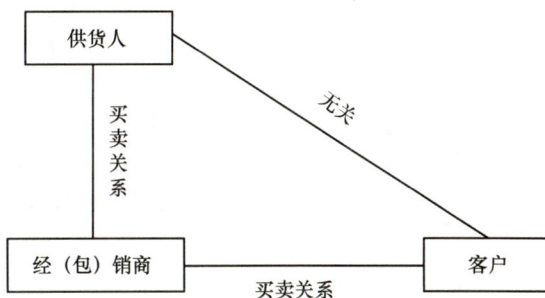

图 2-1 经销商与供货人、客户的关系

1）买卖关系。独家经销商自行销售、自负盈亏、自担风险（货价跌落及库存积压）。

2）出口商不得向经销地区内的其他客户出售同样的商品，进口商不得在经销地区之外销售所经销的商品。

2.1.2 代理

1. 代理的含义

代理（agency）是指出口方通过签订代理协议，将商品委托给国外客户（代理人），委托其在一定地区和一定时间内为出口方代售商品、招揽生意或处理有关事宜的一种贸易方式。

想一想
经销与代理
有何区别?

2．代理的性质与特点

1）代理人和委托人之间是委托—代理关系，而不是买卖关系。代理人只能在委托人的授权范围内，代表委托人从事商业活动，而不以自己的名义与第三者签订合同。

2）代理人通常是运用委托人的资金从事业务活动，他不承担经营风险，不负责盈亏，只根据销售商品的总金额获取佣金。

3）委托人能根据市场变化情况，主动掌握成交价格、销售数量等其他交易条件。但是，代理人如果没有经营能力或不尽责任，就会影响销售，价格风险也较大。另外，在付佣代销的情况下，委托人的资金往往被代理人长期占用，周转较慢。

3．代理的种类

根据委托人授权的大小，代理分为总代理、独家代理、一般代理。

1）总代理（general agency）是在指定地区委托人的全权代理。

总代理除了有权代理委托人进行签订买卖合同、处理货物等商务活动外，也可进行一些非商业性的活动。总代理有权指派分代理，并可分享代理的佣金。

想一想
这三种代理的优
缺点?

2）独家代理（the exclusive agency or sole agency）指在代理协议规定的时间、地区内，对指定商品享有专营权的代理人，即委托人不得在以上范围内自行或通过其他代理人进行销售。

3）一般代理（commission agency），又称佣金代理，是指在同一代理地区、时间及期限内，同时有几个代理人代表委托人行为的代理。佣金代理根据推销商品的实际金额和协议规定的办法及百分率向委托人计收佣金。

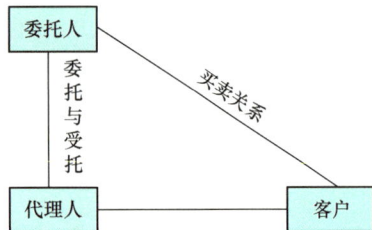

图2-2　代理与客户、委托人的关系

4．代理协议的内容

代理协议是明确代理人和委托人之间权利与义务关系的法律文件。其主要内容有以下几项：

1）代理商品和地区。

2）代理人的权利与义务。

3）委托人的权利与义务。

5．代理与客户、委托人的关系

代理与客户、委托人的关系如图2-2所示。

6．包销、寄售、代理的区别

包销、寄售、代理的区别如表2-1所示。

表2-1　包销、寄售、代理的区别

贸易方式	基本当事人	操 作 特 点
包 销	供货人与包销人	包销人自担风险/自负盈亏/获取利润
寄 售	寄售人与代销人	代销人以自己名义推销商品，后果自负，以佣金作为报酬
代 理	委托人与代理人	代理人以委托人名义从事商业活动，后果由委托人承担，以佣金作为报酬

7．包销与独家代理的区别

包销与独家代理的区别如表2-2所示。

表 2-2　包销与独家代理的区别

项　目	包　销	独　家　代　理
业务性质	买断或卖断	代理
协议名称	包销协议	独家代理协议
收入	包销人获取买卖商品的差价	代理人收取佣金
资金	自备资金购进商品	一般不用
责任	委托人不得将商品销售给当地其他客户；包销商一般也不得销售同类商品	代理商一般不得再代理同类商品；委托人也不得委派其他代理商，如委托人将委托代理的商品售予当地其他客户时，应付给代理商佣金

实训安排

1. 案例分析

➤中国香港 A 公司与日本 B 公司签订一份独家代理协议，指定由香港 A 公司作为独家代理。订立协议时，日本 B 公司正试验改进现有产品，不久日本公司试验成功，并把这项改进后的同类产品指定给香港另外一家公司做独家代理。

问：B 公司有无此权利？为什么？

➤我某公司与国外一公司订有包销某种商品的包销协议，期限为一年。年末临近，因行情变化，包销商"包而未销"，要求退货并索赔广告宣传费用。

问：包销商有无权利提出此类要求？为什么？

2. 分析说明

➤包销方式的优缺点。

➤包销与独家代理有哪些异同？

3. 签订代理协议

➤甲方午能高新技术有限公司是一家以研发、制造无线掌上电脑、无线接入点硬件设备产品为主导，面向酒店无线餐饮管理系统提供解决方案的高新技术企业。2014 年 11 月，贵公司（学习小组成立的公司）拟成为午能高新技术有限公司的产品代理，双方商讨后，一致达成协议。

请自行设计一份与甲方合作的代理协议，并签订。

➤你作为学生，想成为河北科大讯飞信息科技股份有限公司的校园代理，在学校代理销售畅言网普通话学习卡，试拟一份校园代理协议书。

实训指导

实训教师带领学生了解经销和代理，能重点掌握包销及独家代理的概念，了解代理与经销的特点，指导学生草拟简单的代理协议，能够签订协议。

学生实训过程中，应注重把握经销与代理各自的优缺点，有的放矢地的选择商品的营销模式。能够撰写协议书，也能够对现有协议书条款提出意见。对于协议书的起草与签订，可以先参考网上协议书范本，自己再根据实际情况练习草拟协议。

作业点评

1）各小组的分析能力和逻辑表达能力。

2）协议书实行互评，各小组把起草签订的协议书交给其他小组评定，评定过程可以练习寻找协议书的不足和缺点。

3）教师应对学生考虑问题的深度和广度进行评定。

任务 2.2　认识加工贸易与补偿贸易

情境 导入

2014 年，张华毕业后应聘到一家电器加工厂工作。他发现，该工厂每天的加工量非常大，所有的零部件都是从国外进口，在工厂组装后，又重新出口。而且，国外的零部件无需工厂购买，而是国外客户直接提供。电器加工完成后，工厂也无需销售，而是直接交给国外客户。请问：该工厂的利润来自哪里呢？这样的经营模式有什么好处呢？又有什么弊端？

2.2.1　加工贸易

加工贸易是一国通过各种不同的方式，进口原料、材料或零件，利用本国的生产能力和技术，加工成成品后再出口，从而获得以外汇体现的附加价值。加工贸易是以加工为特征的再出口业务，其方式多种多样，常见的加工贸易有以下 4 种

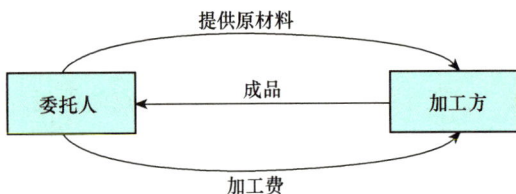

图 2-3　来料加工说明图

1. 来料加工

来料加工是指加工方由国外另一方提供原料和辅料和包装材料，按照双方商定的质量、规格、款式加工为成品，交给对方，自己收取加工费。有的是全部由对方来料，有的是部分由对方来料，部分由加工方采用本国原料的辅料。此外，有时对方只提出式样、规格等要求，而由加工方使用当地的原料和辅料进行加工生产。这种做法常被称为"来样加工"（图 2-3）。

2. 进料加工

进料加工又叫以进养出，指用外汇购入国外的原材料、辅料，利用本国的技术、设备和劳动力，加工成成品后，销往国外市场。这类业务中，经营的企业以买主的身份与国外签订购买原材料的合同，又以卖主的身份签订成品的出口合同。两个合同体现为两笔交易，它们都是以所有权转移为特征的货物买卖。进料加工贸易要注意所加工的成品在国际市场上的销路，否则，进出口外汇很难平衡，从这一点看进料加工要承担价格风险和成品的销售风险（图 2-4）。

想一想
进料加工和来料加工的区别？

3. 装配业务

装配业务又称来件装配，指由一方提供装配所需设备、技术和有关元件、零件，由另一方装配为成品后交货。来料加工和来料装配业务包括两个贸易进程，一是进口原料，二是产品出口。但这两个过程是同一笔贸易的两个方面，而不是两笔交易。原材料的提供者和产品的接受者是同一家企业，交易双方不存在买卖关系，而是委托加工关系，加工一方赚取的是劳务费，因而这类贸易属于劳务贸易范畴。它的好处是：加工一方可以发挥本国劳动力资源丰裕的优势，提供更多的就业机会；可以补充国内原料不足，充分发挥本国的生产潜力；可以通过引进国外的先进生产工艺，借鉴国外的先进管理经验，提高本国技术水平和产品质量，提高本国产品在国际市场的适销能力和竞争能力。当然，来料加工与装配业务只是一种初级阶段的劳务贸易，加工方只能赚取加工费，产品从原料转化为成品过程中的附加价值，基本被对方占有。这种贸易方式比进料加工风险小，目前在我国开展得比较广泛，获得了较好的经济效益。

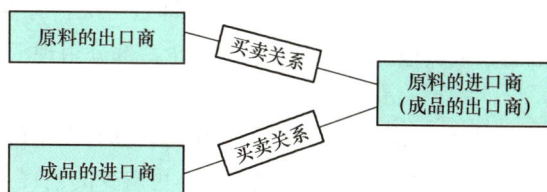

图 2-4 进料加工说明图

4. 协作生产

协作生产是指一方提供部分配件或主要部件，而由另一方利用本国生产的其他配件组装成一件产品出口。商标可由双方协商确定，既可用加工方的，也可用对方的。所供配件的价款可在货款中扣除。协作生产的产品一般规定由对方销售全部或一部分，也可规定由第三方销售。

2.2.2 补偿贸易

1. 补偿贸易

补偿贸易又称产品返销，指交易的一方在对方提供信用的基础上，进口设备和技术，然后用该设备和技术所生产的产品，分期抵付进口设备和技术的价款及利息。补偿贸易常与加工贸易相结合，通常称为"三来一补"。由于补偿贸易的持续时间较长，一般为 10～20 年或更久，多数情况下金融机构直接或间接参与。

想一想
"三来一补"指什么？

2. 补偿贸易的种类

按照偿付标的不同，补偿贸易可分为三类：

1）直接产品补偿。即双方在协议中约定，设备供应方向设备进口方承诺购买一定数量或金额的由该设备直接生产出来的产品。这种做法的局限性在于，它要求生产出来的直接产品及其质量必须是对方所需要的，或者在国际市场上是可销的，否则不易为对方所接受。

2）其他产品补偿。当所交易的设备本身并不生产物质产品，或设备所生产的直接产品非对方所需或在国际市场上不好销时，可由双方根据需要进行协商，回购其他产品来代替。

3）劳务补偿。这种做法常见于同来料加工或来件装配相结合的中小型补偿贸易中。具体做法是：双方根据协议，由对方为购进方垫付购买技术和设备的货款。购进方按对方要求加工生产产品后，从应收的工缴费中分期扣还所欠款项。

想一想
补偿贸易与一般贸易的区别？

上述三种做法可结合使用，即进行综合补偿。有时，根据实际情况，还可以部分用直接产品补偿或其他产品补偿或劳务补偿，部分用现汇支付等。

3. 补偿贸易基本特征

补偿贸易与一般贸易方式相比，具有以下两个基本特征：

1）信贷是进行补偿贸易必不可缺少的前提条件。

2）设备供应方必须同时承诺回购设备进口方的产品或劳务。

在信贷基础上进行设备的进口并不一定构成补偿贸易，补偿贸易不仅要求设备供应方提供信贷，同时还要承诺回购对方的产品或劳务，使对方用所得货款偿还贷款。这两个条件必须同时具备，缺一不可。

3）进行补偿贸易，双方须签订补偿贸易协议。

实训安排

1. 案例分析

➤ 我公司与外商洽谈一笔补偿贸易，外商提出可以以信贷方式向我方提供一套设备，并表示愿为我方代销产品。问：我方可否接受？

➤ 甲公司在报纸上看到乙公司刊登的一则广告称：乙公司急需加工 10 万个包装箱，加工费用优厚，并且乙方预付 30% 加工费。甲公司找上门与乙公司签订了一份加工合同。合同条款是乙公司事先印就的，其中付款条件规定：乙方提供图纸，在甲方生产出符合图纸规定的样品五日内，乙方支付预付款 30%。此时，乙公司诚恳地对甲公司讲：这个合同标的额高达 300 万元，为了维护双方的利益，应该请律师出具见证书，于是双方前往乙方所指定的律师事务所进行合同见证，见证费为合同金额的千分之八，甲、乙方各承担 50%。

这本是一笔正常的交易，但是接下来，律师事务所将乙方缴纳的见证费原封退回，却和乙方"瓜分"了甲方缴纳的见证费。等到甲方交付样品的时候，乙方则以样品与图纸不一致为由百般挑剔拒绝履行合同。在这种合同欺诈的情况下，甲公司也许到最后也不会弄明白自己是如何上当受骗的。

分析本案例中甲公司受骗上当的原因，说明在交易过程中我们应注意哪些问题。

2. 填表

进料加工、进件装配与来料加工、来件装配的区别，请填入表 2-3 中。

表 2-3　进料加工、进件装配与来料加工、来件装配的区别

项　目	进料加工、进件装配	来料加工、来件装配
关系		
收益		
管理		
支付方式		
产品质量要求		

3. 思考

➤ 请谈谈当前我国加工贸易和补偿贸易的发展现状和发展趋势。

➤ 分析我国开展境外加工贸易和补偿贸易的可行性。如可行，在哪里开展比较适合？

实训指导

实训教师带领学生认识加工贸易和补偿贸易，通过网络和其他途径了解加工贸易和补偿贸易在我国的作用。

学生实训过程中应牢牢掌握进料加工、来料加工及补偿贸易的特点，能够正确利用加工贸易与补偿贸易的优势发展自己，同时也应认识到加工贸易与补偿贸易的局限性。能够认识当前我国加工贸易发展的走势，并思考是否应该把加工贸易以及补偿贸易发展到境外。

作业点评

1）注重学生对加工贸易及补偿贸易特点的把握。
2）学生将查找资料及分析思考问题的结果制作成 PPT 进行演示。
3）学生对我国加工贸易和补偿贸易发展状况的把握程度。
4）学生的分析能力和表达能力。

任务 2.3　了解拍卖与寄售

情境 导入

各小组建立贸易公司，并选择要经营的商品。根据各公司经营的商品特点，策划一场拍卖会。

2.3.1　拍卖

1. 拍卖的定义

拍卖是由专营拍卖业务的拍卖行接受货主的委托，在一定时间和地点，按照一定的章程和规则，以公开叫价的方法进行竞买，最后由拍卖人把货物卖给出价最高的买主的一种现货交易方式。

2. 拍卖的特点

1）拍卖是一种公开竞买的现货交易。
2）拍卖是在一定的机构内有组织地进行的。
3）拍卖具有独特的法律和规章。

3. 拍卖的种类

拍卖按出价方法的不同，可以分为以下三种：
1）增价拍卖或英式拍卖。
2）减价拍卖或荷兰式拍卖。
3）密封递价拍卖或招标式拍卖。

> **想一想**
> 拍卖的三种方式一般适合什么样的拍卖品？

4. 拍卖的一般程序

拍卖业务的一般程序可分三个阶段：准备阶段、正式拍卖、付款提货。

2.3.2　寄售

1. 寄售的含义

寄售是一种委托代售的贸易方式。指寄售人先将货物运往寄售地，委托国外约定的代销人，按照寄售协议的条件代为出售商品，货款由代销人在货物出售后扣除佣金和其他费用，然后向寄售人结算的一种做法。

> **想一想**
>
> 寄售方式的缺陷有哪些?

2. 寄售的特点

寄售的特点主要体现在以下几方面：

1）寄售人与代销人是委托代售关系。

2）寄售是凭实物进行的现货交易。

3）代售人不承担任何风险和费用，货物售出前的一切风险和费用均由寄售人承担。

3. 寄售方式的应用

1）着眼于开拓新市场。既销售商品，又树立企业形象、建立客户关系，故而所选商品应优质适销。

2）选择合适的寄售地点。寄售地点应选择交通便捷的贸易中心或自由港、自由贸易区，以方便货物进出转运，降低费用。

3）选择合适的代销人。代销人应在当地有良好的商誉，有相关商品的营销经验和推销能力，并有能力代办报关、存仓等业务。

4）重视安全收汇。应在寄售协议中做出相应规定，比如要求代销人开立银行保函，或以承兑交单方式发货。

实训安排

1. 撰写方案

为本任务中情境导入所提及的拍卖会设计实施过程，撰写拍卖会实施方案（时间、地点、方式、邀请嘉宾、过程等内容），并现场展示。

2. 资料查询

➤ 某外贸公司欲在法国拍卖元朝青花罐一个，请问其应该如何做？

➤ 拍卖的流程和手续是什么？拍卖必须具备哪些条件？

3. 讨论

圆明园十二生肖铜兽首是中国国宝，目前四散在外。法国佳士得拍卖行 2009 年 2 月 25 日晚间在巴黎拍卖圆明园流失文物鼠首和兔首铜像，引起了全世界关注。中国人更是希望所有流落在外的兽首回归祖国的怀抱。3 月 2 日上午 10 时 30 分，中华抢救海外文物专项基金在北京丰联广场丰联会馆召开新闻通报会，公布了佳士得此次拍卖的圆明园鼠首和兔首的中标者为来自厦门的蔡铭超。蔡铭超强调说，这个款不能付。其理由为："圆明园鼠首和兔首拍卖后，我（蔡铭超）注意到 2009 年 2 月 26 日国家文物局《关于审核佳士得拍卖行申报进出境的文物相关事宜的通知》（以下简称《通知》）。《通知》明确指出，佳士得拍卖行在法国巴黎拍卖的鼠首和兔首铜像是从圆明园非法流失的。佳士得在我国申报进出境的文物，均应提供合法来源证明，如果不能提供这个证明或证明文件不全，将无法办理文物进出境的审核手续。我还注意到《通知》规定，文物部门如发现佳士得申报的进出境文物可能是被盗、走私文物，应立即向国家文物局和公安、海关部门报告。作为一个中国人，我必须遵守中国政府的规定，相信我和中国其他收藏家今后都会这样办。如果这两件拍品无法入境，我自然不能付款。"

请就此事件进行讨论。

实训指导

实训教师带领学生认识拍卖和寄售，了解拍卖的几种形式。

学生在教师引导下，自觉学习拍卖、寄售相关知识，自主查找相关资料，了解拍卖、寄售的相关流程，拍卖的手续以及拍卖的相关条件等，能够用所学知识分析拍卖案情。

作业点评

1）学生对拍卖、寄售资料的掌握程度。

2）学生查找资料的详细程度。

3）学生讨论问题的观点、思路以及表达能力。

任务 2.4　了解招投标

情境 导入

2014 年 3 月，北京某高速新开路段，由于养护设备缺少，交通部门拟向全世界招标采购公路养护设备，请问：交通部门该如何做呢？请帮助其写一封招标文件。

2.4.1　招投标的概念

招投标是招标和投标的简称。招标是指招标人（买方或发包方）通过招标机构发出招标公告，提出拟采购的商品名称、规格、数量和有关买卖条件，或提出发包工程的具体要求，邀请投标人（卖方或承包商）报出愿意成交的交易条件的行为。投标是指投标人应招标人的邀请，根据招标公告的规定条件，在规定的时间内向招标人报出愿意成交的交易条件的行为。招投标是一种贸易方式的两个方面。

> 想一想
> 招标与拍卖有什么区别？

与其他贸易方式相比，招投标具有明显的特点，这表现在：

其一，招标方式下，投标人是按照招标人规定的时间、地点和条件进行的报盘。这种报盘是对投标人有约束力的法律行为，一旦投标人违约，招标人可要求得到补偿。

其二，投标属于竞卖方式，即一个买方对多个卖方。卖方之间的竞争使买方在价格及其他条件上有较多的比较和选择，从而在一定程度上保证了采购商品的最佳质量。

2.4.2　招标的方式

通行的招标方式有国际竞争性招标、谈判招标和两段招标。

2.4.3　招标、投标的程序

世界各国进行招标、投标的程序和条件基本相同，但是，由于各国关于招标、投标的法律或传统习惯不同，因此，招标、投标也有些差异。招标、投标通常要经历以下几个环节：招标、投标、开标和评标、签订合同。

实训安排

1.　撰写招投标书

➢2015年，某市拟建筑一座世界瞩目的摩天大楼，需要世界顶级设计公司的参与。请以该市市政规划部门的身份，面向全世界发出招标通告，选择合作的设计者。并请帮助情境导入中的交通部门草拟一份招标文件。

➢河南路太机械设备有限公司有各种公路养护设备出售。请以该公司业务员的身份草拟一份投标书给情境导入中的交通部门。

2.　资料查询

➢招标文件需要列明哪些事项？投标文件需要列明哪些事项？

➢招标通告应列明哪些事项？

3.　讨论

投标应注意哪些问题？怎样才能在投标中一举中的？

实训指导

实训教师带领学生了解招投标的特点，把握招投标的流程及重要性。

学生练习看懂招投标文件，可以撰写招标书及简单的投标方案。

作业点评

1）学生对招投标相关流程的掌握。

2）学生写招投标书的能力。

3）学生写投标方案的能力。

业务操作

客户推介会

根据所成立的外贸公司及经营产品特色，选择适合公司的贸易方式。以小组形式召开客户推介会进行介绍说明。

小 结

本项目活动主要围绕国际贸易方式展开。在国际贸易操作实务中，贸易方式的选择非常重要，它能够更好地决定贸易业务的利润取得。在贸易方式中，重点要掌握经销、代理和加工贸易，了解招投标、拍卖、寄售等形式。此外，股票、期货、易货贸易等学生也应自主了解。能够选择合适的贸易方式，具备撰写相关文案的能力。

思考与练习

一、不定项选择题

1．代理方式中，最常见的类型为（   ）。
   A．总代理   B．全权代理   C．独家代理   D．普通代理

2．下列对包销、代理的描述中，正确的是（   ）。
   A．包销商、独家代理商均享有指定商品的专营权
   B．包销商、代理商均得到货物实体
   C．包销商、代理商均得到货物的所有权
   D．包销商、代理商经营的目的均为获取佣金

3．包销协议一般应包含（   ）等内容。
   A．包销期限   B．包销地区   C．专营权   D．佣金

4．代理协议一般应包含（   ）等内容。
   A．代理权限   B．专营权   C．最低代销额   D．佣金

5．在来料加工业务中，料与成品的所有权（   ）。
   A．均属于供料方   B．料属于供料方，成品属于加工方
   C．成品属于供料方，料属于加工方   D．均属于加工方

6．下列对拍卖业务的描述恰当的有（   ）。
   A．拍卖是一种公开竞买的现货交易
   B．拍卖是在一定的机构内有组织地进行的
   C．拍卖有自己独特的法律和规章
   D．参与拍卖的买主，一般须向拍卖机构缴存一定数额的保证金

7．下列对招标业务的描述正确的有（   ）。
   A．招标业务双方当事人之间为买卖关系
   B．招标、投标属于竞卖、竞包性质

C．招标业务中一般没有还盘环节

D．在招标过程中，投标人一般处于被动地位

8．招标业务中涉及的文件主要有（　　　）。

A．招标公告　　　　B．招标文件　　　　C．投标文件　　　　D．投标保函

二、判断题

1．包销与独家代理的根本区别在于：前者是买卖关系，后者是委托代理关系。　（　　）

2．在国际招标业务中，招标人既可以根据对本身最优惠的条件选定中标人，也可以宣布招标失败，而拒绝全部投标。　（　　）

3．在独家代理方式下，只要在指定地区和期限内做成的指定商品的交易，无论是由代理商做成，还是由出口企业自己做成，代理商均有权获得佣金。　（　　）

4．寄售与代理的一个共同之处，就是业务双方的当事人之间均为委托关系。　（　　）

5．拍卖业务中，都是由拍卖人宣布最低起点价，再由竞买人竞相加价，直至无人加价时，拍卖人落槌成交。　（　　）

6．拍卖业务中，竞买人叫价为发盘，主持人落槌为接受。　（　　）

7．加工贸易包括对外加工、装配业务和进料加工。这些均属于以商品为载体的劳务贸易。

（　　）

8．进料加工与来料加工均为一进一出的两笔交易。　（　　）

9．来料加工是同时进行的一笔交易，进料加工是分别进行的两笔或多笔交易。（　　）

三、案例分析题

1．我国 A 公司以寄售方式向沙特阿拉伯出口一批积压商品。货到目的地后，虽经代售人努力推销，货物还是无法售出，最后只得再装运回国。试分析 A 公司选择的贸易方式有何不当之处。

2．一招标机构接受委托，以国际公开招标形式采购一批机电产品。招标文件要求投标人提交制作规格和价格两份投标文件，开标时，先开规格标，对符合条件者，再定期开价格标，确定中标者。共有 12 家企业投标。到了开标期先开规格标，经慎重筛选，初步选定 7 家，通知他们对规格标进行澄清，并要求将投标有效期延长两个月。7 家中，有 4 家送来澄清函并同意延长有效期。另 3 家提出若延长有效期，将提高报价 10% 或更多；否则将撤销投标。招标机构拒绝了后 3 家的要求。到了价格标的开标日期，对仅有的 4 家开标后，却发现 4 家报价均过高，超过招标机构预定标底 30% 以上。无奈，招标机构只得依法宣布此次招标作废，重新招标。试分析此次招标失败的原因以及应吸取的教训。

3．我 A 公司与美国 B 公司签订一份独家经销协议，A 公司把该公司经营的草制品在美国的独家经营权授予 B 公司，期限为一年。一年来，由于 B 公司销售不力，致使 A 公司蒙受很大损失。试分析 A 公司蒙受损失的原因。

4．我国多次以补偿贸易方式从日本进口渔轮，用直接产品鱼品偿付渔轮进口价款。20 世纪 80 年代某省一外贸公司又进口一艘渔轮，其具体做法是先出口鱼品积存外汇，在达到一定金额后，即用以购买新渔轮。该公司据此报请主管机关给予补偿贸易的优惠待遇，遭到拒绝。请分析原因。

5．我国某公司和外商洽谈一笔补偿贸易，外商提出以信贷方式向我提供一套设备，并表示愿意为我代销产品。根据补偿贸易的要求，你认为这些条件我们能接受吗？为什么？

6. 德克罗·沃尔将他的商品（装饰用花砖）放在英国的独家销售商马克丁公司销售。但该合同没有订明期限有多长，而是凭合理的通知予以确定。在合同订立两年以后，德克罗·沃尔的商品在英国的销售点达 780 个。马克丁公司花在该产品上的广告费达到 3 万英镑，又额外雇佣了六个专门的销售员。但是，由于马克丁公司付款稍迟，尽管最后也付清全部货款，但在其提出新订单时，遭到德克罗·沃尔的拒绝。与此同时，德克罗·沃尔把该产品的专销权授予另一家公司，并指控马克丁公司因拖延付款而违反了合同，要求法院宣布马克丁公司不再是该产品的包销人。问：德克罗·沃尔能否胜诉？为什么？

7. 某公司在拍卖行经竞买获得一批精美瓷器，在商品拍卖时，拍卖条件中规定，"买方对货物过目或不过目，卖方对商品的品质概不负责。"该公司在将这批瓷器通过公司所属商行销售时，发现有部分瓷器出现网纹，严重影响这部分商品的销售。该公司因此向拍卖行提出索赔，但遭到拍卖行的拒绝。问：拍卖行的拒绝是否合理？为什么？

项 目 3

熟悉商品名称、品质、数量及包装

▶ 学习目标

　　熟练掌握国际贸易业务中有关商品名称、品质、数量及包装条款，能准确规定商品名称，描述商品品质，确定商品数量及单位，同时能够针对不同国家文化风俗及特殊要求，准确把握商品包装的具体做法。

任务 3.1　掌握商品品名规定

情境导入

　　由于文化风俗的不同，不同地区对于商品的叫法有很多差别。在国际贸易中，一般要求使用国际统一名称。2014年，北京某出口公司在出口一批水果过程中，在商品名称一栏未使用国际标准品名，结果货物到了海关经查验发现名称与货品不符而被截留。请问：我们在描述品名时，应注意什么？

　　品名即商品名称，有时也作具体品种、等级或型号的描述。它是合同中不可缺少的主要交易条件，是买卖双方交接货物的依据，关系到买卖双方的权利和义务。若卖方交付的货物不符合约定的品名或说明，买方有权提出损害赔偿要求，直至拒收货物或撤销合同。因此，列明成交商品的具体名称，具有重要的法律和实践意义。

3.1.1　商品品名的命名方法

商品品名的命名方法主要有以下七种。

想一想
还有没有其他的命名方法？

1）以其主要用途命名：突出主要用途，方便消费者购买，如旅游鞋、缝纫机等。

2）以其所使用的主要原料命名：能通过突出所使用的主要原料来反映商品的质量，如纯棉衬衫、羊毛衫、玻璃杯等。

3）以其主要成分命名：可使消费者了解货物的有效内涵，有利于提高货物的身价。一般用于大众熟悉的名贵原材料制作的货物，如人参、蜂王浆等。

4）以其外观造型命名：有利于消费者了解货物特征，如牛仔裤、红豆等。

5）以其褒义词命名：能突出货物的使用效能和特性，利于激发消费者购买欲望，如青春宝、太阳神口服液等。

6）以人物名字命名：以传说人物或著名历史人物吸引消费者注意，如孔府家酒、道光二十五等。

7）以制作工艺命名：能提高货物档次，加强消费者对货物的认可度，如精制油等。

3.1.2　品名条款的基本内容

国际货物买卖合同中的品名条款没有统一的格式，但通常都在"商品名称"或"品名"（name of commodity）的标题下列明交易双方成交商品的名称，也可不加标题，只在合同的开头部分列明交易双方同意买卖某种商品的文句。

品名条款的规定，还取决于成交商品的品种和特点。就一般商品来说，有时只要列明商品的名称即可，但有的商品，往往具有不同的品种、等级和型号。因此，为了明确起见，也有把有关具体品种、等级或型号的概括性描述包括进去，作为进一步的限定。此外，有的把商品的品质规定也包括进去，这实际是把品名条款与品质条款合并在一起。

3.1.3　规定品名条款应注意的事项

国际货物买卖合同中的品名条款，是合同中的主要内容，因此，在规定此项条款时，应注意下列事项。

1．内容必须明确、具体，避免空泛、笼统的规定

在品名条款中，应具体定明商品名称，尽量避免笼统描述，引起合同纠纷。若成交商品品种和规格繁多，可在商品名称栏内表明商品类别总称，如文具、家具等，同时将具体商品名称及规格用附表详细列明。

2．根据需要与约定的名称成交商品

条款中规定的品名，必须是卖方能够供应而买方所需要的商品，避免盲目成交，给履约带来困难。

3．合理描述成交商品

对于合同条款中的商品，如需进一步描述，其描述性语句应当运用得当，既不能漏掉必要描述，也不能加入不切实或不必要的描述。例如，成交商品有编号、商标或等级的，应将编号、商标或等级列明，如没有，不需要多加说明。

4．正确使用成交商品名称

1）商品名称一般较多反映商品用途、性能和特征。

2）尽可能使用国际上通用的名称，若使用地方性的名称，交易双方应事先就其含义取得共识，对于某些新商品的定名及译名应力求准确，易懂，并符合国际上的习惯称呼。

3）在一个合同中，或同一商号的几个合同中，同一种商品不要使用不同的名称。

4）对某些新商品的命名，力求准确易懂，符合国际惯例。

5）凡商品带有外国国名或地名，应尽可能使用自定名称，也可在自定名称后的括号内说明。凡出口商品名称带有产地名称者，其品质和规格应明确标准。避免使用涉及外国商品名称专用权或制作方法专用权的品名。

6）若某些商品有几个名称，注意选用合适的品名，以利减低关税，方便进出口和节省运费开支。

5．应注意单证间、单货间品名的一致（略）

实训安排

1．案例分析

中国某食品有限公司出口苹果酒一批，国外寄来的信用证上货品名为"Apple Wine"。我方为了单证一致，所有单据上均使用"Apple Wine"。不料货到国外后，所有货物遭到进口国海关扣留罚款，因该批酒的内、外包装上面均写的是"Cider"，结果外商要求我方赔偿其罚款损失，问：我方是否应该作出赔偿？

2．举例说明

商品命名方法很多，请针对不同的命名方法结合现实中的商品举例说明。

3．讲述训练

如果你发明了一种物品，你将如何命名？是否不同的货品适用不同的命名方式？

4．实训操作

2014年8月，上海鸿海进出口公司意欲从西班牙进口一批橄榄油，问：该公司该如何描述商品的品名条款？

实训指导

实训教师带领学生理解商品命名的方法，重点强调合同条款对于商品品名的相关规定和要求。在实训过程中，教师可以多提供不同类型的商品和学生共同分析其品名命名的方法及在合同中应如何表示。

学生实训过程中，应多方考虑商品品名选择的艺术性和严谨性，充分理解一个物品面临买卖过程时，品名的重要性。情境导入中的相关案例提示我们在实际业务中，为防止对己方造成不利，品名必须使用学名，不得随意填写。例如，红薯，在合同当中尽量不要使用"地瓜"这样的称呼。同时，要注意选择与海关登记相同的品名，与成交方达成一致的品名。举例和讲述训练，要求学生能够理解商品名称命名的内涵，每个商品的名字都有其现实意义，不同商品的名称代表的含义有所差别，我们可选择有代表性的逐一分析。

作业点评

1）学生表达能力和快速反应能力计入考核。
2）教师对学生考虑问题的思路、思考的深度与广度进行评价。
3）学生命名能力。

任务 3.2　掌握商品品质规定

情境 导入

　　我国某出口公司向英国出口一批大豆，合同规定："大豆品质看样品。"在成交前，该出口公司曾向买方寄送过样品，订约后该出口公司又电告买方成交货物与样品相似。当货物运至英国后，买方提出货物与样品不符，并出示了当地检验机构的检验报告，证明货物的品质比样品低7%，但未提出品质不符合合同的相关规定。买方以此要求该出口公司赔偿其15 000英镑的损失。请问：合同中该如何规定大豆品质？我方提供什么样的大豆才能在买方收到货后不会以质量为借口拒绝收货？

　　商品的品质（quality of goods）是指商品的内在性质和外观形态的综合。前者包括商品的物理性能、机械性能、化学成分和生物特性等自然属性；后者包括商品的外形、色泽、款式或透明度等。

　　品质的优劣是决定商品使用效能和影响商品价格的重要因素。在国际市场竞争空前激烈的条件下，许多国家都把提高商品的品质作为非价格竞争的一个主要组成部分。因此，在出口贸易中，不断改进和提高出口商品的质量，不仅可以增强出口竞争能力，为国家和企业创造更多的外汇收入，而且还可以提高出口商品在国际市场的声誉，并反映我国的科学技术和经济发展水平。在进口贸易中，严格把好进口商品质量关，使进口商品适应国内生产建设、科学研究和消费者的需要，是维护国家和人民利益，提高企业经济效益的重要措施。

3.2.1　对进出口商品品质的要求

1. 对进口商品品质的要求

1）严把进口质量关，不进口低质量的物品。
2）从实际出发，实事求是。
3）签订合同时，应注意品质要求的严密性，避免因疏忽造成损失。货物到达后，应严格检验，避免不合格商品进入国门。

2. 对出口商品品质的要求

1）针对不同市场和不同消费者的需求来确定出口商品质量。
2）适应进口国的有关法令规定和要求。
3）适应国外自然条件、季节变化和销售方式。
4）建立行之有效的企业质量、环境管理体系，努力按照国际标准组织生产。采用国际标准进行生产，有利于企业吸收国外先进的科学技术，提高出口产品的品质和技术水平；有利于促进出口企业的管理水平、生产水平的不断提高；有利于企业规避国际贸易中的技术壁垒，扩大产品的出口。

5）交货品质必须符合合同规定，不可高于也不可低于合同要求的品质。

3.2.2 表示商品品质的方法

在国际货物买卖中，商品种类繁多，特点各异，故表示品质的方法也多种多样。归纳起来，有凭实物表示和凭说明表示两大类。

1. 凭实物表示品质

凭实物表示品质，包括凭成交商品的实际品质（actual quality）和样品（sample）两种表示方法。前者是指看货买卖，后者是指凭样品买卖。

（1）看货买卖

当买卖双方采用看货成交时，买方或其代理人通常先在卖方存放货物的场所验看货物，一旦达成交易，卖方就应按对方验看过的商品交货。只要卖方交付的是买方验看过的货物，买方就不得对品质提出异议。

在国际贸易中，由于交易双方远隔两地，买方到卖方所在地验看货物有诸多不便，即使卖方有现货在手，买方也是由代理人代为验看货物，但看货时也无法逐件查验，所以采用看货成交的方式有一定的局限性，这种做法多用于寄售、拍卖和展卖业务中。

（2）凭样品买卖

样品通常是从一批商品中抽取出来的或由生产、使用部门设计、加工出来的，足以反映和代表整批商品品质的少量实物。凡以样品表示商品品质并以此作为交货依据的，称为"凭样品买卖"（sale by sample）。在国际贸易中，按样品提供者的不同，可分为以下几种：

1）卖方样品（seller's sample）。由卖方提供的样品称为"卖方样品"。凡以卖方样品作为交货的品质依据者，称为"凭卖方样品买卖"。在此情况下，买卖合同中应订明："品质以卖方样品为准"（quality as per seller's sample）。日后，卖方所交整批货物的品质，必须与提供的样品相同。

2）买方样品（buyer's sample）。买方为了使其订购的商品符合自身要求，有时提供样品交由卖方依样承制，如卖方同意按买方提供的样品成交，称为"凭买方样品买卖"。在此情况下，买卖合同中应订明："品质以买方样品为准"（quality as per buyer's sample）。日后，卖方所交整批货物的品质，必须与买方样品相符。

3）对等样品（counter sample）。在国际贸易中，谨慎的卖方往往不愿意承接凭买方样品交货的交易，以免因交货品质与买方样品不符而招致买方索赔、甚至退货的风险，在此情况下，卖方

注：在实际业务中，如以买方样品成交，卖方为保证自己的利益，经常都要回样，以确保买方不会因此拒收货物或拒付货款。

可根据买方提供的样品，复制出一个类似的样品交买方确认，这种经确认后的样品，称为"对等样品"或"回样"，也有称之为"确认样品"（confirming sample）。当对等样品被买方确认后，日后卖方所交货物的品质，必须以对等样品为准。

此外，买卖双方为了发展贸易关系和增进彼此的了解，往往互相寄送样品。这种以介绍商品为目的而寄出的样品，最好标明"仅供参考"（for reference only）字样。

2. 凭说明表示品质

凭说明表示品质，是指用文字、图表、照片等方式来说明成交商品的品质。这类表示品质

方法可细分为如下几种：

（1）凭规格买卖

商品规格（specification）是指一些足以反映商品品质的主要理化指标。买卖双方进行洽谈交易时，应提供具体规格来说明商品的基本品质状况，并在合同中订明。由于这种表示品质的方法明确具体、简单易行，故在国际贸易中被广泛地运用。

例如，我国出口大豆的规格：水分最高 15%，含油量最低 17%，杂质最高 1%，不完善粒最高 7%。

（2）凭等级买卖

商品的等级（grade）是指同一类商品，按规格上的差异，分为品质优劣不同的若干等级。凭等级买卖（sale by grade）时，由于不同等级的商品有不同的规格，为了便于履行合同和避免争议，在列明等级的同时，最好一并规定每一等级的具体规格。

例如：一级铁观音。

（3）凭标准买卖

商品的标准（standard）是指将商品的规格和等级予以标准化。商品的标准，有的由政府主管部门规定，有的由同业公会、交易所或国际性的工商组织规定。有些商品习惯上凭标准（sale by standard）买卖，人们往往使用某种标准作为说明和评定商品品质的依据。

国际贸易采用的各种标准，有些具有法律上的约束力，凡品质不合标准要求的商品，不许进口或出口。但也有些标准不具有法律上的约束力，仅供交易双方参考使用。

在国际贸易中，对于某些品质变化较大而难以规定统一标准的农副产品，往往采用 FAQ（良好平均品质）这一术语。FAQ 是指一定时期内某地出口货物的平均品质水平，一般是指中等货而言。在标明 FAQ 的同时，通常还约定具体规格作为品质依据。又例如木材、冷冻虾等经常采用 GMQ（上好可销品质）。

（4）凭说明书和图样买卖

在国际贸易中，有些机器、电器和仪表等产品，很难用几个简单的指标来表明品质的全貌，对这类商品的品质，通常以说明书并附以图样、照片、设计图纸、分析表及各种数据来说明具体性能和结构特点。

（5）凭商标或品牌买卖

商标或品牌是一种品质象征，人们在交易中可以只凭商标或品牌进行买卖，无需对品质提出详细要求。但是，如果一种品牌的商品同时有多种不同型号或规格，为了明确起见，就必须在规定品牌的同时，明确规定型号或规格。这种方式适用于一些品质稳定的工业品或经科学加工的初级产品。

（6）凭产地名称买卖

在国际货物买卖中，有些产品，因产区的自然条件、传统加工工艺等因素的影响，在品质方面独具特色，对于这类产品，可用产地名称来表示品质。例如，怀柔板栗、西湖龙井等。

3.2.3　签订品质条款应注意的事项

1. 品名、品质条款的内容和文字，要做到简单、具体、明确

合同条款中规定的品名尽可能使用国际上通用的名称，若使用地方性的名称，交易双方应事先就含义取得共识，对于某些新商品的定名及译名应力求准确、易懂，并符合国际上的习惯称呼。还应注意的是选用合适的品名有利于减低进出口税负和节省运费开支。

2．应根据不同产品特点，确定表示商品品质的方法

一般来说，凡能用科学指标说明品质的商品，可凭规格、等级或标准买卖；有些难以规格化和标准化的商品，如工艺品等，可凭样品买卖；某些具有一定特色的名优产品，可凭商标或品牌买卖；某些性能复杂的机器和仪器，可凭说明书和图样买卖；凡具有地方风味和特色的产品，可凭产地名称买卖。如果有些商品确需既用文字说明又用样品表示品质，一旦成交，卖方必须承担交货品质既符合文字说明又符合样品的责任。

3．合理利用品质幅度和公差

凡能采用品质机动幅度或品质公差的商品，应订明幅度的上下限或公差的允许值。如所交货物的品质超出了合同规定的幅度或公差，买方有权拒收货物或提出索赔。

1）品质机动幅度是指允许卖方所交货物的品质指标可有一定幅度范围内的差异，只要卖方所交货物的品质没有超出机动幅度的范围，买方就无权拒收货物，这一方法主要适用于初级产品。

➢ 规定范围：漂布，幅阔 35/36 英寸。

➢ 规定极限：活黄鳝，每条 75 克以上；东北大豆，水分最高 14%，含油量最低 18%。

➢ 规定上下差异：灰鸭绒，含绒量 18%，±1%。

2）品质公差是指为国际所公认的产品品质的机动幅度或允许误差。

➢ 工业制成品。

如，机械表走时每天误差若干秒；

圆柱体直径误差百分之若干毫米。

➢ 凡在品质公差范围内的货物，买方不得拒收或要求调整价格。

3）品质增减价条款：按质论价。

➢ 根据实际品质按规定予以增价或减价。

例如，胡萝卜，含胡萝卜素不低于 10%，以 12% 为准，含量与合同价格按一对一比例增加或减少。

➢ 只对品质低于合同规定者扣价。

➢ 低于约定品质者赔偿损失。

实训安排

1．案例分析

➢ 我某公司出口纺织原料一批，合同规定水分最高 15%，杂质不超过 3%。但在成交前曾向买方寄过样品，订约后，我方又电告买方成交货物与样品相似。货到后，买方提出货物的质量比样品低 7% 的检验证明，并要求我方赔偿损失。我方是否应该赔偿，为什么？

➢ 出口合同规定的商品名称为"手工制造书写纸"（Handmade Writing Paper），买方收到货物后，经检验发现部分制造工序为机械操作，而我方提供的所有单据为手工制造，对方要求我方赔偿，而我方拒赔。主要理由是：

1）该商品的生产工序基本上是手工操作，而且关键工序完全采用手工。

2）该交易是经买方当面看样品成交的，且实际货物品质又与样品一致，因此应认为所交货物与商品的品质一致。

要求：试分析上述案例，判断责任在哪方，并说明理由。

➤ 我某出口公司向外商出口一批苹果。合同及对方开来的信用证上均写的是三级品，但卖方交货时才发现三级苹果库存告罄，于是该出口公司改以二级品交货，并在发票上加注："二级苹果仍按三级计价，不另收费"。请问：卖方这种做法是否妥当？为什么？

2. 案例评点

我方 A 公司同新加坡 B 公司签订合同，出口一批童装。洽谈中，B 看过 A 提供的样品，同意以此作为交货的品质标准。而出口合同的品质说明中只简单写明了规格、质料、颜色。商检条款为"货到港 30 天后外商有复检权"。货到新加坡后买家提出"颜色不正、缝制工艺粗糙"，并且提交了新加坡一家检验机构的检验证书作为依据要求退货和赔偿。A 公司辩解货物是凭样品成交，样品经新加坡 B 公司确认过。B 指出合同中并没有写明"凭样品成交"字样，也没有写明样品编号；况且 A 公司没有封存样品作为证物。A 公司解释纺织品按常识会存在色差问题。B 公司回应合同品质说明中没有注明所交货物会有色差。A 公司又表示不接受 B 公司的检验证书，认为 B 公司所找的检验机构不具权威性，没有征得 A 公司的同意。B 公司辩解合同上只承诺 B 有复检权，并没有指明检验机构的名称或者必须经由 A 公司同意。A 意识到即使申请仲裁，自己也无法提交有力证据，所以只好在价格上答应新加坡公司做出的降价要求，才使争议得以解决。

3. 实训操作

1）情境导入中大豆的品质应如何表示？

2）实训教师随机提出某种商品，或者某小组代表提出某种商品，实训学生指出该商品应如何表示品质。

实训指导

实训教师带领学生明确何种商品采取何种品质的表示方式，如何表示品质才能在实际业务中保护好己方利益。实训教师可以就各种类型的商品进行提问，比如大米、豆油、服装、车辆、精密仪器、糖、烟、酒等，让学生说明如何表示其品质。

学生在实训中应注重商品品质条款的规定，分析案例就很容易。例如，情境导入中的案例，该出口公司没有充分的理由拒绝赔偿。因为国际贸易中卖方所交货物必须既符合样品要求，同时又符合说明要求，否则，买方有权拒收货物。

案例评点中，A 公司最后之所以接受 B 公司的无理降价要求，就是因为 A 公司没有明确界定品质条款，服装类的产品要用简单的语言来描述是很容易引起歧义并被对方抓住把柄的，既然双方已经就样品达成一致并且按样生产，那么 A 公司就应该在品质条款中注明"交货品质同编号 ××× 样品"，"允许 ××× 色差"等字样。

作业点评

1）教师针对学生的思考角度予以评定。

2）学生分析案例的正确性，在分析过程中，学生的逻辑思维和语言表达能力。

3）学生参与活动的积极性及反应速度。

任务 3.3　掌握商品数量规定

情境 导入

自行车是具有不同花色品种的商品。某年初，中国某外贸公司对外成交 5000 辆自行车，双方约定 4000 辆为黑色，1000 辆为湖蓝色。卖方在备货过程中发现湖蓝色自行车无货，只有其他颜色自行车。于是卖方在未征得买方同意的情况下，擅自将 300 辆橘红色自行车、300 辆纺织绿和 400 辆银红色自行车取代原来的 1000 辆湖蓝色自行车装运出口。由于卖方交货与合同不符，买方拒绝付款。后经双方反复交涉商议，买方仍坚持要 1000 辆湖蓝色自行车，而对于卖方发过来的 1000 辆其他颜色的自行车买方只接受降价 7% 处理。而这批货物所产生的仓储费用和晚收货款的利息都由卖方承担。请问，外贸公司在执行合同中出现了什么问题？

3.3.1　国际贸易中常用的度量衡制度

想一想

我国使用哪种度量衡制度？

1）公制。

2）美制。

3）英制。

4）国际单位制。

3.3.2　计量单位

1）按重量计算：公吨、长吨、短吨、千克等。

2）按容积计算：加仑（流体货物）、蒲式耳（谷物）。

3）按数量计算：只、双、套、打、卷、袋。

4）按长度计算：米、英尺、码等。

5）按面积计算：平方米、英尺、码等。

6）按体积计算：立方米、英尺、码等。

3.3.3　重量的计算方法

1）按毛重（gross weight）计算：毛重＝净重＋皮重（包装的重量）。

例如，天津红小豆，每公吨 300 美元，共 10 000 公吨，以毛作净。

2）按净重（net weight）计算：净重＝毛重－皮重。

例如，中国桐油，桶装，净重 1000 公吨。

3）公量：指在计算货物重量时，用科学仪器抽去商品中所含的水分，再加上标准含水量所求得的重量，一般用于生丝、羊毛、棉纱：

公量＝干量＋标准含水量＝实际重量（1 ＋标准回潮率）/（1 ＋实际回潮率）

4）理论重量：对于一些按固定规格生产和买卖的商品，只要其重量一致，每件重量大体是相同的，所以一般可以从件数推算出总量，例如，马口铁、钢板。

5）法定重量：法定重量是指商品加上直接接触商品的装物料，如销售包装的重量，而除去这部分重量所表示出来的纯商品的重量，则称为实物净重。

3.3.4　溢短装条款

明确规定交货时可以多装或少装一定的比例。

1）表示方法：一般用百分比表示。

2）选择权：一般由卖方决定，也可由买方或船方决定。

3）订好机动幅度注意事项：①幅度大小合理。②选择权规定要合理，一般由卖方决定，也可

由买方或船方决定。例：5000mt，with 5% more or less at seller's option，5000 公吨，卖方可溢装或短装 5%。③溢短装数量计价要合理。为了防止有选择权的一方根据行市的变化故意多装或少装以获取额外好处，可以在合同中规定多装或少装部分按装船时的市价计算。

4）机动幅度的适用范围：矿砂、化肥、食糖等散装的、数量较大的、不易控制的货物。

3.3.5　订立数量条款应注意的事项

1）明确数量。

2）明确单位。

3）合理规定数量机动幅度。

知识点

数 量 表 示

按照《UCP600》，凡"约"或"大约"或类似的词语用于信用证金额或信用证所列的数量或单价时，应解释为信用证金额或数量或单价有不超过 10% 的增减幅度。

《UCP600》还规定："除非信用证规定所列的货物数量不得增减，在支取金额不超过信用证金额的条件下，货物数量允许有 5% 的增减幅度，但数量以包装单位或个数计数时，此增减幅度不适用。"

实训安排

1. 案例分析

➤ 中国某公司从国外进口某农产品，合同数量为 100 万吨，允许溢短装 5%，而外商装船时共装运了 120 万吨，对多装的 15 万吨，我方应如何处理？

➤ 我国某出口公司与某国进口商按每公吨 500 美元的 FOB 价格于大连成交某农产品 200 公吨，合同规定包装条件为每 25 千克双线新麻袋装，信用证付款方式。该公司凭证装运出口并办妥了结汇手续。事后对方来电，称：该公司所交货物扣除皮重后实际到货不足 200 公吨，要求按净重计算价格，退回因短量多收的货款。我公司则以合同未规定按净重计价为由拒绝退款。

要求：分析该公司的做法是否可行，并说明理由。

➤ 我国某出口公司与俄罗斯进行一笔黄豆出口交易，合同中的数量条款规定如下：每袋黄豆净重 100 千克，共 1000 袋，合计 100 公吨，但货物运抵俄罗斯后，经俄罗斯海关检查发现每袋黄豆净重 94 千克，1000 袋，合计 94 公吨。当时市场黄豆价格下跌，俄罗斯以单货不符为由，提出降价 5% 的要求，否则拒收。请问俄罗斯的要求是否合理？我方应采取什么补救措施？

➤ 我国某出口公司对外出口一批罐头，合同规定数量为 454 克 ×24 听纸箱 1000 箱。我方根据库存情况，实际出口 454 克 ×48 听纸箱装 500 箱。外商以我方包装不符为由拒收货物。问：外商拒收是否有理，为什么？

2. 计算

某厂出口生丝 10 公吨，双方约定标准回潮率是 11%，用科学仪器抽出水分后，生丝净剩 8 公吨。问：某厂出口生丝的公量为多少？

3. 讨论

➤ 合同中规定 about 1000 M/T 或 1000 M/T5% more or less at seller's option 条款：

1）前后条款有无不同？为什么？

2）在后一规定条件下，卖方最多和最少可交多少吨？

3）这部分如何计价？

➤ 我国某公司同日本公司签订出口羊绒衫合同，共出口羊绒衫 10 000 件，价值 100 万美元。合同规定羊绒含量 100%，商标上也表明"100% 羊绒"。当对方对我方公司出口羊绒衫进行检验后，发现羊绒含量不符合合同规定而提出索赔，要求赔偿 200 万美元。最后我方公司赔偿 30 万美元结案。

试问：日本公司的索赔是否合理？从中可得到哪些启示？

➤ 我某公司出口布匹以信用证结算，买方银行来证规定，数量大约为 5000 码，每码 1 美元，但金额注明为不超过总额 5000 美元，则我某公司如何掌握装运数量？

4. 记忆竞赛

※ 长度：

1 米（m）＝3.281 英尺（ft）＝1.094 码（yd）

1 厘米（cm）＝0.394 英寸（in）；1 英寸（in）＝2.54 厘米（cm）

1 海里（n mile）＝1.852 千米（km）

1 码（yd）＝3 英尺（ft）；1 英尺（ft）＝12 英寸（in）

※ 重量：

1 长吨（long ton）＝1.016 吨（t）；1 千克（kg）＝2.205 磅（lb）

1 磅（lb）＝0.454 千克（kg）；[常衡] 1 盎司（oz）＝28.350 克（g）

1 短吨（short ton）＝0.907 吨（t）＝2000 磅（lb）

1 吨（t）＝1000 千克（kg）＝2205 磅（lb）＝1.102 短吨（short ton）＝0.984 长吨（long ton）

※ 体积：

1 美夸脱（qt）＝0.946 升（L）1 美加仑（gal）＝3.785 升（L）

1 桶（bbl）＝0.159 立方米（m³）＝42 美加仑（gal）

1 立方英寸（in³）＝16.3871 立方厘米（cm³）

1 立方英尺（ft³）＝0.0283 立方米（m³）＝28.317 升（Liter）

1 立方米 (m³) ＝1000 升 (Liter) ＝35.315 立方英尺 (ft³) ＝6.29 桶 (bbL)

※ 容积：

1 磅 / 立方英尺 (lb/ft³) ＝16.02 千克 / 立方米 (kg/m³)

1 磅 / 立方英加仑 (lb/gal³) ＝99.776 千克 / 立方米 (kg/m³)

1 千克 / 立方米 (kg/m³) ＝0.001 克 / 立方厘米 (g/cm³) ＝ 0.0624 磅 / 英尺 (lb/ft³)

※ 面积：

1 平方公里 (km²) ＝100 公顷 (hm²) ＝247.1 英亩 (acre)

1 平方米 (m²) ＝10.764 平方英尺 (ft²)；1 平方英寸 (in²) ＝ 6.452 平方厘米 (cm²)

1 平方米 (m²) ＝10.764 平方英尺 (ft²)

1 平方码 (yd²) ＝0.8361 平方米 (m²)

1 平方英里 (m²) ＝2.590 平方公里 (km²)

实训指导

实训中教师提醒学生熟悉数量单位及换算，了解数量条款的相关规定。

学生实训中紧紧把握对单位、数量计算及溢短装条款的规定，根据这些规定来分析问题，并能够合理清晰地解决问题。

作业点评

1）学生分析问题的思路。

2）对于考核内容的理解、记忆程度。

3）案例分析是否正确，表达是否准确。

任务 3.4 掌握商品包装规定

情境 导入

某年我出口公司出口到加拿大一批货物，计值人民币 128 万元。合同规定用塑料袋包装，每件要使用英、法两种文字的唛头。但我某公司实际交货改用其他包装代替，并仍使用只有英文的唛头。国外商人为了适应当地市场的销售要求，不得不雇人重新更换包装和唛头，后向我方提出索赔。我方理亏只好认赔。请问：我公司在包装上出现了哪些问题？

国际贸易中，绝大多数商品都需要一定的包装，它是货物说明的组成部分，是保护商品和美化商品的重要手段，是合同的主要条款之一。包装的好坏，不仅关系到商品的使用、销路、售价，还在一定程度上反映了一个国家的生产力水平。

3.4.1 运输包装与销售包装

商品的包装，按其在流通过程中的不同作用分为运输包装和销售包装。

1. 运输包装

运输包装标志图例，如图 3-1 所示。

以运输为主要目的的包装，具有保障产品安全，方便储运装卸，加速交接、点验等作用。通常又分为：

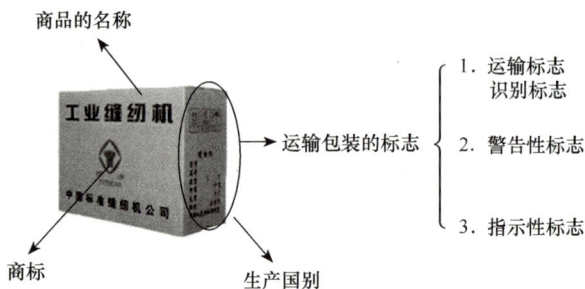

图 3-1 运输包装标志

1）单件运输包装。

2）集合运输包装（如集装箱，集装包、袋，托盘等）。

2. 销售包装

销售包装是指以销售为主要目的，随商品进入零售市场直接与消费者见面的包装。这种包装除具有保护商品的作用外，还有美化商品、宣传商品、便于携带，从而促进销售的功能。

常见的销售包装有：

1）挂式包装。

2）堆叠式包装。

3）携带式包装。

4）易开包装。

5）喷雾包装。

6）配套包装。

7）礼品包装。

8）复用包装。

3.4.2 中性包装和定牌

1. 中性包装

中性包装指既不标明生产国别、地名和厂家名称，也不标明商标或牌号的包装。具体包括：

1）无牌中性包装：商品或包装上均不使用任何商标或牌号，也不注明生产国别和厂名。

2）定牌中性包装：商品或包装上使用买方指定的商标或牌号，但不注明生产国别和厂名。

2. 定牌

定牌指卖方按买方要求在其出售的商品或包装上标明买方指定的商标或牌号。

在我国的具体做法是：

1）在定牌生产的商品和（或）包装上，只用外商所指定的商标或牌号，而不标明生产国别和出口厂商名称，这属于采用定牌中性包装的做法。

2）在定牌生产的商品和（或）包装上，标明我国的商标或牌号，同时也加注国外商号名称或表示其商号的标记。

3）在定牌生产的商品和（或）包装上，在采用买方所指定的商标或牌号的同时，在其商标或牌号下标示"中国制造"字样。

3.4.3　包装条款的规定

买卖合同中的包装条款主要包括：包装材料、包装方式、包装规格、包装标志和包装费用等内容。

买卖双方在合同中商订包装条款应注意以下几点：

1）对包装的要求应具体明确。

2）应订明包装费用由何方负担。

3）明确何方提供运输标志。

4）明确包装不良应负的责任。

3.4.4　运输包装的标志

运输包装的标志指在运输包装上面书写、压印、绘制的图形、数字和文字，其目的是为了在运输过程中识别货物，主要有运输标志、指示性标志和警告性标志三种。

1. 运输标志

运输标志又称唛头，通常由一个简单的几何图形和一些字母、数字及简单的文字组成（图 3-2）。

联合国欧洲经济委员会简化国际贸易程序工作组制定的标准运输标志包括 4 个要素，它们是：

1）收货人或买方名称的英文缩写字母或简称。

2）参考号：如运单号码、订单号码和发票号码等。

3）目的地。

4）件数号码。

想一想

唛头的作用？

图 3-2　唛头

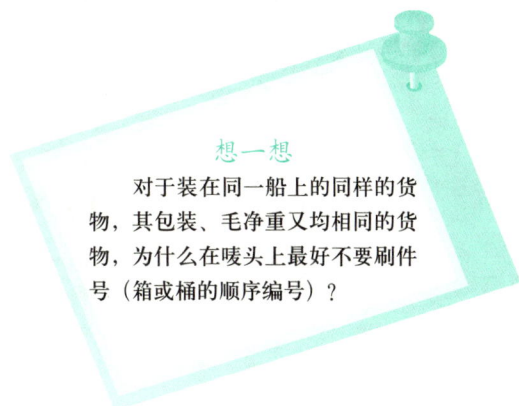

想一想

对于装在同一船上的同样的货物，其包装、毛净重又均相同的货物，为什么在唛头上最好不要刷件号（箱或桶的顺序编号）？

例如：

SMCO	……收货人代号
2002/C NO.245789	……参考号
NEW　YORK	……目的地
NO.1—20	……件数代号

2. 指示性标志

根据商品的特征，对某些易碎、易损、易变质的商品，用文字说明和图形做出标志，以示在搬运和储存过程中应引起注意的问题和事项。例如，"小心轻放"、"禁用手钩"等（图3-3）。

小心轻放	禁用手钩	怕　湿	向　上	堆码重量极限
堆码层数极限	怕　热	由此吊起	禁止翻滚	温度极限

图 3-3　指示性标志

3. 警告性标志

在易燃品、爆炸品、有毒物品、剧毒物品、腐蚀性物品及放射性物品的运输包装上标明危险性质的文字说明和图形以提醒有关人员在货物的运输、保管和装卸过程中，根据货物的性质，采取相应的防护措施，以保护人身安全和运输物资的安全（图3-4）。

有毒气体 2	一级放射性物品 I 7	腐蚀品 8	易燃气体 2
1.4 爆炸品 1	氧化剂 5.1	感染性物品 6	有机过氧化物 5.2

图 3-4　警告性标志

3.4.5　订立运输包装条款应注意的问题

1. 内容
内容包括包装方式、包装材料、包装规格、包装标志和费用负担等。

2. 注意问题
1）考虑商品的特点和不同运输方式的要求。

2）对包装的规定应明确具体。

3）按照国际贸易习惯，唛头一般由卖方决定，合同中无需规定；但如果买方有特殊要求，则应在合同中具体列明。

4）包装费用一般已包含在货价内；但如果买方有特殊要求，则超出的包装费用由买方承担，并在合同中明确规定。

3. 包装条款举例

1）纸箱或空格木箱装，每箱净重约 12 千克，每千克纸包。

2）布包，每包 80 套，每套塑料袋装。

3）布袋装，内衬聚乙烯袋，每袋净重 25 千克。

4）每台装 1 个出口纸箱，810 纸箱装 1 个 40 英尺集装箱运送。

实训安排

1. 案例分析

➤ 菲律宾某公司与上海某自行车厂洽谈进口业务，打算从我国进口"永久牌"自行车 1000 辆，但要求我方改用"剑"牌商标，并在包装上不得注明"made in China"字样，该包装属于何种性质包装？

A 公司根据合同规定，立即安排装运出口，共装运了 54 100 吨，其中面粉 27 956 吨，稻米 26 144 吨，并于同年 7 月 5 日取得了船公司签发的已装船提单。7 月 10 日，A 公司备妥该信用证所要求的所有单据，在议付行办理了议付。7 月 13 日，议付行向开证行索偿时，遭到开证行的拒付，理由是面粉的装运数量超出了溢短装条款的幅度。请问：开证行是否应该付款？ A 公司应怎么做？

➤ 某公司在一笔出口业务中，合同规定由买方指定唛头。尔后，在开来信用证的第一页最下行"Shipping Mark"处填有 P.T.O. 三个英文字母。请问：这是不是唛头，买方应如何操作？

➤ 某外商欲购我"菊花"牌电钻，但要求改用"鲨鱼"牌商标，并在包装上不得注明"Made in China"字样，问我是否可以接受？应注意什么问题？

2. 看图说明

以下图形术语是何种运输标志？都代表什么？

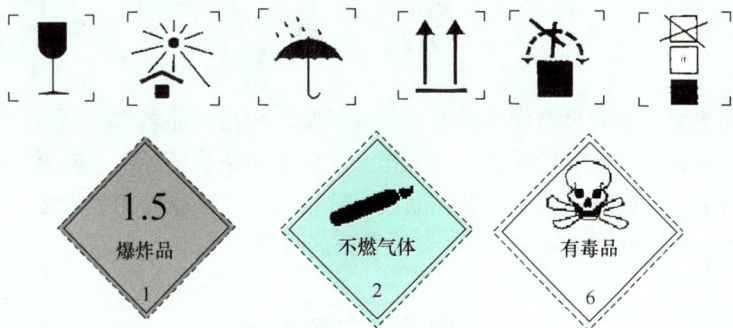

3. 说明下面唛头信息

ABCD	5343430
SINGAPORE	No. 1-30

4. 分析

➤ 在荷兰某一超级市场上有黄色竹制罐装的茶叶一批，罐的一面刻有中文"中国茶叶"

四字，另一面刻有我国古装仕女图，看上去精致美观颇富民族特点，但国外消费者少有问津，问其故何在？

➤ 某口岸过去出口手绢是12打一包，后改为5打一包，尔后又改为一打一盒，进而又改为半打、5条、3条一盒，结果销量大增，试分析包装方法对销量的影响。

实训指导

实训中教师强调学生了解运输包装，认识运输标志，特别要认识唛头，会做唛头。教师可以提供几种货品信息让学生练习。

学生应能读懂唛头信息并可以自行做唛头，能够认识重要的运输标志，说明货物应注意的问题。

作业点评

1）学生对运输标志的掌握程度。

2）学生对唛头的掌握程度。

业务操作

商品描述展示

根据各小组成立的贸易公司所经营的商品，草拟一份该商品交易的相关合同条款，包括该商品的品名、品质、数量、包装的描述。

小　结

本项目活动主要围绕贸易合同中的商品相关条款，包括商品名称、品质、数量和包装。这是贸易合同签订前必须要做的针对性准备工作。了解商品条款信息，才能更好地保护己方的利益。通过系列活动，我们掌握商品品名、品质、数量及包装条款的相关规定，把握品名、品质及数量如何表述，运输包装如何具体做，要注意哪些问题。

思考与练习

一、填空题

1．国际贸易中表示商品品质的方法概括起来主要有两类：＿＿＿＿＿＿ 和 ＿＿＿＿＿＿。

2．凡以文字、数据、图样等方式来说明商品品质的，均属于凭 ＿＿＿＿＿＿ 表示商品品质的范畴。

3．卖方根据买方提供的样品，加工复制出与其类似的样品交买方确认，经确认后的样品称为 _____。

4．以实物表示商品品质包括 _____ 和 _____ 两种方法。

5．_____ 是交易双方商定的商品中的水分与干量之百分比。

6．羊毛、生丝在国际上公认的标准回潮率为 _____。

7．溢短装条款主要包括 _____、_____ 以及 _____。

8．目前国际上通常采用的度量衡制度有：_____、_____、_____、_____。

9．既不标明生产国别、地名和厂商名称，也不标明商标或牌号的包装，称为 _____。

10．中性包装包括 _____ 和 _____。

11．卖方根据买方的要求在其出售的商品或包装上标明买方指定的商标或牌号的做法，称为 _____。

12．标准的运输标志主要包括四个要素：_____、_____、_____、_____。

二、判断题

1．卖方在向同行、客户寄送代表性样品时，应留存一份或数份同样的样品，以备日后交货或处理争议时核对之用，此样品称为确认样。　　　　　　　　　　　　（　　）

2．目前，国际贸易实践中，单纯凭样品成交的情况很多。　　　　　　（　　）

3．凭规格买卖，又提供了参考样品，卖方所交货物的品质，既要完全符合规格要求，又要和样品完全一致。　　　　　　　　　　　　　　　　　　　　　（　　）

4．在凭商标或品牌达成交易中，虽然卖方所交货物的品质有不适合销售的缺点，但只要商标或品牌和合同规定一致，买方无退货或索赔的权利。　　　　　　　　　（　　）

5．凡是能够用一种方法表示品质的，一般不要采用两种或两种以上的方法来表示。（　　）

6．按重量计量是目前国际贸易中使用最多的一种。　　　　　　　　　（　　）

7．卖方所交货物若多于合同规定的数量，《公约》规定，买方可以收取也可拒收全部货物。　　　　　　　　　　　　　　　　　　　　　　　　　　　　　（　　）

8．合同中的数量机动幅度选择权只能由卖方行使。　　　　　　　　　（　　）

9．《跟单信用证统一惯例》规定，"约量"应解释为允许有 5%的增减幅度。（　　）

10．若一方违反了所约定的包装条件，另一方有权提出索赔，但无权拒收货物。（　　）

11．采用中性包装是国际贸易中的习惯做法，目的是为了避开贸易壁垒或便于转口贸易。　　　　　　　　　　　　　　　　　　　　　　　　　　　　　（　　）

12．在出口贸易中，我国一般不接受中性包装和定牌生产。　　　　　（　　）

13．运输包装上的各类标志可打在运输包装的任何部位，一般不作规定。（　　）

14．在我国出口危险货物的包装上，一般只标打我国规定的危险品标志。（　　）

三、不定项选择题

1．品质公差条款一般用于（　　　）。

　　A．制成品交易　　B．初级产品交易　　C．纺织品交易　　　D．公物类产品交易

2．品质机动幅度条款一般用于（　　　）。

　　A．制成品交易　　B．初级产品交易　　C．机电产品交易　　D．仪表产品交易

3．适用于在造型上有特殊要求或具有色、香、味方面特征的商品，表示品质的方式是（　　　）。

　　A．凭等级买卖　　B．凭样品买卖　　C．凭商标买卖　　D．凭说明书买卖

4．在国际贸易中，按样品提供者的不同，凭样品成交可分为（　　　）。

　　A．凭卖方样品买卖　　　　　　　　B．凭买方样品买卖

　　C．凭对等样品买卖　　　　　　　　D．凭图样买卖

　　E．凭参考样品买卖

四、问答题

1．规定品名条款应注意哪些事项？

2．合同中品质条款一般包括哪些内容？

3．合同中数量条款通常包括哪些内容？

4．什么是中性包装？为何会出现中性包装？

5．我国在出口贸易中接受定牌生产的具体做法有哪些？定牌出口应注意什么问题？如何解决？

6．包装条款的内容及应注意的问题有哪些？

五、案例分析题

1．我方某出口公司凭买方样品成交出口商品一批，价值 50 000 美元。合同规定装运期 8月份，但需要买方认可回样后方能装运。7 月 15 日，买方开来的信用证上也有同样的条款。我方多次试制回样，均未得到买方认可，因此我方不能如期装运。时至 9 月份，买方以我方延迟交货为由向我方索赔。问：我方应如何处理？在订立合同时我方有无失误之处？

2．我方某公司向科威特出口冻羊肉 20 吨，每吨 FOB 价 4000 美元，合同规定数量可增减10%。国外按时开来信用证，证中规定金额为 80 000 美元，数量约 20 吨。结果我方按 22 吨发货装运，但持单到银行办理议付时遭拒绝。问：原因何在？

3．合同规定糖水橘子罐头，每箱 24 听，每听含五瓣橘子，每听罐头上用英文标明"MADE IN CHINA"。卖方为了讨一个吉利，每听装了六瓣橘子，装箱时，为了用足箱容，每箱装了 26听，在刷制产地标志时，只在纸箱上标明"MADE IN CHINA"，买方以包装不符合同规定及未按合同规定标明产地为由要求赔偿，否则拒收整批货物。问：买方要求是否合理？为什么？

4．我方某公司出口某种化工原料，共 500 公吨。合同规定以"单层新麻袋，每袋 50 公斤"包装。但我方装船发货时发现新麻袋装的货物只够 450 公吨，剩余 50 公吨货物用一种更结实，价格也比麻袋贵的涂塑麻袋包装，结果被对方索赔。问：买方要求是否合理？我方应如何处理？

六、计算题

　　我方某公司与西班牙某公司达成了一笔 100 公吨生丝的出口交易，合同中规定以公量来计算商品的重量，商品的标准回潮率确定为 10%。当我方按合同规定的装运期限装运货物时，测得实际回潮率是 21%，问：我方应装运多少才能达到合同规定的公量数？

项 目 4

读懂贸易术语

学习目标

认识贸易术语在国际贸易实际业务中的重要作用，熟悉 FOB、CFR、CIF、FCA、CPT、CIP 六种常见的贸易术语，了解其他贸易术语，能够熟练选择、使用贸易术语，避免在国际贸易业务中出现交易纠纷。

任务 4.1　了解贸易术语

情境导入

王楠的爷爷近几年种植兰花出了名，王楠尝试在网上帮爷爷销售。这天王楠收到来自美国的一个大订单，要求货量很大，利润可观。但是，王楠在签订合同之前发了愁，有关兰花运输的费用、责任和风险实在是牵扯的内容太多，比如王楠要把货物运到哪里，交给谁，运费谁付，装货费谁付，卸货费谁付……合同上很难用一句两句解释清楚，万一在这些地方出现问题，责任不清，就意味着赔钱，甚至可观的利润也会没有，有没有更好的办法来解决呢？

在国际贸易当中，由于双方互不了解，相距甚远，甚至风俗习惯、礼仪文化都有不同，必须在签订合同前对贸易合同的相关内容进行磋商。因为多种因素影响，商品价格波动很大，买卖双方需要就货物交接方式、单证、运输手续及运输费用、运输责任、保险手续及费用、通关手续及费用、仓储费用、货运风险等种种问题进行反复磋商讨论。为了缩短买卖双方对上述贸易条件的磋商时间，减少相关费用，明确责任、风险，人们在长期实践过程中不断总结积累，形成了各种不同的贸易术语。这些术语也称为价格术语，在国际贸易中起到积极的作用，有利于买卖双方的成本价格核算，更有利于双方责任、风险、费用的划分。

4.1.1　贸易术语定义

贸易术语，又叫"价格术语"、"交货条件"，是在国际贸易实践中逐渐形成的用以确定买卖标的物的价格、买卖双方各自承担的费用、风险、责任范围的以英文缩写表示的专门术语。其说明的责任、费用和风险表现如下：

责任：指因交货地点不同而产生的租船订舱、装货、卸货、投保、申请进出口许可及报关等项事宜。

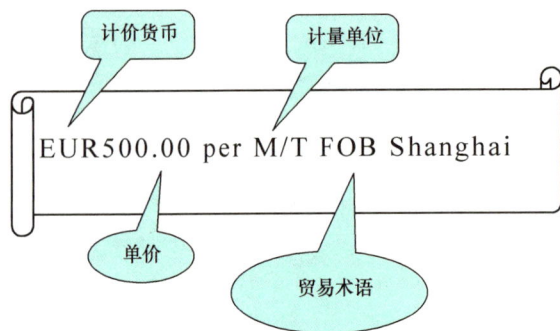

图 4-1　贸易术语表示方法

费用：指因货物的移动而产生的运杂费、保险费、仓储费及码头捐等。

风险：指由于各种原因导致货物被盗、串味、锈蚀、水渍和灭失等危险。

贸易术语是国际惯例的一种，具有任意性，即只有当事人选择适用，才对当事人具有约束力。贸易术语的主要作用在于简化当事人的贸易谈判缔约过程，确定买卖双方当事人的权利义务。

图 4-1 所示是贸易术语的一般表示方法。

4.1.2　贸易术语分类

目前，国际上遵循的《2010 年国际贸易术语解释通则》（以下简称《2010 通则》），于 2011 年 1 月 1 日起实施，共有 11 个贸易术语，分为两大类，主要涉及货物的运输、风险划分、投保义务、交货地点、出口进口结关手续及费用负担、装卸货义务及适用的运输方式等内容。

第一组：适用于任何运输方式的术语七种：EXW、FCA、CPT、CIP、DAT、DAP、DDP。

EXW（ex works）	工厂交货
FCA（free carrier）	货交承运人
CPT（carriage paid to）	运费付至目的地
CIP（carriage and insurance paid to）	运费 / 保险费付至目的地
DAT（delivered at terminal）	目的地或目的港的集散站交货
DAP（delivered at place）	目的地交货
DDP（delivered duty paid）	完税后交货

第二组：适用于水上运输方式的术语四种：FAS、FOB、CFR、CIF。

FAS（free alongside ship）	装运港船边交货
FOB（free on board）	装运港船上交货
CFR（cost and freight）	成本加运费
CIF（cost, insurance and freight）	成本、保险费加运费

4.1.3　贸易术语的作用

贸易术语在国际贸易中的作用，有下列几个方面：

1. 有利于买卖双方洽商交易和订立合同

由于每种贸易术语都有其特定的含义，因此，买卖双方只要商定按何种贸易术语成交，即可明确彼此在交接货物方面所应承担的责任、费用和风险。这就简化了交易手续，缩短了磋商交易的时间，从而有利于买卖双方迅速达成交易和订立合同。

2. 有利于买卖双方核算价格和成本

由于贸易术语表示价格构成因素，所以，买卖双方确定成交价格时，必然要考虑采用的贸易术语中包含哪些从属费用，这就有利于买卖双方进行比价和加强成本核算。

> 注：贸易术语属于国际惯例，只有在合同中采用才对当事人有约束力。

3. 有利于解决履约当中的争议

买卖双方商订合同时，如对合同条款考虑欠周，使某些事项规定不明确或不完备，致使履约当中产生的争议不能依据合同的规定解决，在此情况下，可以援引有关贸易术语的一般解释来处理。因为，贸易术语的一般解释已成为国际惯例，它是大家所遵循的一种类似行为规范的准则。

4. 有利于其他有关机构开展业务活动

在开展业务过程中，离不开船公司、保险公司和银行等机构，而贸易术语及有关解释贸易术语的国际惯例的相继出现，便为这些机构开展业务活动和处理业务实践中的问题提供了客观依据和有利条件。

实训安排

1. 讨论
贸易术语能解决哪些具体问题？

2. 分析
贸易术语是不是万能的？贸易术语能否解决所有的责任、风险和费用问题？

3. 看图说明
请说明图 4-2 所表达的内容。

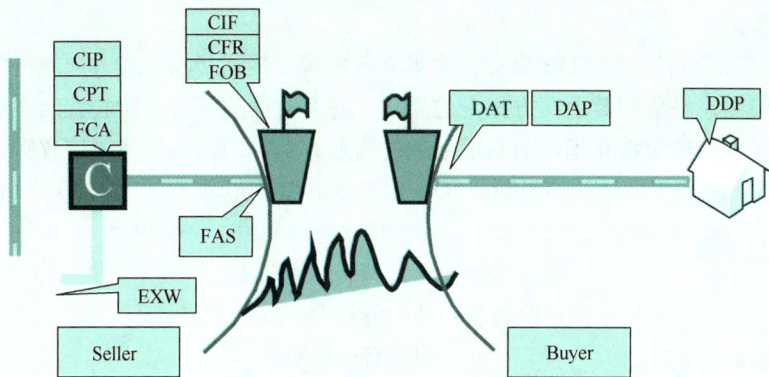

图 4-2　贸易术语风险、责任划分图

4. 记忆比赛
各学习小组熟悉 11 种贸易术语，能清楚说明三个英文字母代表的贸易术语含义。教师在卡片上写明贸易术语，随机取出，各小组学生抢答。

实训指导

　　实训教师强化学生对贸易术语的熟练掌握程度，11 种贸易术语尽管并非全部常用，但是对于这些术语的理解学生应该通过术语名称加以认识。所有贸易术语均针对卖方而言，术语名称很好说明了该术语卖方的责任问题。例如，EXW 术语表明工厂交货，意味着卖方只需要把货物交到卖方所在地工厂即可，至于买方到工厂收货后的事情卖方不再承担任何责任和风险。

　　学生实训过程中，应多方考虑术语所体现出来的责任、风险、费用问题。记住术语名称，牢记术语是针对卖方而言的。

作业点评

　　1）各小组能否清晰表达图 4-2 所体现的术语特点。
　　2）学生对于 11 种术语掌握情况，实训教师对比赛结果进行记录。

任务 4.2　解析 FOB、CFR、CIF

情境 导入

　　2014 年 8 月，上海蓝天进出口有限公司与韩国某公司商谈一批服装交易，张红作为谈判代表，必须为己方谋取利益。谈判过程中，双方认为该批服装采取海运比较合适。张红在此基础上，就更要为己方争取相关费用和风险的最小化。这批服装在哪里交接？运输和保险谁来负责？运输风险谁来承担？装货卸货费用如何解决？

4.2.1　FOB

　　FOB（Free on board ...named port of shipment，……指定装运港或装运港船上交货）适用于海运和内河运输。

　　FOB 也称"离岸价"。按 FOB 成交，由买方负责派船接运货物，卖方应在合同规定的装运港和规定的期限内，将货物装上买方指定的船只，并及时通知买方。货物在装上船后，风险即由卖方转移至买方。当货物在指定的装运港越过船舷，卖方即完成交货。这意味着买方必须从该点起承当货物灭失或损坏的一切风险。FOB 术语要求卖方办理货物出口清关手续。

1. FOB 术语责任、风险划分

交货地点：出口国装运港船上

风险转移：装运港船上

责　　任：租船订舱：买方

　　　　　　办理保险：买方

费　　用：运费：买方负担

　　　　　　保险费：买方负担

> 想一想
>
> 集装箱船如何界定船舷？

2. FOB 条款下应注意的问题

　　1）FOB 条件下，卖方一旦装船，必须及时发出书面的装船通知，以方便买方办理保险。

2）FOB 条件下，船由买方租定，如买方租船订舱不方便，可请求卖方代订，但卖方不承担订船所产生的风险。

3. FOB 术语变形

为了说明装船费用由谁负担，双方往往在 FOB 术语后加列附加条件。

1）FOB Liner Terms（FOB 班轮条件），指装船费用按照班轮的做法来办，即由船方或买方承担。所以，采用这一变形，卖方不负担装船的有关费用。

2）FOB Under Tackle（FOB 吊钩下交货），指卖方负担费用将货物交到买方指定船只的吊钩所及之处，而吊装入舱以及其他各项费用概由买方负担。

3）FOB Stowed（FOB 理舱费在内），指卖方负责将货物装入船舱并承担包括理舱费在内的装船费用。理舱费是指货物入舱后进行安置和整理的费用。

4）FOB Trimmed（FOB 平舱费在内），指卖方负责将货物装入船舱并承担包括平舱费在内的装船费用。平舱费是指装入船舱的散装货物进行平整所需的费用。

在许多标准合同中，为表明由卖方承担包括理舱费和平舱费在内的各项装船费用，常采用 FOBST（FOB 理舱费、平舱费在内）。

> 注：FOB 术语后接装运港，例如，FOB Shanghai，指在上海港装运。

4.2.2 CFR

CFR（Cost and Freight）：成本加运费，适用于海运和内河运输。此术语是指卖方必须负担货物运至约定目的港所需的成本和运费。这里所指的成本相当于 FOB 价，故 CFR 术语是在 FOB 价的基础上加上装运港至目的港的通常运费。

1. CFR 术语责任、风险划分

交货地点：出口国装运港船上

风险转移：装运港船上

责　　任：租船订舱：卖方

　　　　　办理保险：买方

费　　用：运费：卖方负担

　　　　　保险费：买方负担

2. CFR 条款下应注意的问题

1）CFR 条款下运费由卖方承担，保费由买方承担。

2）CFR 条件下，卖方租船订舱。

3）CFR 条件下，卖方装船后应立即发出书面装船通知通知买方及时办理保险。

4.2.3 CIF

CIF（Cost, Insurance and Freight）：成本加运费加保费，适用于海运和内河运输。按此术语成交，货价的构成因素中包括从装运港至约定目的港的通常运费和约定的保险费，故卖方除具有与 CFR 术语相同的义务外，还应为买方办理货运保险，交付保险费。按一般国际贸易惯例，卖方投保的保险金额应按 CIF 价加成 10%。

想一想

FOB、CFR、CIF
有哪些异同?

1. CIF 术语责任、风险划分

交货地点：出口国装运港船上

风险转移：装运港船上

责　　任：租船订舱：卖方

　　　　　办理保险：卖方

费　　用：运费：卖方负担

　　　　　保险费：卖方负担

2. CIF 术语应注意的问题

1）按一般国际贸易惯例，卖方投保的保险金额应按 CIF 价加成 10%。如买卖双方未约定具体险别，则卖方只需取得最低限度的保险险别，如买方要求加保战争险，在保险费由买方负担的前提下，卖方应予加保，卖方投保时，如能办到，应以合同货币投保。

2）按 CIF 术语成交，虽然由卖方安排货物运输和办理货运保险，但卖方并不承担保证把货送到约定目的港的义务；CIF 术语是一种典型的象征性交货，只要卖方安全把货送到目的港，并提供相关单证，买方不得以未收到货或收到货物质量有问题等原因拒绝付款赎单。象征性交货条件下，卖方凭单交货，买方凭单付款。

3. CIF 术语变形

1）CIF Liner Terms（CIF 班轮条件）这一变形指卸货费按班轮做法处理，即买方不负担卸货费，而由卖方或船方负担。

2）CIF Landed（CIF 卸至码头）这一变形指由卖方承担将货物卸至码头上的各项有关费用，包括驳船费和码头费。

3）CIF Ex Tackle（CIF 吊钩下交接）这一变形指卖方负责将货物从船舱吊起卸到船舶吊钩所及之处（码头上或驳船上）的费用。在船舶不能靠岸的情况下，租用船舶的费用和货物从驳船卸至岸上的费用，概由买方负担。

4）CIF Ex Ship's Hold（CIF 舱底交接），按此条件成交，货物运达目的港在船上办理交接后，自船舱底起吊直至卸到码头的卸货费用，均由买方负担。

注：CFR、CIF 术语后接目的港。

FOB、CFR、CIF 术语都是象征性交货。

知识点

象征性交货

象征性交货（Symbolic Delivery）：是指在买卖双方不直接接触的情况下，卖方按合同规定的时间和地点将货物装上运输工具或交付承运人后，并向买方提供包括物权证书在内的有关单证，凭承运人签发的运输单据及其他商业单据履行交货义务，而无须保证到货。

象征性交货的特征：

1）卖方凭单交货，买方凭单付款。

2）卖方履行交单义务。只要卖方如期向买方提交了合同规定的全套合格单据，即使货物在运输途中损失或灭失，买方也必须履行付款义务。如果卖方提供单据不符合要求，即使货物完好无损运达目的地，买方仍可拒绝付款。

3）卖方履行交货义务。如果货物运达目的地时，不符合要求，即使买方已经付款，仍可根据合同规定向卖方提出索赔。

实训安排

1. 总结

FOB、CFR、CIF 术语的相同点和不同点。

2. 填表

填写表 4-1。

表 4-1 术语列表

术语	中文全称	风险转移	交货地点	运费	保险费	适用的运输方式
FOB						
CFR						
CIF						

3. 案例分析

➤ 美国出口商与韩国进口商签订了一份 FOB 合同，合同规定由卖方出售 2000 公吨小麦给买方。小麦在装运港装船时是混装的，共装运了 5000 公吨，准备在目的地由船公司负责分拨 2000 公吨给买方。但载货船只在途中遇高温天气发生变质，共损失 2500 公吨。卖方声称其出售给买方的 2000 公吨小麦在运输途中全部损失，并认为根据 FOB 合同，风险在装运港越过船舷时已经转移给买方，故卖方对损失不负责任。买方则要求卖方履行合同。双方发生争议，后将争议提交仲裁解决。问：仲裁机构将如何裁决？

➤ 某出口公司按 CIF 向伦敦英商出售一批核桃仁，由于该商品季节性较强，双方在合同中规定，买方须于 9 月底前将信用证开到，卖方保证货运船只不迟于 12 月 2 日驶抵目的港。如货轮迟于 12 月 2 日抵达目的港，买方有权取消合同，如货款已收，卖方必须将货款退还买方。试分析合同中有关条款存在的问题。

➤ 某公司以 CIF 出口一批罐头。①合同签订后，接到买方来函，声称合同规定的目的港最近发生暴乱，要求我方在办理保险时加保战争险，我公司该如何处理？②这批货物运抵后我方接到买方支付货款的通知，声明：因货物在运输途中躲避风暴而增加的运费已代我公司支付给船公司，所以所付款项中已扣除此项费用，对此，我公司该如何处理？

4. 小组讨论

我国某出口公司与外商按 CIF 成交一批出口货物，货物在合同规定的时间和装运港装船。受载船只在航运途中触礁沉没。当该公司凭提单、保险单、发票等单据要求国外进口商支付货款时，进口方以货物已全部损失，不能得到货物为由，拒绝接受单据和付款。请分析讨论出口方有无权利凭规定的单据要求进口方付款。

实训指导

对于 FOB、CFR、CIF 三个术语而言，要掌握该术语的共同点和不同点，实训教师让学生牢牢把握住这三种术语的特点，指导学生分析案例。

在分析术语案例的过程中，学生应明确术语对于风险、责任、费用划分的详细情况，再根据案例中描述的情境，加以分析总结。例如，案例分析第三个案例中，首先看术语是什么术语，CIF 术语风险划分界限在哪里，卖方责任有哪些，卖方承担哪些费用。该公司作为卖方根据 CIF 术语特点要承担保险费用，但是只需要承担最低险别，即平安险、水渍险或者一切险。如果需要上战争险，则卖方可以代办，但费用由买方出。同时，CIF 术语是风险划分界限为装运港船上，只要卖方把货物装上船，卖方对货物以后的安全问题不再承担任何责任，同时，CIF 术语是象征性交货，所以船开后躲避风险而额外增加的费用无需卖方承担，卖方应该索回。

■■■ 作业点评

1）学生能否自主说明三种术语异同。

2）对于案例分析，学生是否掌握分析方法，并能够条理清楚地说明问题；案例需要学生以文本形式交予教师，教师点评。

3）小组讨论需要各小组给出讨论结果，以文档或 PPT 形式交予教师，教师点评。

任务 4.3　解析 FCA、CPT、CIP

情境 导入

2012 年 5 月，天津天物进出口有限公司有一批贵重金属需紧急送往德国汉堡。因时间紧张，海运明显满足不了运输要求，天物公司与航空公司联系安排了空运。按《2010 通则》规定，FOB、CFR、CIF 三种术语仅适合于水上运输，天物公司业务人员应该选择其他什么术语呢？

4.3.1　FCA

FCA（Free Carrier），即"货物交承运人（……指定地点）"。它指卖方应负责将其移交的货物，办理出关后，在指定的地点交付给买方指定的承运人照管。根据商业惯例，当卖方被要求与承运人通过签订合同进行协作时，在买方承担风险和费用的情况下，卖方可以照此办理。FCA 适用于各种运输方式，包括公路、铁路、江河、海洋、航空运输以及多式联运。

1. FCA 术语责任、风险划分

交货地点：指定目的地

风险转移：货交承运人

责　　任：租船订舱：买方

　　　　　办理保险：买方

费　　用：运费：买方负担

　　　　　保险费：买方负担

想一想
FOB 和 FCA 术语有哪些异同?

2. FCA 术语应注意的问题

1）若卖方在其所在地交货，则卖方应负责装货，若卖方在任何其他地点交货，卖方不负责卸货。

2）若买方指定承运人以外的人领取货物，当卖方将货物交给此人时，即视为已履行了交货

义务。

4.3.2　CPT

CPT（Carriage Paid to），即"运费付至（……指定目的港）"。指卖方向其指定的承运人交货，但卖方还必须支付将货物运至目的地的运费。CPT 术语适用于各种运输方式，包括公路、铁路、江河、海洋、航空运输以及多式联运。

1. CPT 术语责任、风险划分

交货地点：指定目的地

风险转移：货交承运人

责　　　任：租船订舱：卖方

　　　　　　办理保险：买方

费　　　用：运费：卖方负担

　　　　　　保险费：买方负担

2. CPT 术语应注意的问题

1）卖方将货物交给承运人之后，应及时向买方发出货已交付的通知，以便买方能及时办理保险及在目的地领取货物。

2）卖方只承担货物交给承运人控制之前的风险；货物自交货地点至目的地的运输途中的风险由买方承担，而不是卖方。

3）在 CPT 后面要注明双方约定的目的地的名称，它可以是两国的边境，也可以是进口国的港口，还可以是进口国的内陆地点，如 CPT Beijing。

4.3.3　CIP

CIP（Carriage and Insurance Paid to），即"运费、保险费付至（……指定目的地）"。指卖方向其指定的承运人交货，但卖方还必须支付将货物运至目的地的运费，即买方承担卖方交货之后的一切风险和额外费用。但是，按照 CIP 术语，卖方还必须办理买方货物在运输途中灭失或损坏风险的保险。CIP 术语适用于各种运输方式，包括公路、铁路、江河、海洋、航空运输以及多式联运。

1. CIP 术语责任、风险划分

交货地点：指定目的地

风险转移：货交承运人

责　　　任：租船订舱：卖方

　　　　　　办理保险：卖方

费　　　用：运费：卖方负担

　　　　　　保险费：卖方负担

> 想一想
> CIF 与 CIP 术 语有哪些异同?

2. CIP 术语应注意的问题

1）CIP 术语只要求卖方投保最低限度的保险险别。如买方需要更高的保险险别，则需要与卖方明确地达成协议，或者自行做出额外的保险安排。

2）适合各种运输方式。

> 想一想
> FCA、CPI、CIP 是不是象征性交货?

实训安排

1. 总结

FOB、CFR、CIF 术语及 FCA、CFR、CIP 术语的相同点和不同点。

2. 填表

填写表 4-2。

表 4-2　术语列表

术语	中文全称	风险转移	交货地点	运费承担	保险手续办理	进口税
FCA						
CPT						
CIP						

3. 案例分析

➢ 我某公司按照 FCA 条件进口一批化工原料，合同中规定由卖方代办运输事项。结果在装运期满时，国外卖方来函通知无法租到船，不能按期交货。因此，我公司向国内生产厂家支付了 10 万元延期违约金。问：对我公司的这 10 万元损失，可否向国外卖方索回？

➢ 我国某公司以 CPT 条件进口一批大豆，在约定日期未收到卖方的已装船通知，却收到卖方要求该公司支付货款的单据。此后我方接到货物，经检验部分货物在运输途中因海上风险而丢失。问：该公司应如何处理，为什么？如果此术语选用 CFR 是否合适？

➢ 我方出口手表到印度，按 FCA Shanghai Airport 签约。交货期 8 月。出口企业 8 月 31日将该手表运到上海虹桥机场并由航空公司收货开具航空运单。我方即电传印度发出装运通知。9 月 2 日手表抵达孟买，将到货通知连同发票和航空运单送交孟买 ×× 银行。该银行即通知印商提货、付款，但印商以延迟交货为由拒绝。问：印商是否可以这样做？

4. 小组讨论

我国出口公司甲公司与澳大利亚乙公司签订合同出口大豆，贸易术语为 FCA，集装箱装运，装运日期为 4 月，甲公司于 2014 年 3 月 31 日收到乙公司的装运通知，甲公司于 4 月 1日将货物交给承运人存在位于上海的码头，当天晚上货物因为仓库火灾全部灭失，问：甲公司是否应该承担损失？如果该合同规定的是用 FOB 术语成交，则甲公司是否承担损失？FOB术语与 FCA 术语相比有哪些优势或劣势？

实训指导

FCA、CPT、CIP 三种术语是 FOB、CFR、CIF 术语的扩展，由单纯的水上运输发展到适合所有的运输方式。实训教师强调学生在实训练习中牢牢把握这一点，FCA 系列术语与FOB 系列术语在责任和费用承担方面基本相同，风险划分不一样，FCA 系列术语是货交承运人，这就意味着在这两个系列术语里，在 FCA 术语条件，卖方承担的风险就更小了。

学生在实训分析案例和讨论过程中，需要重点注意新术语的风险界限。所有术语都是针对卖方而言的，也是对于卖方越来越有利的。FCA 与 FOB 最大的一点区别就在于 FCA 术语下，卖方只需要把货交给船方即可，甚至交予买方指定的人即可，而 FOB 卖方则必须装船。可见，如果是海运的情况下，使用 FCA 术语更有利于卖方。

作业点评

1) 学生能否自主说明三种术语异同，并与前面三种进行比较，灵活分析六种主要术语的异同点。

2) 对于案例分析，学生应掌握分析方法，并能够条理清晰，有理有据地分析案例；案例需要学生以文本形式交予教师，教师点评。

3) 小组讨论需要各小组给出讨论结果，以文档或 PPT 形式交予教师，教师点评。

业务操作

分 析 对 比

填写表 4-3。

表 4-3　不同价格条件下买方或卖方的法律责任

价格条件	中文全称	风险转移	交货地点	运费	保险费	适用的运输方式
EXW						
FCA						
FAS						
FOB						
CFR						
CIF						
CPT						
CIP						
DAT						
DAP						
DDP						

小　结

本项目活动主要围绕国际贸易中的贸易术语展开。贸易术语是国际贸易操作实务中必不可少的内容，也是必须掌握的内容。它的应用非常广泛，尤其是重点介绍的六种术语FOR、CFR、CIF与FCA、CPT、CIP，它们的风险划分界限、责任归属、费用归属是术语说明的重点内容，也是贸易合同中的重点。在国际业务中，这部分内容经常会因为双方失误、忽视或不理解，甚至是故意而导致纠纷产生，为保障己方利益，对于贸易术语的把握必须严谨。

思考与练习

一、单项选择题

1. FOB 中划分买卖双方风险界限的是（　　）。
　　A．装运港船上　　　　　　　　　　B．货交第一承运人处置
　　C．货交买方处置　　　　　　　　　　D．目的港船上

2. 卖方承担责任、费用和风险最小的一种贸易术语是（　　）。
　　A．FOB　　　　　　B．CIF　　　　　　C．CFR　　　　　　D．EXW

3. 卖方承担责任、费用和风险最大的一种贸易术语是（　　）。
　　A．DDP　　　　　　B．DAT　　　　　　C．DAP　　　　　　D．CIP

4. FOB 条件下卖方的义务是（　　）。
　　A．负责出口报关　　B．负责投保　　C．负责租船订舱　　D．负责进口报关

5. 在 CPT 条件下负责出口报关的是（　　）。
　　A．买方　　　　　　B．卖方　　　　　　C．承运人　　　　　　D．船方

6. 在 CIP 条件下，买卖双方的风险划分界限是（　　）。
　　A．工厂门口　　　　B．装运港船上　　C．目的港船上　　D．货交承运人

7. 与 CIP 有许多相似之处的贸易术语是（　　）。
　　A．CFR　　　　　　B．FOB　　　　　　C．CIF　　　　　　D．FCA

8. 与 CPT 有许多相似之处的贸易术语是（　　）。
　　A．CFR　　　　　　B．FOB　　　　　　C．CIF　　　　　　D．FAS

9. 与 FCA 有许多相似之处的贸易术语是（　　）。
　　A．FOB　　　　　　B．CFR　　　　　　C．CIF　　　　　　D．FAS

10. EXW 规定的买卖双方风险划分界限是（　　）。
　　A．卖方所在地货交买方处置时　　　　B．货交第一承运人
　　C．目的港　　　　　　　　　　　　　D．目的地

11. 指定目的地交货的贸易术语是（　　）。
　　A．DAT　　　　　　B．CIP　　　　　　C．DDP　　　　　　D．DAP

12. 若出口方进口结关有困难，最好不要采用的贸易术语是（　　）。
　　A．CIF　　　　　　B．DDP　　　　　　C．FOB　　　　　　D．CIF

13. 若进口方出口结关有困难，最好不要采用的贸易术语是（ ）。

    A．EXW   B．FOB   C．CFR   D．DDP

14. 按照《2010 通则》的解释，采用 CIF 条件成交时，货物装船前的损失由（ ）。

    A．卖方负担   B．买方负担   C．承运人负担   D．买卖双方共同负担

15. 按照《2010 通则》的解释，CIF 与 CFR 的主要区别在于（ ）。

    A．办理租船订舱的责任方不同   B．办理货运保险的责任方不同

    C．风险划分的界限不同   D．办理出口手续的责任方不同

16. 我国出口公司向德国出口核桃 3000 公吨，一般应采用（ ）贸易术语为好。

    A．FOB 汉堡   B．FOB 青岛   C．FOB 北京机场   D．CIF 汉堡

17. 在实际业务中，FOB 条件下，买方常委托卖方代为租船、订舱，其费用由买方负担。如到期订不到舱，租不到船，（ ）。

    A．卖方不承担责任，其风险由买方承担

    B．卖方承担责任，其风险也由卖方承担

    C．买卖双方共同承担责任、风险

    D．双方均不承担责任，合同停止履行

18. 我某公司按 CIF 出口一批货物，但因海轮在运输途中遇难，货物全部灭失，买方（ ）。

    A．可借货物未到岸之事实而不予付款

    B．应该凭卖方提供的全套单据付款

    C．可以向承运人要求赔偿

    D．由银行决定是否付款

19. 下列我方出口单价写法正确的是（ ）。

    A．每吨 1000 美元 FOB 伦敦

    B．每打 100 法国法郎 FOB 净价减 1% 折扣

    C．每码 3.50 港元 CIFC2% 中国香港

    D．500 英镑 CFR 净价伦敦

20. 就卖方承担的费用而言，下列描述中正确的是（ ）。

    A．FOB＞CFR＞CIF   B．CIF＞CFR＞FOB

    C．FOB＞CIF＞CFR   D．CIF＞FOB＞CFR

二、多项选择题

1. 下列贸易术语适用于水上运输的有（ ）。

    A．FCA   B．FOB   C．CPT   D．CFR   E．CIF

2. 下列贸易术语适用于任何方式的运输的有（ ）。

    A．FOB   B．CIP   C．EXW   D．DDP

3. 风险转移界限在装运港船上的是（ ）。

    A．EXW   B．FOB   C．CFR   D．CIP   E．CIF

4. 进出口合同中的单价内容包括（ ）。

    A．计量单位   B．单位价格金额   C．计价货币

    D．贸易术语   E．商品种类

5. 对于 FOB，下列说法正确的是（ ）。

  A．卖方负责出口报关   B．买方负责运输

  C．买方负责出口报关   D．卖方负责运输

  E．卖方负责进口报关

6．国际贸易惯例本身（   ）。

  A．是法律   B．不是法律   C．对贸易双方具有强制性

  D．对贸易双方不具有强制性   E．对贸易实践具有指导作用

7．在 FOB 条件下买方的义务有（   ）。

  A．负责出口报关   B．负责租船订舱   C．负责投保

  D．负责进口报关   E．负责越过装运港船舱后的各种费用

8．下列贸易术语中属于实际性交货的贸易术语有（   ）。

  A．DAT   B．DDP   C．DAP

9．若进口方办理出口结关有困难，最好不采用的贸易术语是（   ）。

  A．FOB   B．CFR   C．CIF

10．在 DDP 条件下，卖方的义务是（   ）。

  A．负责运输事宜   B．出口报关   C．进口报关

  D．投保   E．缴纳进口捐税

11．贸易术语在国际贸易中的主要作用是（   ）。

  A．简化交易手续   B．明确交易双方责任

  C．缩短磋商时间   D．节省费用开支

12．按照《2010 通则》的解释，FOB、CFR 与 CIF 的共同之处表现在（   ）。

  A．均适合水上运输方式   B．风险转移均为装运港船上

  C．买卖双方责任划分基本相同   D．交货地点均为装运港

三、判断题

1．如果买卖双方在合同中作出与国际惯例完全相反的约定，只要这些约定是合法的，将得到有关国家法律的承认和保护，并不因与惯例相抵触而失效。（   ）

2．FOB 价格条件按各国惯例的解释都是由卖方负责申请领取出口许可证和支付出口税。

                          （   ）

3．以下的价格表示法是否正确：USD75.00CIF Hamburg。（   ）

4．按 FOB、CFR 与 CIF 三种贸易术语成交，货物在装船以后，风险即告转移。因此，当货物到达目的港后，买方如果发现到货品质、数量和（或）包装有任何与合同规定不符的情况，卖方就不负责任。（   ）

5．在 FOB 条件下，卖方可以接受买方委托，代理租船订舱手续。（   ）

6．使用固定价格，在合同中明确规定之后，均按合同确定的价格结算货款，任何一方不得擅自变更原价格。（   ）

7．凡是价格中不含佣金和折扣的称为净价。（   ）

8．价格条款包括计量单位、单位价格金额、计价货币和价格术语。（   ）

9．佣金和折扣都是在收到全部货款之后再支付的。（   ）

10．计价货币和支付货币可以采用进口国或出口国的货币，也可以采用第三国货币。

                          （   ）

四、案例分析题

1．某出口公司按 CIF 伦敦向英商出售一批红枣，由于商品季节性较强，双方在合同中规定："买方须于 9 月底前将信用证开到，卖方保证运货船只不得迟于 12 月 2 日驶抵目的港，如果货轮迟于 12 月 2 日抵达目的港，买方有权取消合同，如果货款已付，卖方将货款退还买方。"试分析这一合同的特点。

2．我公司与外商按 CIF 成交一批出口货物。货物在合同规定的时间和装运港装船，受载船只在航运中触礁沉没。当我出口公司凭符合要求的单据要求国外进口商支付时，进口方以货物已全部损失不能得到货物为由，拒绝接受单据和付款。问：进口方的做法是否正确？为什么？

3．某公司进口一批货物以 FOB 条件成交。结果在目的港卸货时，发现货物有两件外包装破裂，里面的货物有被水浸的痕迹。经查证，外包装是货物在装船时因吊钩不牢掉到船甲板上摔破的，因包装破裂导致里面货物被水浸泡。问：在这种情况下，进口方能否以卖方没有完成交货义务为由向卖方索赔？

4．我公司按 EXW 条件对外出口一批电缆。但在交货时，买方以电缆的包装纸不适宜出口运输为由，拒绝提货和付款。问：买方的行为是否合理？

项目 **5**

了解进出口商品价格的确定

学习目标

认识进出口商品价格的构成，清楚商品如何作价，学会选择币种，计算佣金和折扣。

任务 5.1　认识进出口商品价格的构成

情境导入

2014 年 11 月，王楠所在货代公司接到客户电话，有一批纯棉睡衣要出口到中东地区。由于不懂业务，该客户不知道如何计算自己的出口成本。请模拟客户接待现场，向客户介绍进出口商品价格构成。

5.1.1　进出口商品价格的构成

1. 出口价格的构成

出口价格的构成一般包括商品成本、出口费用和预期利润三部分。

（1）商品成本

通常称原价或基价，一般是制造工厂交货或仓库交货价，或者是专业出口商的购货成本。

（2）出口费用

指货物从启运地到交付买方之前应由卖方支付的费用。

（3）预期利润

生产厂商自营出口，利润已包含在商品成本中；专业出口商在计算出口价格时要加上自己的预期利润。

在上面三项中，商品成本和预期利润是相对固定的，只有出口费用随商品转移过程中的变化而变化。商品从生产者经国外进口商到最后收货人手中，一般要发生以下费用：

1）包装费。一般商品除销售包装外，卖方一般要提供适合某一商品的特性和运输方式的出口包装，这项费用包含在基本价格之内。散装商品送到出口商仓库后，分选打包所需的人工费、装箱费也应计算在包装费之内。买方提出特殊要求的，其费用由买方自行承担。

2）内陆运费。一般是指货物由生产商的仓库直接运到码头仓库或承运人仓库，也可能由生产商的仓库运到出口商仓库分选打包后，再运到码头仓库或承运人仓库之间的卡车或火车的运费。

3）检验费。按国家出口商品检验检疫规定必须进行出口检验的商品，要进行产品检验并支付检验费。

4）仓储费。一般包括因等船而储存于码头仓库的仓储保管费和出入库的搬运费用。

5）从码头仓库到船边的费用。指货物从码头仓库到船边或船公司指定的集货场所需支付的卡车运费等。

6）驳船费。如承运船只不能靠岸，需要用驳船运到船边，要支付驳船费用。

7）装船费。指商品运上船所需的装船费。如系班轮运输此费用已包含在运费中。此外，与此相关的平舱费和理舱费视合同规定而定。

8）报关费。包括报关时应交纳的出口关税、捐税和海关手续费。如委托他人代办还需交付代理费。

9）海运费。一般指远洋轮船运费，以外币列记。

10）保险费。海上保险费计算，以 CIF 合同金额为基础，一般加 10% 的买方利润为投保金额，再乘以保险费率即为保险费金额。

此外，还有一些固定费用，如利息、邮电费、杂费等营业费用也应包括在内。

2. 进口价格构成

进口价格一般由原价、进口费用和预期利润三部分构成。

（1）原价

原价一般指卖方的报价，也称为基价。进口价格有 FOB、CFR、CIF 等多种，一般以进口 CIF 价格计算。FOB 和 CFR 要分别加上运费及保险费。

（2）进口费用

进口费用随商品转移而变化。买方如按其责任最大的 EXW 术语成交，则要承担从出口地把货物运到买方仓库的全部费用。其中一部分责任及费用与出口费用相同。货物到达目的港后，买方一般承担的费用有：

1）卸货费。货物用吊装机械从船上卸到岸上或驳船上的费用，但班轮运输已包含在运费中。

2）上岸费用。由驳船运往岸上或码头仓库的费用。

3）报关费。如交纳进口关税、海关手续费等。

4）进口地检验费用。此外，还包括利息费、邮电费和其他杂费。

5.1.2　影响价格的具体因素

1. 要考虑商品的质量和档次

在国际市场上，一般都贯彻按质论价的原则，即好货好价，次货次价。品质的优劣，档次的高低，包装装潢的好坏，式样的新旧，商标、品牌的知名度，都会影响商品的价格。商标的知名度、包装装潢是否精致，有时对商品的价格有很大影响。

2．要考虑运输距离

进出口货物买卖，一般都要经过长途运输。运输距离的远近，影响运费和保险费的开支，从而影响商品的价格。因此，确定商品价格时，必须认真核算运输成本，做好比价工作，以体现地区差价。

3．要考虑交货地点和交货条件

在进出口贸易中，由于交货地点和交货条件不同，买卖双方承担的责任、费用和风险有别，在确定进出口商品价格时，必须考虑这些因素。例如，同一运输距离内成交的同一商品，按CIF条件成交同按DES条件成交，其价格应当不同。

4．要考虑季节性需求的变化

在国际市场上，某些节令性商品，如赶在节令前到货，抢行应市，即能卖上好价。过了节令的商品，往往售价很低，甚至以低于成本的"跳楼价"出售。因此，我们应充分利用季节性需求的变化，掌握好季节性差价，争取按对我方有利的价格成交。

5．要考虑成交数量

按进出口贸易的习惯做法，成交量的大小影响价格。即成交量大时，在价格上应给予适当优惠，例如，采用数量折扣的办法；反之，如成交量过少，甚至低于起订量时，则可以适当提高售价。不论成交多少，都是同一个价格的做法是不当的，我们应当掌握好数量方面的差价。

6．要考虑支付条件和汇率变动的风险

支付条件是否有利和汇率变动风险的大小，都影响商品的价格。例如，同一商品在其他交易条件相同的情况下，采取预付货款和凭信用证付款方式，其价格会有所区别。同时，确定商品价格时，一般应争取采用对自身有利的货币成交，如采用对自身不利的货币成交时，应把汇率变动的风险考虑到货价中去，即适当提高出售价格或压低购买价格。

此外，交货期的远近、运输条件、佣金多少、支付货币、关税征收、市场销售习惯和消费者的爱好等因素，对确定价格也有不同程度的影响，我们必须通盘考虑和正确掌握。

实训安排

1．分析
国际市场商品供求变化和价格走势。

2．向客户讲解进出口商品价格构成
请以王楠为角色，模拟接待客户，向客户详细说明进出口商品价格如何构成。

实训指导

实训教师带领学生了解国际商品进出口价格的构成以及影响商品价格的因素。

学生在实训过程中掌握进出口价格的构成要素，了解影响价格的因素，并根据货物特点、产生相关费用来分析实际操作中出现的有关价格的问题。

作业点评

1）对进出口商品价格构成的了解。
2）解说水平。

任务 5.2　掌握商品作价方法和选择币种

情境 导入

北京某公司与日本签订了贸易合同。因为日元在当时极不稳定，北京公司害怕亏损，该如何做呢？

5.2.1　商品作价方法

在进出口贸易中，作价方法多种多样，如何作价由合同双方当事人酌情商定。概括起来，通常采用的作价办法有下列几种。

1. 固定价格

我国进出口合同，绝大部分都是在双方协商一致的基础上，明确地规定具体价格，这也是国际上常见的做法。

按照各国法律的规定，合同价格一经确定，就必须严格执行。除非合同另有约定，或经双方当事人一致同意，任何一方都不得擅自更改。

在合同中规定固定价格是一种常规做法。它具有明确、具体、肯定和便于核算的特点。不过，由于市场行情瞬息万变，价格涨落不定。因此，在进出口货物买卖合同中规定固定价格，就意味着买卖双方要承担从订约到交货付款以至转售时价格变动的风险。况且，如果行市变动过于剧烈，这种做法还可能影响合同的顺利执行。一些不守信用的商人很可能为逃避亏损，而寻找各种借口撕毁合同。

知识点

为了减少价格风险，在采用固定价格时，应注意哪些事项？

答：首先，必须对影响商品供需的各种因素进行细致的研究，并在此基础上，对价格的前景做出判断，以此作为决定合同价格的依据。

其次，必须对客户的资信进行了解和研究，慎重选择订约的对象。以免在市场价格剧涨暴跌时出现外商违约或毁约的情况。

最后，对价格一直相对稳定的商品，以及对成交数量不大或近期交货的商品，一般可以按固定价格成交。如果属于远期交货、大量成交或市场价格起伏不定的商品，则不宜轻易采用固定价格的做法，以减少价格变动的风险。

2. 非固定价格

在进出口货物贸易中，为了减少价格变动的风险、促成交易和提高履约率，在合同价格的规定方面，往往采用一些灵活变通的做法，即按非固定价格成交亦即一般业务上所说的"活价"，大体上可分为下述几种：

（1）待定价格

这种作价方法又可分为：

1）在价格条款中明确规定定价时间和定价方法。例如，"在装船月份前 45 天，参照当地及国际市场价格水平，协商议定正式价格"或"按提单日期的国际市场价格计算"。

国际市场价格是指在一定条件下世界市场上形成的市场价格，是某种商品在世界市场上实际买卖所依据的价格，是由国际市场上的供求关系决定的。

2）只规定作价时间。例如，"由双方在 × 年 × 月 × 日协商确定价格"。这种方式由于未就作价方式做出规定，容易给合同带来较大的不稳定性，双方可能因缺乏明确的作价标准，而在商订价格时各执己见，相持不下，导致合同无法执行。因此，这种方式一般只适用于双方有长期交往并已形成比较固定的交易习惯的合同。

（2）暂定价格

在合同中先订立一个初步价格，作为开立信用证和初步付款的依据，待双方确定最后价格后再进行最后清算，多退少补。

暂定价格的条款可以定为如下格式：

"单价暂定 CIF 神户，每公吨 1000 英镑，作价方法：以 ×× 交易所 3 个月期货，按装船月份月平均价加 5 英镑计算，买方按本合同规定的暂定价开立信用证。"

此做法由于确定了定价依据，又不影响信用证开出，有利于合同的履行，而且风险较小。

（3）部分固定价格，部分非固定价格

为了照顾双方的利益，解决双方在采用固定价格或非固定价格方面的分歧，也可采用部分固定价格，部分非固定价格的办法，或是分批作价的办法，交货期近的价格在订约时固定下来，余者在交货前一定期限内作价。

5.2.2　选择计价货币

1. 计价货币的含义

计价货币是指买卖双方约定用来计算价格的货币。如合同中的价格是用一种双方当事人约定的货币（如英镑）来表示的，没有规定用其他货币支付，则合同中规定的货币，既是计价货币又是支付货币。如在计价货币之外，还规定了其他货币（如美元）支付，则美元就是支付货币。

2. 合理选择计价货币的意义

在一般的进出口货物买卖合同中，价格都表现为一定量的特定货币（如每公吨 100 美元），通常不再规定支付货币。根据进出口贸易的特点，用来计价的货币，可以是出口国家的货币，也可以是进口国家的货币或交易双方同意的第三国的货币，还可以是某一种记账单位，这由双方当事人协商确定。由于世界各国的货币价值并不是一成不变的，而且在世界许多国家普遍实行浮动汇率的条件下通常被用来计价的各种主要货币的币值更是严重不稳定，加之国际货物买卖的交货期一般都比较长，从订约到履行合同往往需要一段时期，在此期间计价货币的币值可能会发生变化，甚至会出现大幅度的起伏，其结果必然直接影响进出口双方的经济利益，因此，如何选择合同的计价货币具有重大的经济意义，这是买卖双方确定价格时必须注意的问题。

3. 选择计价货币的方法

由于目前各种货币在国际市场上的地位和发展趋势不同，其中有的走向疲软，有的日益坚挺。一般进出口贸易业务中，在选择计价货币时，要考虑货物的可兑换性和货币的稳定性两个因素。

（1）货币的可兑换性

计价货币一般要选择可自由兑换的货币，比如美元、欧元、日元等，其中多数以美元为计价货币。

（2）货币的稳定性

选用计价货币时，应充分考虑汇率波动所带来的风险，尽量选择对自己有利的货币。因此，任何一笔交易，在选择计价货币时都必须在深入调查研究的基础上，结合交易习惯、经营意图而定。一般原则是，出口应选择币值相对比较稳定或呈上浮趋势的"硬币"，进口应使用币值有下浮趋势的"软币"。

为了达成交易而不得不采用于己不利的货币成交，则可采用下述两种补救措施：

1）根据该种货币今后可能的变动幅度，相应调整对外报价。

2）在可能条件下，争取订立保值条款。在当前许多国家普遍使用浮动汇率的情况下，交易双方签订买卖合同时，可以约定合同货币与其他一种货币的汇率，付款时，若汇率发生变动，即按比例调整合同价格，以避免计价货币汇率变动带来的风险。

实训安排

1. 分析

如果在合同中规定用一种货币计价而用另一种货币支付，且两种货币的汇率都是按付款时的汇率结算的情况下，其中有的为硬币，有的为软币，则作为卖方如何选择更有利？

2. 解说

小组制作 PPT 解释说明两种作价方法的利弊。

实训指导

实训教师带领学生了解商品作价方法和币种选择。

学生应能分析商品作价，能灵活机动选择币种。案例分析中，不论计价和支付用的是什么货币，都可以按计价货币的量收回货款。对卖方而言，如计价货币是硬币，支付货币是软币，基本上不会受损失，可起到保值的作用；如计价货币是软币，支付货币是硬币，其收入的硬币就会减少，对卖方不利。

作业点评

1）对进出口商品作价方法的掌握。

2）学生将分析和解说用 PPT 完成，教师评定。

任务 5.3　计算佣金与折扣

情境 导入

　　某外贸公司业务员小李在接到美国一客户的业务电话后，成交一笔乒乓球的业务。但美国客户要求该笔业务必须有 5% 的佣金。小李很奇怪，佣金一定要写到合同上吗？国际业务中的佣金应如何支付？

　　佣金和折扣是国际贸易中一种惯用的做法，特别是在目前市场竞争激烈的情况下，采用明佣暗扣等方式已成为外商加强竞争，扩大销售的重要手段之一。为了调动客户的积极性，我们也可根据不同市场、商品、客户数量和销售时期等采用佣金折扣的方法。价格条款中所规定的价格，可分为包含佣金或折扣的价格和不包含这类因素的净价（net price）。包含佣金的价格，在业务中通常称为"含佣价"。

5.3.1　佣金

1．佣金的含义

　　佣金是指卖方或买方付给中间商为其对货物的销售或购买提供中介服务的酬金。在进出口贸易中由于进出口商因为信息来源、销售技巧以及销售渠道等方面都存在一定的局限性，有些买卖的成交必须依靠中间商。中间商是专门为介绍交易而获利的人，中间商为卖方促成出口，或为买方促成进口都要收取一定的报酬。

2．佣金的表示办法

　　佣金可用文字表示。例如，每打 100 英镑 CIF 伦敦包含佣金 2%，即 £100 per doz.CIF London including 2% commission。也可以在贸易术语后面加注"佣金"的英文缩写字母"C"并注明佣金的百分比表示。例如，每打 100 英镑 CIFC2% 伦敦，即 £100 per doz. CIFC2% London。

　　凡在价格中表明包含佣金若干的称为明佣。佣金也可不在价格中表明，由买卖双方另行约定。凡在价格中未表明，而实际上买卖双方另行约定含佣若干的称为暗佣。

3．佣金的计算与支付

　　按国际贸易惯例，佣金一般是按交易额为基础进行计算的。有时以发票总金额作为计算佣金的基数，有的则以 FOB 总值为基数来计算佣金。如按 CIFC 成交，而以 FOB 值为基数计算佣金时，则应从 CIF 价中减去运费和保险费，求出 FOB 值，然后以 FOB 值乘佣金率，即得出佣金额。

　　关于计算佣金的公式如下：

$$佣金 = 含佣价 \times 佣金率$$
$$净价 = 含佣价 - 佣金$$
$$含佣价 = 净价 / (1 - 佣金率)$$

　　佣金的支付，习惯上应先由卖方收到全部货款后，再支付给中间商。因为，中间商的服务不仅在于促成交易，还应负责联系、督促实际卖主履约，协助解决履约过程中可能发生的问题，以使合同得以圆满的履行。另一种支付方法就是由中间商直接从货价中扣除佣金。但是，为了防止误解，对佣金于货款全部收妥后才予支付的做法，应由卖方与中间商在双方建立业务关系之初予以明确，并达成书面协议；否则，有的中间商可能于交易达成后，即要求卖方支付佣金，而有关合同日后是否能切实得到履行，货款能否顺利收到，并无绝对保证。

5.3.2 折扣

1. 折扣的含义

折扣是指卖方按照原价给买方以一定的减让或优惠。折扣是在竞争条件下推销商品的重要方法之一，其名目很多，如特殊情况下的特别折扣，因订购数量较大而给予的数量折扣，根据年度贸易成交额度的年终折扣，或作为试订而给予的样品折扣等。

折扣有明扣和暗扣。前者在买卖合同中明确规定折扣率；后者是指不在合同中规定折扣率，而另行约定。

2. 折扣的表示办法

如果价格中允许给予折扣，一般应该用文字作具体表示。例如，每公吨 300 美元 FOB 上海，减 2% 折扣，即 USD300 per metric ton FOB Shanghai Less discount 2%。折扣也有不用百分率而用具体金额的，如"减 2 英镑"（less discount 2）。折扣有时也用在价格术语后加注折扣的英文缩写"R"或"D"来表示。如上例表示为，USD300 per metric ton FOB R 2% Shanghai。

3. 折扣的计算与支付

折扣的计算比较简单，通常是以成交额或发票金额为基础计算出来的，其计算公式如下：

$$折扣额 = 原价 × 折扣率$$

$$卖方净收入 = 含折扣价 - 折扣额$$

$$净价 = 含折扣价 × (1 - 折扣率)$$

折扣的支付方式为：明扣一般是在买方支付货款时预先予以扣除；暗扣则不从货价中扣除，而是另付。

实训安排

1. 小组讨论

你认为如何支付佣金更有利于长期的贸易合作呢？

2. 案例分析

我国某出口公司拟出口化妆品到中东某国，正好该国某中间商主动来函与该出口公司联系，表示愿为推销化妆品提供服务，并要求按每笔交易的成交额给予 5% 的佣金。不久，经中间商介绍与当地进口商达成 CIF C5% 总金额 5 万美元的交易，装运期为订约后 2 个月内从中国港口装运，并签订了销售合同。合同签订后，该中间商即来电要求我出口公司立即支付佣金 2500 美元。我出口公司复电称：佣金需待货物装运并收到全部货款后才能支付。于是，双方发生了争议，请分析这起争议发生的原因。

实训指导

实训教师带领学生了解佣金和折扣的规定与计算。

学生在实训过程中必须掌握佣金与折扣的计算方法，能够分析与佣金和折扣相关的贸易纠纷案例。例如，案例分析中这起争议发生的原因是出口方没有与中间商就佣金的支付时间和支付条件明确商定。

作业点评

1）案例分析是否有理有据。

2）能够套公式计算佣金和折扣。

任务 5.4　价格条款的相关规定

情境 导入

某出口商品人民币价格为 450 元，外商要求以港元报价，设当日的港元汇价为 HKD100 = CNY107.02/107.47，应如何报价？

5.4.1　价格条款的内容

合同中的价格条款，一般包括商品的单价和总值两项基本内容，而且确定单价的作价办法和单价有关的佣金与折扣的运用，也属价格条款的内容。将四个部分合成的商品单价表示举例如下：

每公吨 100 美元 FOB 上海（US $ 100 per metric ton FOB Shanghai）

每件 200 英镑 CIF 伦敦（￡200 per piece CIF London）

商品的总值是商品单价与成交商品数量的乘积，它是指一笔交易的货款总金额。进出口合同价格条款中的总值与单价所使用的货币，应当是一致的。

1. 单价

商品单价（unit price）的表示通常由四个部分组成，缺一不可，即计量单位（如公吨）、单位价格金额（如 200）、计价货币（如美元）和贸易术语（如 CIF 伦敦）。

将这四个部分合成的商品单价表示举例如下：

每公吨 100 美元 FOB 上海（US $ 100 per metric ton FOB Shanghai）

每件 200 英镑 CIF 伦敦（￡200 per piece CIF London）

在制订价格条款时，还应该注意：

1）计价货币：同一货币名称，在不同的国家和地区，代表的币值不一样。因此，在合同中必须将有关货币的国别（地区）写明。如"元"，应写明美元、加元、日元、港元；"法郎"，应写明法国法郎或瑞士法郎。

2）计量单位：不同国家使用不同的度量衡制度，合同中价格条款的计量单位必须写清楚。如以吨位计量单位，应写明公吨、长吨或短吨。此外，对计量单位的书写应规范。例如，公吨（metric ton, MT）。

3）贸易术语后面的港口名或地名。FOB\FCA 后应写明装运港（发货地）名称，CFR、CIF、CPT、CIP 术语后写明目的港（目的地）名称。如贸易术语中的地名有同名，应加注国别或地区名，防止出错。

2. 总值

商品的总值（total amount）是商品单价与成交商品数量的乘积，它是指一笔交易货款的总金额。进出口合同价格条款中的总值与单价所使用的货币，应当是一致的。计算总值时，如果品质、数量在合同中有机动幅度的，在机动幅度内一般按原有单价计价，在机动幅度外的应在合同中写明计价方法。另外，总值必须用大小写同时表示。

例如，Total Amount:USD123 478.00 (Say US Dollars One Hundred Twenty Three Thousand Four Hundred and Seventy Eight Only)。

5.4.2　规定价格条款的注意事项

商品单价和商品总值是商品价格条款的基本内容。由于价格条款是进出口合同中的核心条款，它与其他相关条款有着密切的联系，因此，价格条款涵盖的内容和涉及的问题是相当广泛的。

为了使价格条款的规定明确合理，必须注意下列事项：

1）在调查研究的基础上，根据我国进出口商品作价原则和每笔交易的经营意图，合理确定适当的价格，防止盲目定价。

2）根据市场上船货供求状况、运价动态和自身运输能力等因素，酌情选用适当的贸易术语。

3）根据金融货币市场情况，争取选择于己有利的计价货币，必要时，也可酌情增加保值条款，以免承担汇率变动的风险。

4）根据成交的品种、数量和交货期限等因素，灵活运用各种不同的定价办法，以免承担价格变动的风险。

5）参照国际贸易的习惯做法，注意佣金和折扣的合理运用，以便有效利用中间代理商和扩大交易。

6）如果合同中对交货品质和数量约定有一定的机动幅度，则对机动部分的作价也应一并规定。

7）如包装材料和包装费另行计价时，对其计价办法也应一并规定。

8）单价中涉及的计量单位、计价货币、装卸地名称，必须书写正确、清楚，以利合同的履行。

实训安排

价 格 表 示

下列出口单价的写法有错或不完整，请予以更正或补充。

1）每公吨 240 美元 FOB 美国。

2）FOB 伦敦每箱 60 元。

3）每码 5 美元 CIF 中国香港净价含 2% 佣金。

4）每码 2 美元纽约。

5）每打 24 英镑 CIF 巴黎。

实训指导

实训教师带领学生明确价格条款的相关规定，制定各种情境练习。

学生在实训过程中必须掌握单价、总价的表示方法，能在合同中写明相关价格条款，能找出合同中价格条款的问题。

作业点评

1）资料查询是否详细。
2）练习题是否正确。

业务操作

价 格 表 示

请分析下列我方出口单价的写法是否正确？如有错误或不完整，请更正或补充。
1）每码 3.50 元 CIF C 中国香港。
2）每箱 500 英镑 CFR 净价英国。
3）每公吨 1000 美元 FOB 伦敦。
4）每打 100 法国法郎 FOB 净价减 1% 折扣。
5）2000 日元 CIF 上海包含佣金 2%。

小　结

本项目活动主要围绕国际贸易中的商品价格展开。进出口商品价格涉及买卖双方的利害关系，是双方当事人最为关心的问题，故成交价格往往成为买卖双方洽商的重点，并且在洽商交易过程中经常出现讨价还价的情况。我国进出口商品的作价原则是：根据平等互利的原则，参照国际市场价格水平，结合国别（地区）政策，按我方经营意图，确定适当的价格。在价格掌握上，要求加强成本核算，防止不计成本、不管盈亏、单纯追求成交量的情况。根据国际市场商品供需变化和价格走势，并考虑影响成交商品价格的诸多因素，确定适当的价格，防止出现盲目坚持高价或随意削价的情况。同时，还应根据成交商品质量的优劣、数量的多少、交货时间与地点不同等因素，相应确定不同的价格，以体现品质差价、数量差价、季节性差价和地区差价等。进出口商品的定价办法很多，合理选择适当的定价办法，不仅有利于避免承担价格变动的风险，而且也有利于促成交易。佣金与折扣都是市场经济的产物，按照国际贸易习惯做法，合理选择和运用佣金与折扣，有利于利用中间商的购销渠道和扩大贸易。进出口合同中的价格条款是一项核心条款，了解单价和总价的表示方法至关重要。

思考与练习

一、单项选择题

1．某买卖合同中规定："如果卖方因国内原材料价格指数上升 1%，对本合同未执行的数量，双方协商调整价格。"这是（　　）。

　　A．固定价格　　　B．非固定价格　　　C．暂定价格　　　D．价格调整条款

2．某合同价格条款规定为"每公吨 CIF 大阪 100 美元"，这种价格是（　　）。

　　A．净价　　　　B．含佣价　　　　C．离岸价　　　　D．成本价

3．某公司对外报价为 CIF 价 150 美元，外商要求改报 CIF C5%，我方应报价为（　　）。

  A．157.0 美元 B．157.4 美元 C．157.8 美元 D．157.9 美元

4．下列单价条款对佣金描述正确的有（　　）。

  A．每公吨 150 美元 CIF 上海，包括 20% 的佣金

  B．每公吨 150 美元 CIF 上海，每公吨付佣金 3 美元

  C．每公吨 150 美元 CIF 上海

  D．每公吨 150 美元 CIF 上海，包含佣金

5．合同中的单价条款不包括（　　）。

  A．总值 B．计量单位 C．单位价格金额 D．计价货币

二、判断题

1．CIF 价不包括国外保险费。 （　　）

2．在采用价格调整条款时，合同价格的调整是有条件的。 （　　）

3．在合同中选择固定价格是最佳的做法。 （　　）

4．出口成本价格就是出口成交价格。 （　　）

5．佣金是卖方给买方的价格减让。 （　　）

三、简答题

1．影响商品成交价格的因素有哪些？

2．采用固定价格的优缺点怎样？

3．如何在合同中规定佣金？

4．如何在合同中规定折扣？

四、案例分析题

  某公司 A 与另一公司 B 签订一份为期 10 年的供货合同。规定：A 公司每月向 B 公司供应 10 公吨 1 级菜油，价格每季度议订一次。同时规定："如双方发生争议，应提交仲裁处理。"但该合同执行了半年后，A 公司提出因合同价格不明确，主张合同无效，后报仲裁裁决。问：合同中价格条款是否明确，你认为应该如何处理争议？

项 目 6

进出口前的策划

学习目标

在掌握国际贸易实务操作基本知识的基础上，开始着手做进出口前的准备工作，能够进行国内外市场调研，撰写进出口计划、策划营销方案。

任务 6.1 市场调研

情境导入

2014 年初，黑龙江某水泥厂拟向俄罗斯出口水泥若干，该公司销售负责人王帅犯了难。因为他不太了解俄罗斯水泥进口情况，尽管黑龙江距俄罗斯较近，运输上占有一定优势，但是俄罗斯对水泥的需求情况如何？俄罗斯对水泥的进口政策如何？我方都不是非常清楚。王帅该从哪些方面着手这项工作呢？

6.1.1 市场调研

市场调研，是指为了提高产品的销售、决策质量、解决存在于产品销售中的问题或寻找机会等而系统地、客观地识别、收集、分析和传播营销信息的工作（图 6-1）。

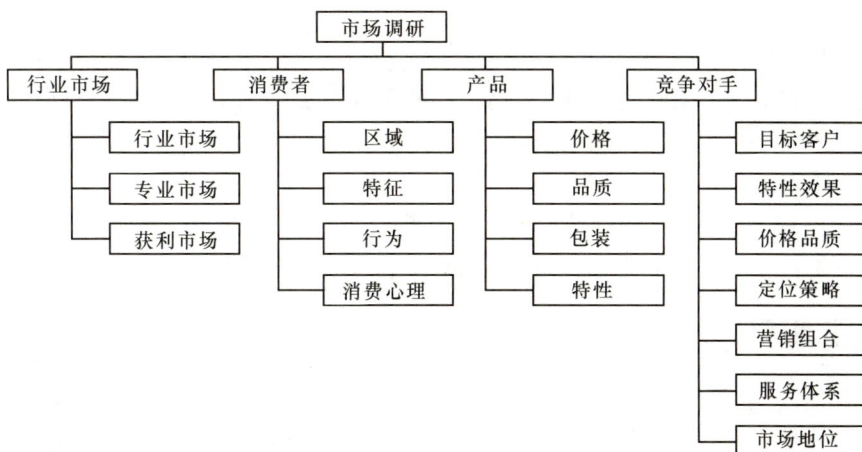

图 6-1　市场调研分析流程

6.1.2　市场调研的主要步骤

市场调研主要由以下步骤组成：

1）确定市场调研的必要性。

2）定义问题。

3）确立调研目标。

4）确定调研设计方案 。

5）确定信息的类型和来源。

6）确定收集资料。

7）问卷设计。

8）确定抽样方案及样本容量。

9）收集资料。

10）资料分析。

11）撰写市场调研报告。

6.1.3　市场调研的主要方法

市场调研的主要方法有文案调研、实地调研、特殊调研三种。

想一想
文案调研有哪些渠道？

1. 文案调研

文案调研主要是图文资料的收集、整理和分析。

2. 实地调研

实地调研可分为询问法、观察法和实验法三种。

1）询问法。它是调查人员通过各种方式向被调查者发问或征求意见来搜集市场信息的一种方法。它可分为深度访谈、座谈会、问卷调查等方法，其中问卷调查又分为电话访问、邮寄调查、留置问卷调查、入户访问、街头拦访等调查形式。

采用此方法应注意：所提问题确属必要；被访问者有能力回答所提问题；访问的时间不能过长；询问的语气、措辞、态度、气氛必须合适。

2）观察法。它是调查人员在调研现场，直接或通过仪器观察、记录被调查者的行为和表情，以获取信息的一种调研方法。

3）实验法。它是通过实际的、小规模的营销活动来调查关于某一产品或某项营销措施执行效果等市场信息的方法。实验的主要内容有产品的质量、品种、商标、外观、价格，促销方式及销售渠道等。它常用于新产品的试销和展销。

3. 特殊调研

特殊调查有固定样本、零售店销量、消费者调查组等持续性的实地调查；投影法、推测试验法、语义区别法等购买动机调查；计算机辅助电话调查系（CATI）等形式。

6.1.4 市场调研报告的撰写

1. 标题

标题即报告的题目。有直接在标题中写明调查的单位、内容和调查范围的，如：《天津自行车在国内外市场地位的调查》；有的标题直接揭示调查结论，如《首都自行车市场进入饱和期》《出口商品包装不容忽视》等；还有的标题除正题之外，再加副题，如《"泥巴换外汇"——陶瓷品出口情况调查》。

2. 前言

前言部分用简明扼要的文字写出调查报告撰写的依据，报告的研究目的或是主旨，调查的范围、时间、地点及所采用的调查方式、方法。

除此之外，有的调查报告为了使读者迅速、明确地了解调查报告的全貌，还在前言里极简要地列出一个报告的内容摘要。

3. 主体

主体部分是报告的正文，它主要包括三部分内容：

1）情况部分。该部分是对调查结果的描述与解释说明，可以用文字、图表、数字加以说明。对情况的介绍要详尽而完备，为结论和对策提供依据。

2）结论或预测部分。该部分通过对资料的分析研究，得出针对调查目的的结论，或者预测市场未来的发展、变化趋势。该部分为了条理清楚，往往分为若干条叙述，或列出小标题。

3）建议和决策部分。经过对调查资料的分析研究，发现了市场的问题并预测了市场未来的变化趋势后，应为准备采取的市场对策提出建议或看法。

4. 结尾

结尾是全文的结束部分。一般写有前言的市场调查报告，要有结尾，以与前言互相照应，综述全文重申观点或加深认识。

实训安排

1. 绘图

请用 Visio 或 Word 绘出市场调研步骤说明图。

2. 写作

➢ 假如你是情境导入中的王帅，请调研中国与俄罗斯的水泥市场，写出市场调研报告。

➢ 请调研本市物流市场，写出物流市场调研报告。

➢ 尝试拟定一份市场调查问卷，调查当前所在城市人们对物流的了解。

实训指导

　　实训教师应带领学生了解市场调研的内容、调研步骤和方法，指导学生撰写市场调研报告。

　　学生在实训过程中重点掌握市场信息的调研方法和手段，能够撰写调研报告。实训阶段，不要局限于书中所给资料，还应该就身边比较熟悉情境，训练自己的市场调研能力，尝试写几种不同类型的调研报告。

作业点评

　　1）对市场调研内容、步骤的掌握。
　　2）市场调研是否全面。
　　3）调研报告撰写水平。
　　4）市场调查问卷设计水平。

任务 6.2　制订进出口计划

情境 导入

　　王帅在仔细分析了中国与俄罗斯的水泥市场后发现，尽管 2008 年 10 月，俄罗斯恢复了对进口水泥的 5% 税收，俄罗斯水泥需求量下降，但由于距离相对较近，俄罗斯市场对王帅单位的水泥品牌和质量非常认可，依然有一定的贸易可行性。于是，王帅开始着手制订进出口计划，计划该如何写呢？

6.2.1　计划的定义和种类

　　计划是人们在一定时期内为完成某项工作而事前所做的安排与打算，并为此而形成的书面材料。对外贸企业而言，计划就是为了实现一定时期的对外经贸目标而制定的总体决策和阶段性任务以及实施方法、步骤和措施的书面语言形式。

　　计划的种类多种多样，就对外经贸工作计划而言，按时间分：有年度工作计划、季度工作计划、月度工作计划等；按编制单位分：有公司计划、部门计划、个人计划等；按内容分：有综合计划、单项专题计划（如市场调研计划、开发计划、销售计划、人员培训计划等）；按形式分：有条文式计划和表格式计划等。

6.2.2　计划的作用

　　"凡事预则立，不预则废"，我们做每项工作都必须事先有一个计划，使企业、工作人员懂得"做什么"、"怎样做"。特别是外贸企业，面对的情况较为复杂，无论是国内的，还是国际的，货源市场或销售市场都是如此，有时甚至是瞬息万变。有了计划，就有了明确的目标，便于整体统一行动，合理地安排和使用人力、物力、财力、时间，并使之协调发展，做到有条不索；有了计划，决策层可以随时掌握工作进度，检查任务完成情况，并及时纠正过程中出现的问题，从而取得主动权；有了计划，操作层对要达到的目标、要求、做法、措施和责任都能心中有数，可以使工作进展得顺利、井井有条。相反，如果工作缺少计划，就会变得漫无目的，决策层朝令夕改，操作层无所适从。要想完成某项、某阶段工作而没有一个合理、科学的计划，是根本不可能的。

6.2.3 计划的写作

计划写作的基本要求是指导思想要端正，阶段目标要明确，工作重点要突出，措施办法要具体。在写法上虽无定法，但有其基本格式。

1. 标题

标题有三种写法：

1）"制定计划的单位名称＋计划的时限＋计划的内容＋文种"，例如，盛大公司 2014 年工作计划。

2）"计划的时限＋事由＋文种"，例如，2014 年新客户发展计划。

3）"计划时限＋文种"，例如，2014 年市场开发计划。

2. 正文

计划的正文包括前言、主体和落款三部分。

> **想一想**
> 如何合理安排
> 计划主体部分？

1）前言。前言是概述前一段时期工作情况，或阐述制定计划的依据，或总的指导思想。往往用"特制定本计划"之类的语句承上启下。这是全文的总纲，具有统领全文的作用，在表达上要求使用概述的语言。例如，2014 年是我公司实现第二次腾飞、开创新局面的关键一年，为更好地完成总部的创汇任务，特制定本计划。

2）主体。主体部分是计划的主要内容，一般包括两方面的内容：一是指标和任务。这是计划的核心，它要回答"做什么"的问题。一份计划如果没有目标或目标不明确，就失去了制订计划的意义。任务和目标，即一项工作要求达到的数量、质量、速度等，都应当是明确而不是含糊的，实在而不是虚浮的，且要分清主次缓急。一般来说，上级部门下达任务的计划、基层部门综合性的计划较侧重于阐明任务和指标，以发挥宏观调控的作用。反之，专题计划以及基层部门的绝大多数计划，设计的面有限，较为单纯，这就不能满足于提出任务，更重要的还要有实施的措施和步骤，以保证计划任务的切实完成。二是步骤和措施。这是计划的保证条件，它要回答"怎么做"的问题。为了实现目标或完成预定任务，就一定要在文中详细写明所应采取的步骤和措施。这里应写得有针对性、实在性，切忌大话空话，并且职责要分明，条理要清楚，便于执行。

3）结尾和落款。结尾一般用于强调重点，展望前景等。有的计划在文中最后以希望和要求的语气来收全文。例如，"第四季度工作要求高，创汇任务重，希望各部门同心同德，以饱满的热情和高度的责任感，努力工作，为完成第四季度的任务从而完成全年任务做出应有的贡献。"但也有的计划在措施写完后就算结束，是否要该部分，应视具体情况而定，没有硬性规定。

落款在正文右下方，要写明制定计划的单位全称或个人名称（如标题已写明，此处可不署名）和成文日期，并加盖公章。

此外，同计划有关的材料，如图表、说明文字等，可作为附件，放在最后。

6.2.4 工作要点

计划有一分支文种——工作要点，它是一个组织（而非个人）对某一时期的主要工作或对某项繁杂重要工作在计划的基础上做出的简要安排。它多由计划概括而来，但不像计划那样可以平行、上行、下行发放，而只能用于本部门或下级部门，不能上报。

工作要点若用于对一个时期主要工作的事先的简要安排，为综合工作要点；若用于对某项繁杂重要工作的事先简要安排，为单项工作要点。

1）写作上，标题基本上有两种形式：一种是 ××××单位 ××××年工作要点；如洁如公司 2014 年工作要点；另一种是 ××工作要点；如洁如公司下属分公司筹备工作要点。

2）正文一般从三个方面写作：一是工作的背景和条件；二是工作的总任务；三是各项具体工作和任务。

3）格式上要求简洁明了，能分款分条的，尽量分款分条。

4）内容上突出"要"字，简明扼要。具体地说，从计划概括工作要点时，无需把计划中的各项工作都列入要点，应选择各阶段的中心工作，或是各项工作中的主要工作；写入要点的主要工作或中心工作也无需面面俱到的说明，只需突出说明其重要部分，力求扼要；不必写导语；不必大谈背景和条件，稍微提及即可；不必详细解释措施、做法的原因、依据；不必写过渡段落；不需写形式上的结尾，写完落款即可。

5）在表述上，多做判断与陈述，无需论证、描述、夸张、渲染。

实训安排

1. 模拟会议

各小组分工协作，分担总经理、财务部经理、销售部经理、企划部经理、人事部经理、宣传部经理等角色，召开会议，商讨水泥出口俄罗斯事宜。

2. 写作

请帮助王帅撰写出水泥出口计划。

实训指导

实训教师带领学生了解计划、工作要点如何撰写，帮助学生分组分工，合理安排工作事宜。学生在实训过程中必须掌握计划、工作要点的写作，能够模拟工作会议，商讨工作计划。

作业点评

1）小组分工是否合理。

2）工作会议召开的顺利程度。

3）各小组讲计划的能力。

4）计划制定的水平。

任务 6.3　制订商品营销方案

情境导入

王帅在拟好 2014 年水泥出口工作计划后，又要开始着手制定具体实施细节，以安排部门工作。请协助王帅完成方案的写作。

进出口方案是在展开某项对外业务之前制订工作目标、实现目标的方法与策略，以及安排工作的具体细节而写的书面材料。

在对外贸易业务中，各部门要从进出口工作的目的、要求、措施等方面做具体安排，使得人人心中有数，统一员工思想，协调各个环节的正常运行。这样可以大大减少工作中的盲目性，提高工作效率，发挥工作人员的积极性和创造性。

6.3.1　方案的分类

根据对外的工作对象和业务内容的不同，常用的方案有以下几种。

1. 出口商品经营方案

根据贸易方针政策，针对国际市场的需求，结合自身能力，在某一时期内对某种商品的经营和销售，提出具体要求、指标和措施，这种安排即商品经营方案。

2. 出口商品价格方案

根据国际市场动态，预测国际市场外汇变动趋势、结合商品的供应和库存情况，提出具体商品的价格、数量等，这就是出口商品价格方案。

3. 谈判方案

邀请外商来访，或接待外商洽谈前，对洽谈的原则、策略以及方法等做出的具体安排，即谈判方案。

4. 出国方案

为加强国际市场的调研，或扩大销售商品，需要派工作人员出国考察或推销商品，出国前需要将出国的任务明确下来，并对出国的具体事宜做出安排，这就是出国方案。

6.3.2　方案的写作方法

1. 标题

方案的标题包括制订方案的单位名称、方案的期限以及文种三部分。如：××省××进出口公司××××年商品经营方案，其中"商品经营方案"是文种。有的方案可不写"期限"，如××省××进出口公司关于美国××交易代表团来访的接待方案；又如：××省××进出口公司赴英国茶叶贸易小组出国方案；也可不写单位名称，而只写时间和文种。

2. 正文

方案的正文由以下三部分组成：

1）分析基本情况。可写对前段工作的总结，或介绍商品和国内货源的情况，或说明国际市场的情况，或介绍出访国的情况，或概述经营历史等。文字表达要有概括性。

2）提出具体任务。写出具体的任务、指标，应坚持的原则等。这部分是重点，文字表述要准确无误，不可有所疏漏。

3）提出具体措施。写完成任务和指标的具体步骤、办法和策略。这部分要说明得详细、充实，所列措施应实事求是、切实可行。

6.3.3 方案撰写要求

方案的撰写是进出口业务工作的重要一环，态度要认真，表述要准确，格式要正确。要求做到：符合方针政策；提出的目标任务要具体，措施办法要可行，既要有利于执行，也要便于检查；语言表达要简明扼要，条理清楚。

实训安排

写作
帮助王帅写出口水泥的营销方案和价格方案。

实训指导

实训教师带领学生学习方案写作方法，并可以提供除情境导入外的其他方案背景资料。
学生根据老师给定的背景资料下练习写作方案，也可根据自己或本小组的实际情况练习写作各种方案。

作业点评

1）小组分别讲述自己的方案。
2）对各小组方案讨论其可行性和缺点。
3）方案的全面性和条理性。

小　结

本项目活动主要围绕合同签订前所需做的准备工作展开。在合同签订前，企业必须要充分了解国内外市场和竞争对手的情况，调查内外的优势和劣势，了解相关行情。市场调研越详细对公司的经营越有利，调研报告的撰写就更为重要。根据这些资料，工作人员可以进一步草拟企业的工作计划和经营方案等。相关报告、计划、方案的写作是本次项目活动的重点内容，这是实现进出口的重要保证。

思考与练习

案例分析题

1. 海尔是中国知名品牌之一，已经成功打入国际市场，并享有一定国际声誉。近日，海尔又开发出新系列节能冰箱预销往日本。面对电器大国的日本，海尔应该如何做呢？请帮助海尔企划部做一个详细的市场调查报告，拟定新冰箱的生产销售计划及销售方案。

2. 某国内电脑生产厂家因技术原因无法生产 CPU，拟向国外进口。请帮助该生产厂家草拟一份进口计划和实施方案。

第2篇

DIERPIAN

进出口合同的磋商与订立

项 目 7

进出口交易磋商

学习目标

了解国际贸易中进出口交易磋商的重要性，认识到磋商是合同的依据，合同是磋商的结果，掌握交易磋商的形式和内容，了解磋商的程序，能够撰写商务信件，解决交易磋商应注重的各种问题。

任务 7.1　了解交易磋商的形式和内容

情境导入

2014 年 11 月 5 日张海燕新入外贸公司，接到了公司的第一项工作，从意大利艾尔有限公司进口一批橄榄油。业务经理告诉她这单业务量较大，希望她能全力以赴，与外商达成合作协议。海燕为了做好准备工作，先决定与外商洽谈业务内容，请写出洽谈方案。

交易磋商（business negotiation）是指买卖双方通过直接洽谈或函电的形式，就某项交易的达成进行协商，以求完成交易的过程。交易磋商是国际贸易的重要环节之一。商品的国际交易能否顺利签订合同，主要取决于交易双方对交易双方条件磋商的结果。交易双方为了争取有利的贸易条件，经常会产生争端。因此，双方要在平等互利的基础上，通过友好协商，尽量争取做到双方都有利，同时要保证所达成的协议符合各自国家的法律和规定，以及国际贸易惯例。

交易磋商是一项交易的开始，应该以对该项业务进行周密调研为基础，要做好充分准备，应该预测和判断该项业务进行所需要的技术知识和信息。

7.1.1　交易磋商的形式

交易磋商的形式分为口头形式和书面形式两种。

口头磋商包括客户来访、参加各种商品交易会（如广交会、世博会），以及出国推销，或委托驻外机构、海外企业代为在当地洽谈等面对面的磋商。通过电话洽谈，也属于口头磋商形式。

书面磋商系通过双方交换信件、电报、电传、传真、电子邮件及电子数据交换等形式进行洽谈。但应注意，传真会褪色，不能长期保存，而且容易作伪；至于电子邮件及电子数据交换等数据电文的电子签名和认证及电子数据效力等问题，有待网络贸易立法的进一步修订和完善予以解决。

7.1.2　交易磋商的内容

交易磋商的内容，即买卖合同的各项主要交易条款，包括品名、品质、数量、包装、价格、装运、保险、支付以及商检、索赔、仲裁和不可抗力等。具体磋商时注意各条款之间保持内在的一致性，避免前后冲突自相矛盾。业务中，并非每次磋商都把这些条款一一列出，逐条商讨，企业一般都使用固定格式的合同，上述条款中的商检、索赔、仲裁、不可抗力等通常就印在合同当中，只要对方没有异议，就不必逐条协商，可节省洽商时间和费用开支。

1.　品质

商品的品质是商品的内在质地和外观形态的综合反映。前者是商品的自然属性，包括物理性能、机械性能、化学成分和生物特征等；后者是商品的外形、色泽、款式和透明度等。目前的市场形式，商品正朝着高级化、优质化、多样化方向发展，多品种，少批量已经成为一种趋势。国际贸易必须紧跟时代的潮流，注意了解市场。

在贸易中，合同品质是交易磋商的内容之一，列入合同中，必须对商品品质有清楚详细的表述。商品品质的表示方法有实物和凭文字说明两种方式。合同中的品质条款是合同的要件，卖方交付的货物必须符合约定的质量。如果不符，买方有权拒收货物或撤销合同，主动权完全掌握在买方手里。因此国际法律及惯例都要求，合同中品质条款一定要明确具体，避免纠纷，不得在表述中使用"大约"、"也许"等字眼，但可以规定一定的品质幅度，如大豆不完善粒不超过 5%。

在订立出口商品品质条款时，卖方一定要注意给自己留有余地，正确运用不同商品的表示方法，对不稳定的商品品质使用品质机动幅度。

> **想一想**
> 品质具体的表示方法有哪些？

2.　数量

按照国际间的法律及国际惯例，卖方交货数量必须与合同约定相符合，否则买方有权提出索赔、拒收货物，终止合同。卖方在交货过程中，既不能多交，也不能少交，需依合同交货。

商讨合同条款时，应首先注意国内外市场的供求情况、价格发展趋势和国内外客户的信誉及生产经营能力，以避免我们冲击已有的国外市场，价格卖不上去，国内供货紧张，国外支付能力困难，给我们带来经济损失。同时，合同数量条款要明确具体，不宜用模糊字眼。对于一些大宗商品的交易，由于受客观条件影响，按约定数量准确交货有困难，可以在合同数量条款上规定合理的机动幅度，如溢短装条款。

3.　价格

价格是买卖双方交易磋商的焦点，它直接关系到买卖双方的利益，交易能否达成，往往取决于

价格条款。价格条款对合同的其他条款产生很大的影响，其他条款的内容也必然在价格上表现。

对外贸易合同中的价格条款主要包括单价和总价两项基本内容。单价由四部分组成，计量单位、单位价格金额、计价货币和贸易术语。如每吨 890 美元 CFR 新加坡。国外计价货币和贸易术语在国内从不使用，因此与国内贸易有很大的区别，必须注意。

商谈价格条款时，应注意掌握国内外市场价格信息，合理确定价格，选用适当的贸易术语。出口时计价货币用硬币，善于运用价格促销手段，费用事先要精打细算。

想一想
何为硬币，何为软币？

4. 包装

根据国际上有些国家的法律规定，如果卖方交付的货物没有按合同约定的条件包装，或者货物包装与行业习惯不符，买方有权拒收货物。

一个良好的商品包装，不仅能在远距离的对外贸易运输途中有效地使商品完好无损，而且，还可在竞争激烈的国际市场上吸引消费者，刺激消费者的购买欲望，扩大自己的市场占有率，树立企业的良好形象。

贸易中的商品包装从大的方面看可以分两种：即运输包装（大包装或外包装）和销售包装（小包装或内包装）。运输包装要根据商品的特性适应各种运输方式，最好能以较低的费用达到适合在流通过程中的多次装卸、搬运、存储、清点和查验，并且能满足客户或消费国的需求。销售包装要能吸引顾客，为顾客提供方便，使顾客很容易识别商品的性能，并适合现代企业的销售。

世界众多国家对包装有不同的要求，企业必须要非常重视。如在加拿大销售的外国商品，加拿大政府规定必须同时使用英、法两种文字加以说明。对外签约中，一定要问清楚对方对包装有何要求，也要注意收集国际上关于包装要求的信息，具有超前意识。

包装条款主要包括：包装材料、包装方式、包装规格、包装标志、包装费用等。条款规定要明确具体，买卖双方不能有所误解。

5. 运输

贸易合同中，卖方必须按规定的运输时间、运输地点、运输方式向买方交付货物。签订恰当的运输条款，对出口来讲可以降低成本，提高商品的竞争力，还会为履约创造良好的条件。

装运条款的内容按一般业务主要包括装运时间、装运港、目的港、是否允许转船与分批装运和装船通知。

装运时间就是货物的装运期限，卖方需要严格遵守。装运时间应该明确具体，但不能在某一时间点上，如 2014 年 2 月 1 日装运；这个做法不妥。应给卖方安排一个时间段以方便装运，如 2～3 月装运，或者 3 月底前装运。

装运港是货物起始装运的港口，目的港是货物最终卸货的港口，两者在合同中必须明确表述，不能笼统规定。一般方法是装运港和目的港的选择都不超过 3 个。

转船是货物从装运港到目的港没有直达船或一时无合适的船舶运输，需要通过中途转运的做法。分批装运是一笔成交的货物，买卖双方根据交货数量、运输条件和销售情况等分成若干批装运的做法。在实际业务中，是否允许转船和分批，必须说明。

装船通知也是买卖合同的条款，目的是为了明确买卖双方的责任，促使买卖双方互相配合，做好船货衔接工作。

6. 保险

国际贸易中，保险由谁负担是需要依靠双方洽谈后决定的，一旦决定以后，负责保险的一方就必须承担上保险的责任及费用。国际贸易货物运输保险是以运输过程中各种货物作为保险标的，被保险人向保险人按一定金额投保一定的险别，并支付保险费用。如标的在运输途中发生约定范围内的损失，保险人应依规定给予被保险人经济上的补偿。

> 注：基本险均采用仓至仓条款。

中国人民保险公司对进出口货物保险的种类，根据运输方式分四类：海洋运输货物险、陆上运输货物险、航空运输货物险和邮包险。后三种保险都是在海上运输保险的基础上发展起来的。海洋运输保险的基本险别是平安险、水渍险和一切险，被保险人可以从三种中选择一种投保。除此之外，还设有一般附加险和特别附加险。

7. 支付

对外贸易中，货款的收付直接关系到买卖双方的利益。它是卖方按合同交货后的一种权利，即收款。同时，也是买方在收到卖方按合同交付的货物后应承担的一项基本义务，即付款。买卖双方在商定交付货款时要涉及一些如支付货币、付款时间、付款地点以及付款方式问题等。常用的贸易付款方式有汇付、托收、信用证。

实训安排

写作

谈判策划书

请以张海燕的名义，拟定一份谈判策划书，将要与意大利艾尔有限公司谈判的相关内容进行确定。

实训指导

实训教师带领学生了解磋商的内容和方式，指导学生确定合同的相关条款。

学生根据情境导入的资料，自行讨论商定在与意大利艾尔有限公司的谈判过程中，应该确定哪些内容。这些内容具体该如何制定才能对己方有利。

作业点评

1）小组分别讲述自己的谈判策划方案。

2）各小组方案讨论其可行性和缺点。

3）方案的全面性和条理性。

任务 7.2　了解交易磋商的程序

情境 导入

　　张海燕在确定了与意大利艾尔有限公司要商谈的内容后，决定联系艾尔有限公司的销售人员，询问价格，并进一步研究这次交易的可行性。请模拟本次磋商活动，以正确的磋商程序完成情境再现。

　　在国际货物买卖合同商订过程中，磋商程序主要包括四个环节：询盘、发盘、还盘和接受。其中发盘和接受是达成交易必不可少的两个环节。

7.2.1　询盘

　　询盘（inquiry）是交易的一方打算购买或出售某种商品，向对方询问买卖该项商品的有关条件，或者就该项交易提出带有保留条件的建议。询盘主要是试探对方交易的诚意和了解其对交易条件的意见，内容涉及价格、规格、品质、数量、包装、交货期以及索取样品、商品目录等，而多数是询问价格，所以也称询价。如果是新客户，则必然有建立贸易关系的愿望，因此，往来函电中，除了说明要询问的内容外，一般还应告知信息来源（如何获得贸易伙伴的名址）、去函目的、本公司概述、产品介绍、激励性语言和期望，以达到使对方发盘的目的。询盘既可由卖方也可由买方发出，它对询盘人和被询盘人均无法律约束力。

　　除了上述说法外，询盘还可提出内容不肯定或附有保留条件的建议。如提出价格时使用参考价（reference price）或价格倾向（price indication）；再如，"以我方最后确认为准"（subject to our final confirmation）或"有权先售"（subject to prior sale）等。

7.2.2　发盘

　　发盘（offer）是交易的一方——发盘人，向另一方——受盘人提出购买或出售某种商品的各项条件，并愿意按照这些条件与对方达成交易、订立合同的行为。

　　发盘可以是应对方的询盘作出的答复，也可以在没有邀请的情况下直接发出。发盘多由卖方发出，称作售货发盘（selling offer），也可以由买方发出，称作购货发盘（buying offer）或递盘（bid）。在发盘有效期内，发盘人不得任意撤销或修改其内容，一经对方接受，将受其约束，并承担按照发盘条件与对方订立合同的法律责任。发盘的交易条件可以采用分条列项的形式写出，这样醒目清楚。

　　完整准确地拟写发盘函，可以避免争议，缩短磋商时间，尽快达成协议。为了防止日后争议或敦促对方早下订单，发盘中应明示报价的有效期或其他约束条件。根据《联合国国际货物销售合同公约》（以下简称《公约》）的解释，发盘的相关要领如下：

1. 发盘的构成条件

1）发盘要有特定的受盘人。

2）发盘的内容要十分确定。在外贸业务中，通常有六项主要交易条件：商品品质、数量、包装、价格、交货和支付条件。

3）表明发盘人受其约束。在对方有效接受时，发盘人即可按发盘内容订立合同。

发盘通常都规定有效期 (time of validity)，作为发盘人受约束的期限和受盘人接受的有效时限，它不是构成发盘的必要条件。如果没有规定有效期，受盘人应在合理时间内接受。至于合理时间，国际上无统一解释，业务中以明确规定为妥。初级产品，行情变化快，有效期的规定要短，如 2～3 天，有的短至 1 天甚至几个小时；新小商品，行情比较稳定，有效期可规定长些，如 5～7 天或更长。通讯方式采用电报、电传时，有效期可规定短一些；如果采用航空信件方式，有效期可稍长一些。

2. 发盘的生效和撤回

发盘在到达受盘人时生效，发盘送达之前对发盘人没有约束力。发盘到达受盘人之前，发盘人可以将其撤回。但发盘人必须以更快的通讯方式将撤回的通知送达受盘人或与发盘同时到达。可见，撤回的实质是阻止发盘生效。

3. 发盘的撤销

发盘的撤销是发盘送达受盘人后，发盘人取消发盘，解除效力的行为。订立合同之前，发盘可以撤销，但撤销通知必须在受盘人发出接受通知以前送达受盘人。

下列情况发盘不得撤销：

1）发盘写明有效期或以其他方式表明发盘是不可撤销的。

2）受盘人有理由信赖该发盘是不可撤销的，并已采取了行动，如寻找用户、组织货源等。

4. 发盘的失效

发盘的失效一是表示发盘人不受发盘约束了，二是表示受盘人丧失了接受发盘的权利。发盘的失效有如下情况：

1）受盘人做出还盘。

2）发盘人依法撤销发盘。

3）发盘中规定的有效期届满。

4）人力不可抗拒的意外事故。

5）在发盘被接受前，当事人丧失行为能力或死亡或法人破产等。

7.2.3 还盘

还盘（counter offer）是指受盘人对发盘内容不完全同意而提出修改或变更的表示。还盘可以针对价格，也可以针对其他条件。即一方在接到另一方发盘以后，可以就提高或降低价格、改变支付方式、改变交货期等要求更改报盘内容。交易可以多次还盘与反还盘。

需要注意的是，还盘是对发盘的拒绝，还盘一经做出，原发盘即失效，发盘人不再受其约束。一项还盘实际就是受盘人的一项新发盘。还盘做出后，还盘者处于发盘人的位置，原发盘人则变成了受盘人，他有权对还盘的内容进行考虑，决定接受、拒绝或再还盘。

如何草拟还盘，是检验外销员业务素质以及应对能力的重要方面。因此，外销人员收到对方发盘后，要认真思考、分析，拟写还盘函。首先确认对方来函，表示感谢；其次，不管最后是否接受对方条件，一般都会先坚持原发盘的合理性，同时给出各种适当的理由，如强调品质优秀、或认为报价符合市价、或指出原料价格上涨、人工成本提升、或言明利润降至最低点等；最后，提出我方条件，并催促对方行动。毫无说明地接受或拒绝都是不可取的。还盘内容关键是要有说服力，而且常常带有促销的性质，如以数量折扣吸引对方大批订购，以库存紧张激励对方早下订单等。即使拒绝还价、不做任何让步，也应向对方推荐一些价格低廉的替代品，以寻求新的商机。

7.2.4 接受

接受（acceptance）是受盘人接到对方的发盘或还盘后，同意对方提出的条件，愿意与对方达成交易、订立合同的一种表示。也就是说，交易的一方完全同意对方发来的报盘或还盘的内容所做出的肯定表示。

1. 构成接受的条件

1）接受必须由受盘人做出。

2）接受的内容必须与发盘相符。一项有效的接受必须是同意发盘提出的所有交易条件，只接受其中的部分内容，或对发盘提出实质性的修改，或提出有条件的接受，均不能构成接受，只能视为还盘。但是，如果受盘人接受时，对发盘内容提出某些非实质性的添加、限制或更改（如要求增加装箱单、原产地证或某些单据的份数等），此项接受能否构成有效接受，取决于发盘人是否同意。

3）必须在有效期内接受。如果发盘没有规定有效期，则应在合理时间内接受方为有效。如果接受通知超过发盘规定的有效期限，或发盘没有具体规定有效期限而超过合理时间才送达发盘人，这就是一项逾期接受，也称迟到的接受。对于迟到的接受，发盘人不受其约束。但也有例外：其一，发盘人收到逾期接受后，毫不迟延地通知受盘人，确认接受有效；其二，如果接受的信件在传递正常的情况下能够及时送达发盘人，这种逾期接受仍被视为有效接受，除非发盘人毫不迟延地通知受盘人该发盘已经失效。总之，对于迟到的接受，不管受盘人有无责任，能否接受的主动权在发盘人。

2. 接受的方式

接受必须由受盘人以口头或书面声明向发盘人表示出来。一般来说，发盘人以何种方式发盘，受盘人也以何种方式接受。除了采用声明方式接受外，还可以行为表示接受。如：买方在发盘中提出交易条件，卖方同意并及时发运货物，或者买方同意卖方提出的交易条件并随即支付货款或开出信用证。这种做法有些国家不予承认，一般在双方习惯做法或存在惯例的条件下，才用行为方式来表示。

3. 接受的生效和撤回

接受在什么情况下生效，国际上不同的法律体系有不同的解释。英美法系实行的是"投邮生效"原则，即采用信件、电报等通讯方式表示接受时，接受的函电一经发出立即生效，不影响合同的成立。大陆法系采用的是"到达生效"原则，即接受的函电须在规定时间内送达发盘人，接受方为生效，函电在途中遗失，合同不能成立。《公约》采纳的是到达生效原则，这是针对采用书面形式接受时的规定。如果以口头方式进行磋商，那么，对口头发盘必须立即接受，双方另有约定者不在此限。如果以行为表示接受，那么，接受于该项行为做出时生效，但该项行为必须在规定的期限内做出。

简言之，根据《公约》规定，接受发出后可以撤回，但必须保证撤回的通知在接受到达之前送达发盘人或者二者同时到达；按照英美法规定，接受不存在撤回问题。

实训安排

1. 写作

（1）询盘信

请以张海燕的名义，给意大利艾尔有限公司拟写一封询盘信，询问橄榄油的价格及其他相关信息。

（2）发盘信

请以意大利艾尔有限公司销售人员 Bob 的名义，给张海燕发盘。其公司橄榄油有充足货量，质量优良，可长期合作。

（3）还盘信

针对意大利艾尔有限公司 Bob 的发盘，请以张海燕的名义就其价格或其他要素进行还盘。

2．翻译

（1）Enquiry（买方询盘）

Dear Sirs,

We are given to understand that you are exporters of light industrial products. At present, we are interested to place an order for 1500 pieces of leather computer cases and shall be pleased if you will give us a quotation per piece FOB China Port.

It would also be appreciated if samples and/or catalogues could be forwarded to us.

If the quality of your goods is satisfactory and price competitive, we'll place regular orders with you.

We look forward to your early reply.

Yours faithfully,

（2）Offer（卖方发盘）

Dear Sirs,

Leather Computer Case

We thank you for your enquiry of March 20. In reply, we have pleasure in quoting you as follows:

Commodity: Leather Computer Case

Style: as per sample

Packing: at buyer's option

Quantity: 1500 pieces

Price: USD 30 per piece FOB Shanghai

Shipment: within 3 months after receipt of the relative L/C

Payment: by Irrevocable Letter of Credit payable by draft at sight

Under separate cover, we have sent you samples and our illustrated catalogue for your reference.

We look forward to hearing from you soon.

Yours faithfully,

实训指导

实训教师带领学生掌握贸易磋商的四个程序，并能够撰写相关函电。教师可以自行创建几种不同的实训情境，要求学生练习不同的询盘、发盘、还盘等。这种练习可以先用口头方式进行，然后再进行书信练习。

学生根据情境自行模拟写作询盘、发盘、还盘信。亦可根据情况或实训教师给予模拟情境，再多练习写几种商品的询盘、发盘、还盘、接受信。其中，发盘和还盘可多次进行。也可以分小组工作，相互询盘发盘，多多练习。

作业点评

1）信件格式是否正确。
2）条理清晰，语言简练。
3）口头磋商是否流利，内容是否正确。
4）可进行活动录像，回放录像相互评价。

业务操作

1. 创鸿（香港）有限公司收到美国 I.C. ISAACS & CO., LP 的来函，其文如下

I.C. ISAACS & CO., LP
3840 BANK STREET, BALTIMORE, MARYLAND 21224, U. S. A.

SUPERB AIM (HONG KONG) LTD   May 15th, 2001
WESTERN DISTRICT BILLS CENTER
128 BONHAM STRAND E. H.K.

Dear Sirs,

We learned that you are manufacturers of polyester cotton bed-sheets and pillowcases from the internet. We'd like you to send us details of your various ranges and some samples. Please state the terms of payment and discounts you would allow on purchase of not less than 300 hundred of individual items.

We believed there is a promising market in our area for moderately priced goods.

We are looking forward to your favorable reply.

Yours truly

I.C. ISAACS & CO., LP

Jonathan Smith

请根据以上信函拟写一份回信，回函要求包括以下内容：①产品的规格、价格和包装等资料可参见随寄的价目表；②样品另寄；③所提数量可以给 2% 的优惠；④信用证付款。

2. 请将下列合同条款翻译成中文

COMMODITY & SPECIFICATION:	Feeding Broad Beans, F.A.Q. MOISTURE (max)　15% Admixture (max)　2%
QUANTITY:	60000metric tons
PACKING:	Packed in gunny bags of 100kg Each gross for net
UNIT PRICE:	JPY 200 PER M/T CIFC2% Liner Terms Osaka

续表

AMOUNT:	USD 12,000,000 (SAY US Dollars Twelve million only)
SHIPMENT:	Shipment on or before Oct. 30th, 2001 30000M/T; shipment on or before NOV. 30th, 2001 30000M/T from Shanghai to Osaka
INSURANCE:	To be covered by the seller for 110% of total invoice value against All Risks including War Risks as per and subject to the relevant ocean cargo clause of the People's Insurance Company of China dated Jan. 19th, 1981
PAYMENT:	The buyer shall open through a bank acceptable to the Seller an irrevocable sight letter of credit to reach the seller 30 days before the month of shipment valid for negotiation in China until the 15th day after the date of shipment

小 结

本项目活动主要围绕贸易磋商展开。贸易磋商是对外贸易业务工作的中心环节，它虽然占据整个业务的时间很少，但有着十分重要的意义。一般往来函电成交，用七八个回合就见分晓，面谈多不过三天，短的一小时就有结果。

贸易磋商的具体内容就是合同条款。包括品质、数量、价格、包装、运输、保险、支付以及商检、索赔、仲裁、不可抗力等。在实际业务中并非对上述内容逐一协商，而是针对主要条款。因为就老客户和某些商品而言，由于长期形成的贸易习惯，为节省时间和费用，对一般性交易条件没必要一一列出。对于新客户首次交易，一般都是把一般性交易条件的打印给对方，看其是否接受，如有异议再行商定。

贸易磋商有四大环节：询盘、发盘、还盘、接受。发盘和接受时每笔交易中必不可少的两个基本环节。

思考与练习

一、单项选择题

1. 我方某出口公司于5月5日以电报对德商发盘，限8日复到有效。对方于7日以电报发出接受通知，由于电讯部门的延误，出口公司于11日才收到德商的接受通知，事后该出口商公司亦未表态。此时，（ ）。

　　A．除非发盘人及时提出异议，否则该逾期接受仍具有接受效力，合同成立

　　B．不管我方是否及时提出异议，合同不成立

　　C．只有发盘人毫不延迟地表示接受，该通知才具有接受效力，否则合同不成立

　　D．由电讯部门承担责任

2. 某公司向欧洲某客户出口一批食品，该公司于3月16日发盘，限3月30日复到有效，3月18日接到对方来电称："你方16日来电接受，希望5月装船。"我方未提出异议。于是，（ ）。

　　A．这笔交易达成　　　　　　　　B．需经该公司确认后交易才达成

　　C．属于还盘，交易未达成　　　　D．属于有条件的接受，交易未达成

3．根据《公约》的规定，发盘和接受的生效采取（　　）。

　　A．投邮生效原则　　　　　　　　　　B．签订书面合同原则

　　C．口头协商原则　　　　　　　　　　D．到达生效原则

4．英国某商人 3 月 15 日向国外某客商用口头发盘，若英商与国外客商无特别约定，国外客商（　　）。

　　A．任何时间表示接受都可使合同成立　　B．应立即表示接受方可使合同成立

　　C．当天表示接受即可使合同成立　　　　D．在两三天内表示接受可使合同成立

5．A 公司 5 月 18 日向 B 公司发盘，限 5 月 25 日复到有效。A 公司向 B 公司发盘的第二天，A 公司收到 B 公司 5 月 17 日发出的、内容与 A 公司发盘内容完全相同的交叉发盘，此时，（　　）。

　　A．合同即告成立

　　B．合同无效

　　C．A 公司向 B 公司或 B 公司向 A 公司表示接受，当接受通知到达对方时，合同成立

　　D．必须是 A 公司向 B 公司表示接受，当接受通知到达对方时，合同成立

6．下列条件中，（　　）不是构成发盘的必备条件。

　　A．发盘内容必须十分确定

　　B．主要交易条件必须十分完整齐全

　　C．向一个或一个以上特定的人发出

　　D．表明发盘人承受约束的旨意

7．我方 6 月 10 日向国外某客商发盘，限 6 月 15 日复到有效，6 月 13 日接到对方复电称："你 10 日电接受，以获得进口许可证为准。"该接受（　　）。

　　A．相当于还盘　　　　　　　　　　　　B．在我方缄默的情况下，则视为有效发盘

　　C．属有效的接受　　　　　　　　　　　D．属于一份非实质性改变发盘条件的接受

8．按《公约》的规定，一项发盘在尚未送达受盘人之前，是可以阻止其生效的，称为发盘的（　　）。

　　A．撤回　　　　　　B．撤销　　　　　　C．还盘　　　　　　D．接受

9．我公司星期一对外发盘，限该发盘星期五复到有效，客户于星期二回电还盘并邀我电复。此时，国际市场价格上涨，故我未予答复。客户又于星期三来电表示接受我星期一的发盘，在上述情况下，（　　）。

　　A．接受有效　　　　　　　　　　　　　B．接受无效

　　C．如我方未提出异议，则合同成立　　　D．属有条件的接受

二、多项选择题

1．促使发盘终止的原因主要有（　　）。

　　A．发盘的有效期届满

　　B．发盘被发盘人依法撤回或撤销

　　C．受盘人对发盘的拒绝或还盘

　　D．发盘人发盘后发生了不可抗力或当事人丧失行为能力

2．在国际贸易中，合同生效的时间主要有（　　）。

　　A．接受送达发盘时

　　B．依约签订正式书面合同时

C．依国家法律或行政法规的规定，合同获得批准时

D 口头合同被当即接受时

3．在国际贸易中，合同成立的有效条件是（　　）。

A．当事人必须具有签订合同的行为能力

B．合同必须有对价或约因

C．合同的形式和内容必须符合法律的要求

D．合同当事人的意思表示必须真实

4．交易磋商程序中必不可少的两个法律环节是（　　）。

A．询盘　　　　B．发盘　　　　C．还盘　　　　D．接受

5．构成一项发盘应具备的条件是（　　）。

A．向一个或一个以上特定的人发出

B．发盘内容十分确定

C．表明发盘人承受约束的意旨

D．发盘必须规定有效期

6．构成一项接受应具备的条件是（　　）。

A．接受由特定的受盘人作出　　　B．接受的内定必须与发盘相符

C．必须在有效期内表示接受　　　D．接受方式必须符合发盘的要求

7．在实际的进出口业务中，接受的形式有（　　）。

A．用口头或书面的形式表示　　　B．用缄默表示

C．用广告表示　　　　　　　　　D．用行动表示

8．我某公司 15 日向日商发盘，限 20 日复到有效，日商于 19 日用电报表示接受我方 15 日电，我于 21 日中午才收到对方的接受通知，此时（　　）。

A 合同已成立

B．若我方毫不迟延的表示接受，合同成立

C．若我于 21 日才收到接受通知是由于电讯部门的延误，则我方缄默，合同成立

D．若我于 21 日才收到接受通知是由于电讯部门的延误，则合同一定成立

三、判断题

1．还盘一经作出，原发盘即告失效。　　　　　　　　　　　　　　　　（　　）

2．如发盘未规定有效期，则受盘人可在任何时间内表示接受。　　　　（　　）

3．根据《公约》的解释，接受必须用声明或行动表示出来，沉默或不行动本身不等于接受。
　　　　　　　　　　　　　　　　　　　　　　　　　　　　　　　　（　　）

4．根据《公约》的规定，如果撤回通知于接受应生效之前或同时送达发盘人，接受得予撤回。
　　　　　　　　　　　　　　　　　　　　　　　　　　　　　　　　（　　）

5．交易磋商的内容必须包括 11 种交易条件，在此基础上合同才能成立。（　　）

6．邀请发盘对双方具有约束力。　　　　　　　　　　　　　　　　　　（　　）

7．一项发盘，即使是不可撤销的，也是可以撤回的，只要撤回的通知在发盘送达受盘人之前或同时到达受盘人。
　　　　　　　　　　　　　　　　　　　　　　　　　　　　　　　　（　　）

8．根据《公约》的解释，一项发盘，在受盘人发出接受通知之前可以撤销，但有两种例外情况。
　　　　　　　　　　　　　　　　　　　　　　　　　　　　　　　　（　　）

9．根据《公约》的解释，一项发盘，即使是不可撤销的，于拒绝通知到达发盘人时终止。

（　　）

四、案例分析题

1．我方 A 公司向国外 B 公司发盘，报谷物 300 公吨，每公吨 250 美元，发盘有效期为 10 天。3 天后，B 公司复电称，对该批货物感兴趣，但要求进一步考虑。2 天后，B 公司两次来电，要求将货物数量增至 600 公吨，价格降至 230 美元／公吨，3 天后我公司将这批谷物卖给另一外商，并在第 10 天复电 B 公司，通知货已售出。但外商坚持要我方交货，否则以我方擅自撤约为由，要求赔偿。问：我方应否赔偿，为什么？

2．我方某公司与某外商洽谈进口交易一宗，经往来电传磋商，就合同的主要条件全部达成协议，但在最后一次我方所发的表示接受的传真中列有"以签订确认书为准"。事后对方拟就合同草稿，要我方确认，但由于对某些条款的措辞尚待进一步研究，故未及时给予答复。不久，该商品的国际市场价格下跌，外商催我方开立信用证，我方以合同尚未有效成立为由拒绝开证。试分析：我方的做法是否有理，为什么？

3．我某技术贸易公司就某项技术贸易的进口事宜与国外某客户进行洽谈，经过双方多次的函电往来，最终使交易得以达成，但未订立正式的书面合同。根据双方的函电往来表明，对方应于 2000 年 12 月前向我方提供一项技术贸易的出口，而时至 2001 年 1 月，对方仍未向我方提供该项技术贸易。我方曾多次要求对方履行合同，对方却以未订立正式书面合同为由否认合约已达成。问：（1）双方的交易是否已达成？为什么？（2）就此案例，我方应如何处理？

4．我某进出口公司向国外某商询购商品，不久，我方收到对方 8 月 15 日发盘，发盘有效期至 8 月 22 日。我于 8 月 20 日向对方复电："若价格能降至 56 美元／件，我方可接受"，对方未作答复。8 月 21 日我方得知国际市场行情有变，于当日又向对方去电表示完全接受对方 8 月 15 日发盘。问：我方的接受能否使合同成立？为什么？

5．某进出口公司欲进口包装机一批，对方发盘的内容为："兹可供普通包装机 200 台，每台 500 美元 CIF 青岛，6～7 月份装运，限本月 21 日复到我方有效。"我方收到对方发盘后，在发盘有效期内复电："你方发盘接受，请内用泡沫，外加木条包装。"问：我方的接受是否可使合同成立？为什么？

6．买卖双方订有长期贸易协议，协议规定："卖方必须在收到买方订单后 15 天答复，若未答复则视为已接受订单。"11 月卖方收到买方订购 2000 件服装的订单，但直到 12 月 25 日卖方才通知买方不能供应 2000 件服装，买方认为合同已经成立，要求供货。问：双方的合同是否成立？为什么？

7．我方某进出口公司向国外某客商询售某商品，不久我方接到外商发盘，有效期至 7 月 22 日。我方于 7 月 24 日用电传表示接受对方发盘，对方一直没有音讯。因该商品供求关系发生变化，市价上涨，8 月 26 日对方突然来电要求我方必须在 8 月 28 日前将货发出，否则，我方将要承担违约的法律责任。问：我方是否应该发货？为什么？

8．香港某中间商 A，就某商品以电传方式邀请我方发盘，我方于 6 月 8 日向 A 方发盘并限 6 月 15 日复到有效。12 日我方收到美国 B 商人按我方发盘的各项条件开来的信用证，同时收到 A 商的来电称："你 8 日发盘已回转美国 B 商。"此时该商品的国际市场价格猛涨，于是我方将信用证退回开证行，再按新价直接向美国 B 商发盘，而美商拒绝接受新价，并要求我方按原价发货，否则将追究我方的责任。问：对方的要求是否合理？为什么？

项目 8

国际贸易谈判

学习目标

了解各国风俗与谈判风格，学习谈判礼仪，熟悉谈判的三要素、谈判人员的组成、谈判的过程，通过实训活动来熟练掌握谈判策略与技巧，从而在更多的磋商阶段达成一致进入协议阶段。

任务 8.1 了解各国风俗与谈判风格

情境 导入

在一次中方与美方贸易谈判的过程中，开始谈判进行得很顺利，美方已经调查过中方是礼仪之邦，就是在谈判快成功的时候送给中方代表每人一份小礼品，中方人在打开礼品盒的时候每个人的脸色都很不悦，原来里面装的是一顶绿色的帽子。美方是想让谈判早点结束，结束后大家一起去打棒球，而都是男士的我方代表却已经很不开心了，如何避免此类事情的发生呢？请查找资料，讲解各个国家的风俗礼仪。

在国际贸易谈判中由于各国风俗及各国商人的谈判风格有很大的差异，若缺乏必要的了解，对贸易谈判无疑是一个严重的障碍，只有对此了如指掌，才能达到满意的谈判结果。

8.1.1 各国风俗习惯

1）美国人在待人接物方面，具有下述四个主要特点：自尊心强，好胜心重，自我意识比较强，随和友善，容易接近，热情开朗，不拘小节。

2）加拿大的基本国情是地广人稀。特殊的环境对加拿大人的待人接物有一定影响。一般而言，在交际应酬中，加拿大人最大的特点是既讲究礼貌，又无拘无束。加拿大国民的主体是由英法两国移民的后裔所构成的。一般而言，英裔加拿大人大多信奉基督教，讲英语，性格上相对保守内向一些。而法裔加拿大人则大都信奉天主教，讲法语，性格上显得较为开朗奔放。与加拿大人打交道要了解对方情况，然后再有所区别的加以对待。

3）与英国人和德国人相比，法国人在待人接物上的表现是大不相同的，主要有以下特点：爱好社交，善于交际。对于法国人来说社交是人生的重要内容，没有社交活动的生活是难以想象的。诙谐幽默、天性浪漫。他们在人际交往中大都爽朗热情，善于雄辩、高谈阔论，好开玩笑，讨厌不爱讲话的人，对愁眉苦脸者难以接受。受传统文化的影响，法国人不仅爱冒险，而且喜欢浪漫的经历。渴求自由，纪律较差。在世界上法国人是最著名的"自由主义者"。"自由、平等、博爱"不仅被法国宪法定为本国的国家箴言，而且在国徽上明文写出。 他们虽然讲究法制，但是一般纪律较差，不大喜欢集体行动，与法国人打交道，约会必须事先约定，并且准时赴约，但是也要对他们可能的姗姗来迟要有所准备。自尊心强，偏爱"国货"。法国的时装、美食和艺术是世人有口皆碑的，在此影响之下，法国人拥有极强的民族自尊心和民族自豪感，在他们看来，世间的一切都是法国最棒。与法国人交谈时，如能讲几句法语，一定会使对方热情有加。法国人具有骑士风度，尊重妇女。在人际交往中法国人所采取的礼节主要有握手礼、拥抱礼和吻面礼。

4）德国人，名副其实的讲究效率。德国谈判者的个人关系是很严肃的，习惯于在所有场合下穿一套西装（不要将手放在口袋里，这被认为是无理的表现）。馈赠要针对个人，即使是以公司的名义。德国人在待人接物所表现出来的独特风格，往往会给人以深刻的印象。德国人纪律严明，法制观念极强；讲究信誉，重视时间观念；极端自尊，非常尊重传统；待人热情，十分注重感情。必须指出的是，德国人在人际交往中对礼节非常重视。与德国人握手时，有必要特别注意下述两点：一是握手时务必要坦然地注视对方，二是握手的时间宜稍长一些，晃动的次数宜稍多一些，握手时所用的力量宜稍大一些。重视称呼是德国人在人际交往中的一个鲜明特点，对德国人称呼不当，通常会令对方大为不快。一般情况下，切勿直呼德国人的名字，称其全称，或仅称其姓，则大都可行。与德国人交谈时，切勿疏忽对"您"与"你"这两种人称代词的使用。对于熟人、朋友、同龄者，方可以"你"相称。在德国，称"您"表示尊重，称"你"则表示地位平等、关系密切。

5）韩国政府规定，韩国公民对国旗、国歌、国花必须敬重。不但电台定时播出国歌，而且影剧院放映演出前也放国歌，观众须起立。外国人在上述场所如表现过分怠慢，会被认为是对韩国和韩民族的不敬。由于韩国人的餐桌是矮腿小桌，放在地炕上，用餐时，宾主都应席地盘腿而坐。若是在长辈面前应跪坐在自己的脚底板上，无论是谁，绝对不能把双腿伸直或叉开，否则会被认为是不懂礼貌或侮辱人。未征得同意前，不能在上级、长辈面前抽烟，不能向其借火或接火。吃饭时不要随便发出声响，更不许交谈。进入家庭住宅或韩式饭店应脱鞋。在大街上吃东西、在人面前擤鼻涕，都被认为是粗鲁的。韩国人见面时的传统礼节是鞠躬，晚辈、下级走路时遇到长辈或上级，应鞠躬、问候，站在一旁，让其先行，以示敬意。男人之间见面打招呼互相鞠躬并握手，握手时或用双手，或用左手，并只限于点一次头。鞠躬礼节一般在生意人中不使用。和韩国官员打交道一般可以握手或是轻轻点一下头。女人一般不与人握手。在韩国人面前，切勿提"朝鲜"二字。照相在韩国受到严格限制，军事设施、机场、水库、地铁、国立博物馆以及娱乐场所都是禁照场所，在空中和高层建筑拍照也都在被禁之列。

6）波兰人的举止优雅，语言文明，彬彬有礼，是世人有口皆碑的。同外人打交道时，波兰人对称呼极其重视。他们的习惯，是要尽可能地采用郑重其事一些的称呼。对于男士，波兰人言必称"潘"。对于妇女，他们则非要称之为"帕那"或"帕妮"不可。在社交场合问候他人时，波兰人肯定会对对方以"您"相称。他们假如与对方以"你"相称，则多半意味着双方关系十分密切，彼此相交已非一日。按照波兰人的习惯，自己在交际场合被介绍给他人之后，必须要主动同对方握手为礼，同时还要报上自己的姓名，不然即为失礼。在波兰，最常用的见面礼节有握手礼和拥抱礼。在波兰民间，吻手礼则十分通行。一般而言，吻手礼的行礼对象应为已婚妇女，行礼的最佳地点应为室内。在行礼时，男士宜双手捧起女士的手在其指尖或手背上象征性地轻吻一下，假如吻出声响或吻到手腕之上，都是不合规范的。

7）俄罗斯人素来以热情、豪放、勇敢、耿直而著称于世。在交际场合，俄罗斯人惯于和初次会面的人行握手礼。但对于熟悉的人，尤其是在久别重逢时，他们则大多要与对方热情拥抱。在迎接贵宾之时，俄罗斯人通常会向对方献上"面包和盐"，这是给予对方的一种极高的礼遇，来宾必须对其欣然笑纳。在称呼方面，在正式场合，他们也采用"先生"、"小姐"、"夫人"之类的称呼。在俄罗斯，人们非常看重人的社会地位，因此对有职务、学衔、军衔的人，最好以其职务、学衔、军衔相称。依照俄罗斯民俗，在用姓名称呼俄罗斯人时，可按彼此之间的不同关系，具体采用不同的方法。只有与初次见面之人打交道时，或是在极为正规的场合，才有必要将俄罗斯人的姓名的三个部分连在一道称呼。

8）澳大利亚人见面习惯于握手，不过有些女子之间不握手，女友相逢时常亲吻对方的脸。澳大利亚人大都名在前，姓在后，称呼别人先说姓，接上先生，小姐或太太之类，熟人之间可称小名。

9）墨西哥人在熟人见面时所采用的见面礼节，主要是拥抱礼与亲吻礼。在上流社会中，男士们往往还会温文尔雅地向女士们行吻手礼。通常，他们最惯于使用的称呼是在交往对象的姓氏之前，加上"先生"、"小姐"或"夫人"之类的尊称。前去赴约时，墨西哥人一般都不习惯于准时到达约会地点，在通常情况下他们的露面总要比双方事先约定的时间晚上一刻钟到半个小时左右，在他们看来这是一种待人的礼貌。

10）阿根廷人在日常交往中所采用的礼仪与欧美其他国家大体上是一致的，并以受西班牙影响为最。阿根廷人大都信奉天主教，所以一些宗教礼仪也经常见诸阿根廷人的日常生活。在交际中，普遍采取握手礼。在与交往对象相见时，阿根廷人认为与对方握手的次数是多多益善。在交际场合，对阿根廷人一般均可以"先生"、"小姐"或"夫人"相称。

11）巴西从民族性格来讲，巴西人在待人接物上所表现出来的特点主要有两点：一方面，巴西人喜欢直来直去，有什么就说什么；另一方面，巴西人在人际交往中大都活泼好动，幽默风趣，爱开玩笑。目前，巴西人在社交场合通常都以拥抱或者亲吻作为见面礼节。只有十分正式的活动中，他们才相互握手为礼。除此之外，巴西人还有一些独特的见面礼，其一，握拳礼；其二，贴面礼；其三，沐浴礼。

12）埃及人握手礼，禁忌是不要用左手；拥抱礼是力度适中；亲吻礼是根据交往对象不同分为：吻面礼，一般用于亲友之间，尤其是女性之间；吻手礼，向尊长表示谢意或是向恩人致谢时使用。

13）在印度、巴基斯坦、孟加拉、尼泊尔、斯里兰卡等国，人们相互交往时，往往彬彬有礼地摇头。他们的表敬礼俗是：向左摇头则表示赞同、尊重或认可；点头则表示不同意，这恰恰与中国的"摇头不算点头算"相反。

14）英国人凡事都循规蹈矩。他们的汽车行驶方向和欧洲其他国家正好相反。基于将英语作为母语的自负，除了英语外，英国人不会讲其他语言。

15）意大利人比德国人少一些刻板，比法国人多一些热情。但在处理商务时通常不动感情，做出决策较慢，并不是为了与同幕僚商量，而是不愿仓促表态。

16）西班牙人强调个人信誉，宁愿受点损失也不愿公开承认失误。如果你认为他们在协议中无意受到了损失而帮助他们，那么便永久地赢得了他们的友谊和信任。

17）新加坡是一个多元种族和多种宗教信仰的国家，因此，要注意尊重不同种族和不同宗教信仰人士的风俗习惯。如参观清真寺必须脱帽脱鞋进入，女士不能穿短裤或暴露的裙子，也不可进入祷告大厅。

18）日本人平时人们见面总要互施鞠躬礼，并说"您好"，"再见"，"请多关照"等。日本人初次见面对互换名片极为重视，初次相会不带名片，不仅失礼而且对方会认为你不好交往。互赠名片时，要先行鞠躬礼，并双手递接名片，接到对方名片后，要认真看阅，看清对方身份、职务、公司，用点头动作表示已清楚对方的身份。日本人认为名片是一个人的代表，对待名片就像对待他们本人一样。如果接过名片后，不加看阅就随手放入口袋，便被视为失礼。如果你是去参加一个商业谈判，你就必须向房间里的每一个人递送名片，并接受他们的名片，不能遗漏任何一个人，尽管这需要花费不少时间，但这是表示相互友好和尊敬的一种方式。

8.1.2　各国商人谈判风格

1. 美国商人谈判习惯与特点的简要归纳

1）性格直爽、坦率，待人热情、真挚，具有较强的竞争意识。

2）时间观念强，办事讲究效率。

3）注重实际，追求丰富的物质享受。

4）有极强的好奇和创新意识，重视新产品与装潢。

5）法律意识很强，比较守信用。

6）十分重视尊重人格。

7）美国是一个移民国家，各地移民大都保持原民族的一些习惯与特点。

8）非常有个性和成就感，喜欢获得夸奖。

2. 犹太商人谈判的主要习惯与特点

1）参加谈判总是有备而来。

2）讲究效率，重视细节和每一个有利可图的机会。

3）精于计算、擅长心算。

4）在谈判过程中爱做记录。

5）不喜欢含混的表态，喜欢追根究底地弄清楚。

6）比较精明，善于周旋并提出苛刻的条件。

7）认为契约是神圣的，会信守协议，也会要求对方严格履行协议。

8）由于历史原因，犹太人的生存环境相当艰难，形成了他们为人处事的温和态度。他们既会据理力争，又常采取机智、变通、幽默的态度。

3. 英国商人的谈判习惯与特点

1）性格傲慢、保守，交往中比较讲究礼仪和绅士风度。

2）时间观念很强，他们严格遵守约定的时间。

3）谈判态度比较严谨，好设关卡。

4）争辩中比较重视逻辑和证据，不轻易退让。

5）能恪守诺言，一旦签约，很少改变。

6）等级观念很重，交往中重视资格。

7）讨厌别人打听他们的私事或询问别人、别的公司的事。

4. 法国商人的谈判习惯与特点

1）富有人情味，珍惜人际关系，通常在尚未交成朋友以前是不会进行大宗交易的。

2）对签约比较马虎，往往当主要问题谈妥以后就催促签约。

3）关键问题上富有顽强精神，与他们谈判不要被最初的闲聊或友好气氛所蒙蔽。

4）在谈判中担任主职的人权力很大，需要时可以当即做出决断。

5）崇尚高贵，喜欢时尚，重视商品装潢。

5. 加拿大商人的谈判习惯与特点

1）加拿大商人中绝大多数为英国和法国移民，其商务习惯与特点分别和英、法商人相似。

2）一般加拿大商人比较保守，喜欢稳扎稳打。

6. 澳大利亚商人的谈判习惯与特点

1）比较保守，重视友情，相信老朋友。

2）讲究效率，不喜欢缓慢的、拉锯式的谈判。

3）责任心较强，注重信用，很少违约。

4）澳大利亚 80% 是欧洲移民，英、法两国居多，其商务习惯与特点分别和英、法商人相似。

7. 德国商人的谈判习惯与特点

1）比较固执，坚持己见，会想方设法逼对方让步。

2）讲究思维的系统和逻辑，谈判认真、细致、周密。

3）自信心很强，常以本国产品为衡量的标准。

4）处事比较严谨，谈判签约极其慎重，一旦谈妥，则要求双方严格遵守，不容一点变更。

5）注重形式，喜欢显示身份。

6）比较强调个性，谈判中核心人物的权力很大。

8. 意大利商人的谈判习惯与特点

1）意大利人往往既有德国人的精明又有法国人的人情味，善于社交，谈话投机，业务熟练。

2）崇尚个人权力，以自我为中心，常常是核心人物说了算。

9. 俄罗斯商人的谈判习惯与特点

1）沉着老练，说话不急不躁，较少转弯抹角。

2）常常坚持己见，比较固执，不肯退让，往往考虑再三。

3）做事计划性较强，喜欢按部就班地进行。

10. 印度商人的谈判习惯与特点

1）善于讨价还价，对于利益相当计较。

2）喜欢辩论，往往强词夺理，通常比较固执。

3）城府很深，不易交往。

11. 日本商人的谈判习惯与特点

1）注重礼节和身份，任何失礼行为都可能导致谈判失败。

2）很重视人际关系的培养，喜欢礼品，对于交往不深的人比较疑虑。

3）办事计划性强，谈判细致而缓慢，不喜欢冒冒失失。

4）崇尚诚实正派，切记不要故意说别人的坏话。

5）往往不直接表态，谈话比较婉转、留有余地，常常给人以含糊不清、模棱两可的印象。

6）不仅喜欢讨价还价，而且善于讨价还价。

7）比较重视集体智慧，强调集体决策。

8）比较重视与领导的沟通，特别是重大决策。

实训安排

1. 讨论
各国风俗中对数字、鲜花等都有哪些禁忌？

2. 小组讨论
各国风俗习惯中都有哪些相同点与不同点？

3. 视频赏析
教师选择合适的含有各国风俗及谈判风格的视频，请同学进行欣赏与分析。

实训指导

实训教师在实训过程中引导学生主动去了解各国风俗及各国人的性格特点、谈判风格。

学生在实训过程中通过书籍或网络或其他途径获取各国风俗中对数字、鲜花等禁忌进行学习，通过小组讨论，使同学们理解各国风俗习惯中的相同与不同点。通过视频赏析加深同学们对各国风俗与各国谈判习惯的印象。

作业点评

1）学生能否说出不同国家对数字、鲜花的禁忌。

2）对于小组讨论，学生是否找出各国风俗习惯中的相同与不同点，教师点评。

3）视频赏析需要同学们对于视频中体现出来的风俗习惯及谈判风格进行汇总与分析，教师点评。

任务 8.2　学习谈判礼仪

情境 导入

一个英国商人在同伊朗人谈判时，谈判一直处于良好的气氛中，最后双方愉快地签订了合同。合同签订后英国人向自己的同事竖起了大拇指，此时一位伊朗人离开了会场，气氛一下子变得很紧张，原来在英国竖起大拇指代表赞同，而在伊朗却代表否定不满，是一种无礼的动作。

礼节是人间交往中一个相当重要的方面，它体现了一个人的文明修养与道德风尚。

8.2.1　谈判会面礼仪

1. 服饰礼仪

服饰是形成谈判者良好个人形象的必备因素。根据场合和所参加活动不同，男装可选择礼服或便服；女装要求典雅大方。任何情况下，服装都应该清洁平整。在国际贸易谈判中，绝不可以穿任何表示自己有任何社会联系或信仰的服饰。

2. 见面时的礼节

欧美人：问候、点头、握手。

中国人：点头、握手，招呼语比较贴近生活。

俄罗斯人：拥抱、贴颊、亲吻。

日本人："请多关照"、鞠躬。

8.2.2　握手的礼仪

握手时不可左顾右盼，并且要慎用左手，更要避免交叉握手。

握手的方法：

1）一定要用右手握手。

2）要紧握双方的手，时间一般以 1～3 秒为宜。当然，过紧地握手，或是只用手指部分漫不经心地接触对方的手都是不礼貌的。

3）被介绍之后，最好不要立即主动伸手。年轻者、职务低者被介绍给年长者、职务高者时，应根据年长者、职务高者的反应行事，即当年长者、职务高者用点头致意代替握手时，年轻者、职务低者也应随之点头致意。和年轻女性或异国女性握手，一般男士不要先伸手。

4）握手时，年轻者对年长者、职务低者对职务高者都应稍稍欠身相握。有时为表示特别尊敬，可用双手迎握。男士与女士握手时，一般只宜轻轻握女士手指部位。男士握手时应脱帽，切忌戴手套握手。

5）握手时双目应注视对方，微笑致意或问好，多人同时握手时应顺序进行，切忌交叉握手。

6）在任何情况拒绝对方主动要求握手的举动都是无礼的，但手上有水或不干净时，应谢绝握手，同时必须解释并致歉。

握手必须基于双方之自然意愿，不可强求。原则上女士、长者、大人物应先伸出手表示友善，另一方面此时才可以伸手互握，时间以一秒钟左右为原则。不可一直握着对方的手不放，握手力量也须适中，过重让人不舒服、太轻则失应付。当然也不可以用双手去握对方的单手，他人看起来也会感觉十分怪异。 男士若戴手套须先将要握手的那一只手套取下，待握完手后再戴上方才合礼。女士则不在此限，戴着手套和他人，不论是男人还是女人，握手均无妨。

在泰国有些外交或礼仪场合也使用握手礼，但男女之间是不能握手的。在伊斯兰教盛行的国家，男女之间是严格禁止握手的。

8.2.3　介绍的礼仪

在社交场合，常需要通过介绍来开展沟通与接触，在介绍中，先提某人的名字乃是对此人的一种敬意，一般长辈、上司、有名望者、女士优先。也可用互换名片的方式进行介绍，此时，

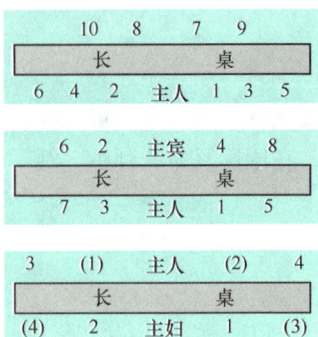

图 8-1　宴请座次表

应双手将名片以正面朝上、文字向对方的方向传递给对方，对方接受后也应立即将自己的名片回传，如果未带名片则应道歉。

8.2.4　宴请座次的排列

宴请座次排列是一种重要的礼仪，一般长桌席的排列有 3 种（图 8-1）。

1）以单边为主的排法。

2）主宾对称的双边排法。

3）男女主人共同主持的混合排法，图中括号是女宾。

使用圆桌的宴请，一般以朝门口方向中央的位置为上座，通常为主宾座。

实训安排

1. 礼仪训练

分别以个人和小组为单位进行谈判礼仪的训练。

2. 礼仪比赛

以小组为单位，教师出题，小组竞赛。

实训指导

会面礼仪、握手礼仪、介绍礼仪、宴请座次的排列是国际贸易谈判中谈判礼仪的重要部分。实训教师强调学生在实训练习中多练习，多体会，从而得到提高。

学生在实训过程中必须把握各种礼仪的尺度，务必做到熟练掌握。可以小组内部练习，也可以各小组相互练习。

作业点评

1）会面礼仪、握手礼仪、介绍礼仪掌握程度。

2）宴请座次的排列是否熟练。

任务 8.3　掌握谈判策略与技巧

情境 导入

小李刚接到了公司下达的新的任务，半个月后要代表公司带领一个谈判组到加拿大去谈一笔将近 1000 万元的投资业务。小李很着急，都带哪些人去呢？谈判的过程中应该使用哪些策略？

8.3.1　谈判相关知识

1．谈判的定义

谈判是具有依赖关系的各方，为满足各自的需要和平衡各自的利益而进行的，旨在达成协议的一系列沟通和磋商过程。

2．谈判三要素

1）谈判必须有谈判对象，即有谈判意愿的双方或多方。

2）谈判必须有内容，即有双方或多方共同认可的议题。

3）谈判具有达成一致的明确目的性。

3．国际贸易谈判的人员组成

通常一次具有相当规模的国际贸易谈判，其基本人员组成为：

1）主谈人——一位具有一定身份和地位的负责人。

2）律师——一位熟悉有关贸易法规和惯例的律师。

3）经济师或会计师——一位熟悉有关经济行情和往来业务的经济师或会计师。

4）工程师——一位精通技术的工程师。

5）翻译——国际贸易谈判中，需要一位熟悉专业、能胜任的翻译。

4．国际贸易谈判的过程

国际贸易谈判从开始到结束，大致可以分成 4 个阶段：

1）试探与导入阶段——谈判已经开始，实质性的谈判还未开始。

2）明示阶段——实质性的谈判开始。

3）磋商阶段——主要是各项交易条件的磋商。

4）协议阶段——谈判过程汇总，签订协议。

8.3.2　国际贸易谈判策略

国际贸易谈判是谈判双方一场综合性的较量，不仅是实力的较量，而且是智力和心理的较量，因此谈判者必须注意谈判的策略。常用的谈判策略有：

1．疲劳战术

疲劳战术策略是通过拖延谈判，想方设法使对方身心疲劳，以致产生厌倦、急躁心理，从而达到预定目的的战术。

疲劳战术的办法为：

1）举行对方所好的活动，使其疲劳。

2）热情地、主动地与对方攀谈，甚至在休息时间拜访，使其缺少必要的休息。

3）连续紧张地举行长时间的无效谈判。

4）在谈判中使问题复杂化，并不断提出新问题进行纠缠。

5）在谈判中采取强硬立场，或将已谈好的问题推翻重来，反复讨论。

2．以攻为主

以攻为主策略是一种强调攻击，把战争引到对方地盘上去打的策略。

以攻为主的办法为：

1）坚持有利价格。

2）轮番轰炸。

3）积极反驳。

4）以精确的计算来修正对方的计算，以确切的资料、证据来修正对方的依据，使对方陷于被动。

5）当对方因让步而感到为难时，应主动为对方服务，代对方在对方的"领域"内寻找解决办法。

3．出奇制胜

出奇制胜策略的关键就在一个"奇"字上，"出奇"就是出乎对方意料之外。

出奇制胜的办法为：

1）在了解、掌握对方信息，最好是对方内部信息的基础上，通过分析、研究，找到一种对方料想不到的方案或方法，选择适当的时机来打破对峙。

2）想方设法在谈判中说出或做出一些出乎对方意料的话或行为，或者在原本平稳的谈话中，突然提高嗓门、加重语气，在气势上压住对方，使对方发生错误，或于迷惑中做出让步。

4．软硬兼施

软硬兼施策略就是将硬攻的进攻者与软攻的调和者配合起来向对方进行轮番进攻。软硬兼施能给对方心理造成较大落差，使对方在忐忑不安中做出让步。

软硬兼施的办法为：

1）事先应准备好"软"、"硬"两套班子，"软"、"硬"两种方法。

2）应把握好实施软硬兼施策略的时机和分寸，互相配合，注意效果。

3）调和者应包括谈判主要负责人，让谈判主要负责人充当调和者进行调和，容易使对方感到保持了体面，从而同意让步。

5．兵不厌诈

兵不厌诈策略是巧妙地布置一些虚虚实实的疑阵，可以使对方不易摸清自己的底细，甚至使对方将假的信息信以为真，出现判断失误，即所谓"诈"。但是，运用"兵不厌诈"必须注意疑阵一定要布置得巧妙，尽量周密，不使对方察觉，同时，还应注意不要违法，不要滑入欺诈的泥坑。

6．引入竞争

引入竞争策略是在谈判时故意全部或部分引入竞争方，使对方感到竞争的压力，打乱对方原定的策略和部署，迫使对方做出退让。

引入竞争的办法为：

1）有意识地让几个洽谈者先后或同时到达。

2）邀请谈判对方和其他竞争者一起参加集会。

3）有意让谈判对方知道前面刚谈成的另一笔同类交易的各项条件。

4）就同一贸易，同时或轮流与几个厂商谈判。

5）采用招标或拍卖的方式选择贸易伙伴。

在国际贸易谈判中，让步策略、乱中取胜、投其所好、离间策略、后发制人、最后通牒等策略也是经常用到的。整个谈判的过程经常会用到多种策略的组合，具体运用时，应根据对方的实力地位，对手的个性特点、心理状态，结合自己方面的情况灵活采用。

8.3.3　国际贸易谈判技巧

在国际贸易谈判中谈判的技巧也是需要掌握的，谈判离不开沟通，我们就从沟通的技巧与谈判的技巧来进行学习。

1．沟通的技巧

（1）语言沟通的技巧

1）语言沟通中必须以谦虚真诚为基础。

2）直言与曲言技巧的采用。直言就是将自己的想法坦诚相告，不加粉饰雕琢，这种语言给人以真实感，适用于有一定的友情或不需要客套、不需要曲言的场合。

曲言就是表达委婉，有礼貌，照顾到对方的情感，婉转而不生硬，使人容易接受。适用于缺乏情感基础，若直言不讳会使对方受到伤害，进而影响继续沟通的场合。

3）适时插入幽默。幽默是一种机智，一句幽默的语言，常常能使平淡、局促、紧张的场面顿时变得轻松活泼。幽默具有非凡的震撼力和说服力，它能使本来需要反复讨论的事情，一下子豁然开朗。

（2）非语言沟通的技巧

在人际沟通中还采用"非语言"的形式来传递信息，例如人的表情、姿态、动作等。"非语言"的形式千变万化，内涵极其丰富，比起语言来具有无可比拟的优越性。

在国际贸易谈判中语言有时存在障碍，可以用非语言沟通来进行适当补充，比如微笑，但并不是所有的非语言体现都是一致的，所以要考察好了才能使用，需要注意的是全球的面部表情具有一致性。

2. 谈判的技巧

（1）提问与回答的技巧

要增强提问的效果就要掌握提问的技巧，灵活运用各种提问方式、逻辑诱导、出其不意、不断发问、提问注意事项等。

常用的提问方式有：封闭式提问、开放式提问、引导性提问、澄清式提问、比较式提问、探索式提问。

答问的技巧主要在于把握什么是应该说的、什么是不应该说的和如何去说、说到何种程度。一般对于应该说明的问题，应当明确地做出回答。对于一些关键问题，预先应有充分的应答准备。特别注意，当没有清楚问题的真正涵义时，千万不要急于回答或随意回答。

常见的对于不便回答或难于回答的问题的答问技巧：避而不答、避头就虚、设置反问、拔高架空、坦诚答问。

（2）辩论与劝说的技巧

辩论可采用的方式：直接辩论、间接辩论、自相矛盾、与事实矛盾、与惯例矛盾。

劝说是要使对方改变初衷，接受自己的意见。劝说是一件相当困难的事情，劝说的技巧因人因事而异，只有灵活运用才能达到劝说的目的。

劝说需要营造良好的气氛，可采用苏格拉底劝诱法、坦陈利弊法等。

（3）僵局的处理技巧

僵局对于谈判来说是一种严重的形势，处理得好与不好将直接影响谈判的结果。应该了解僵局引起的原因，才能掌握避免僵局的办法，以及如何打破僵局。

僵局出现的原因大致有：意见分歧、情绪冲突、人为制造。

实训安排

1. 讨论

➤ 常用的生活中的谈判都有哪些？

➤ 谈判、交谈、辩论的区别有哪些？

2. 分析

如何更好地使用谈判的策略与技巧？

3. 模拟谈判

两个学习小组之间选择一谈判案例进行学习，展开谈判，将谈判的策略与技巧用于其中。

实训指导

实训教师引导学生组织谈判，组织好之后，对谈判的过程进行练习。在谈判事项的选择上一开始可以选择同学们生活中常见的事项进行谈判，练习熟练后，引入国际贸易谈判案例进行模拟。

学生在实训过程中应注意掌握谈判的方法和技巧，注意使用恰当的谈判策略。

作业点评

1）模拟谈判中，同学组成评委进行打分。

2）实训教师对整个模拟过程进行点评。

业务操作

1. 场景礼仪训练

会议座次（方桌、圆桌）

轿车座次（主人驾驶、司机驾驶）

餐饮座次

2. 商务谈判

谈判资料：

产品供货合同条款和索赔谈判

谈判 A 方：日本 KLL 工厂（卖方）

谈判 B 方：美国 FLP 工厂（买方）

FLP 和 KLL 工厂是两个长期的合作伙伴，KLL 是 FLP 的模具供应商，其模具供给量占 FLP 工厂的使用模具 80%。但是，KLL 的模具最近一直有质量问题，给 FLP 工厂造成了大量的额外损失。当初两厂签订的协议中规定：KLL 提供的模具合格率达到 95% 以上便可。但是这是一条有歧义的条款，既可以理解为每套模具各个零件的合格率达到 95% 以上，也可以理解为所有模具的总体合格率达到 95% 以上。

前一种理解比较有利于 FLP 工厂，后一种理解比较有利于 KLL 工厂。而实际上正是由于 KLL 生产的所有模具中的那不合格的 5% 造成了 FLP 工厂巨大的损失。FLP 知道自己一下子不可能完全抛开这个供应商，KLL 当然也不想失去 FLP 这个大客户。FLP 提出，先前由于

KLL 的次品导致的损失必须由 KLL 承担。而 KLL 坚持认为 FLP 的质检部门在接受 KLL 工厂的模具时就应该看清楚，如果是次品可以退货，而不是等到进了工厂投入使用以后才发现有问题，因而他们拒绝承担损失。双方交涉多次都没有达成协议。最后导致双方的高层领导都开始过问此事。FLP 采购部和 KLL 销售部的经理迫于压力约定本周末碰面，准备通过谈判对此事做一个了断。而且双方谈判代表都非常清楚，如果这次谈不成回去肯定会受到领导斥责。

谈判目标：

1）确定对 95% 以上合格率这一条款的理解。

2）商议 KLL 赔偿 FLP 工厂损失的事宜。

小　结

本项目活动主要针对国际贸易谈判能力展开实训。贸易谈判在国际贸易业务中比较关键，它涉及买卖双方各自能否取得最大利益。本项目介绍了各国的风俗习惯及各国人的谈判风格，重点介绍了谈判礼仪、谈判策略与谈判技巧，在实际业务中，谈到策略与技巧须灵活运用，需多加实训练习掌握。

思考与练习

一、单项选择题

1. 在商务谈判中，双方地位平等是指双方在（　　）上的平等。
　　A. 实力　　　　　B. 经济利益　　　C. 法律　　　　　D. 级别

2. 价格条款的谈判应由（　　）承担。
　　A. 法律人员　　　B. 商务人员　　　C. 财务人员　　　D. 技术人员

3. 在缺乏谈判经验的情况下，进行一些较为陌生的谈判，谈判人员应采取（　　）的让步方式。
　　A. 坚定　　　　　B. 等额　　　　　C. 风险性　　　　D. 不平衡

4. 商务谈判中，作为摸清对方需要，掌握对方心理的手段是（　　）。
　　A. 问　　　　　　B. 听　　　　　　C. 看　　　　　　D. 说

5. 谈判中的讨价还价主要体现在（　　）上。
　　A. 叙　　　　　　B. 答　　　　　　C. 问　　　　　　D. 辩

6. 谈判中最为纷繁多变，也是经常发生破裂的阶段是谈判（　　）。
　　A. 初期　　　　　B. 中期　　　　　C. 协议期　　　　D. 后期

7. 国际商务谈判中，非人员风险主要有政治风险、自然风险和（　　）。
　　A. 技术风险　　　B. 市场风险　　　C. 经济风险　　　D. 素质风险

8. 谈判中，双方互赠礼品时，西方人较为重视礼物的意义和（　　）。
　　A. 礼物价值　　　B. 礼物包装　　　C. 礼物类型　　　D. 感情价值

9. 英国人的谈判风格一般表现为（　　）。
　　A. 讲效率　　　　B. 守信用　　　　C. 按部就班　　　D. 有优越感

10．日本人的谈判风格一般表现为（　　）。

  A．直截了当   B．不讲面子   C．等级观念弱   D．集团意识强

二、多项选择题

1．对谈判人员素质的培养包括（　　）。

  A．家庭的培养 B．社会的培养 C．企业的培养 D．自我培养

2．国际经济贸易活动中解决争端的普遍的、基本的方式是（　　）。

  A．第三方协调 B．仲裁   C．诉讼   D．贸易报复

3．谈判信息传递的基本方式有（　　）。

  A．明示方式 B．暗示方式 C．广告方式 D．意会方式

4．谈判议程的内容包括（　　）。

  A．模拟谈判 B．时间安排 C．确定谈判议题 D．确定谈判人员

5．进行报价解释时必须遵循的原则是（　　）。

  A．不问不答 B．有问必答 C．避实就虚 D．能言不书

6．迫使对方让步的主要策略有（　　）。

  A．利用竞争 B．最后通牒 C．撤出谈判 D．软硬兼施

7．选择自己所在单位作为谈判地点的优势有（　　）。

  A．便于侦察对方   B．容易寻找借口

  C．易向上级请示汇报   D．方便查找资料与信息

8．谈判中迂回入题的方法有（　　）。

  A．从题外语入题   B．从自谦入题

  C．从确定议题入题   D．从询问对方交易条件入题

9．国际商务谈判中的市场风险具体有（　　）。

  A．投资风险 B．利率风险 C．汇率风险 D．价格风险

三、判断题

1．受盘人在还盘之后，又表示接受，此项接受依然有效。 （　　）

2．谈判开局阶段的主要任务是确定成交价格。 （　　）

3．谈判人员的注意力，在结束阶段处于最低水平。 （　　）

4．质量条款是产生僵局频率最高的谈判主题。 （　　）

5．法国人素有"契约之民"的雅称，他们崇尚契约，严守信用。 （　　）

四、简答题

1．试述形成谈判僵局的主要原因。

2．试述制定国际商务谈判策略的主要步骤。

项 目 9

订立贸易合同

⊃ 学习目标

　　了解贸易合同的结构，能读懂不同文种的贸易合同，会起草和会填制不同文种的贸易合同，知道贸易合同的效力，掌握进出口合同的履行程序。

任务 9.1　订立进出口合同

情境 导入

　　2014 年 5 月 25 日，小李作为杭州远大进出口公司的代表与荷兰牛栏奶制品公司洽谈进口婴儿配方奶粉 1、2、3 段各 3000 箱，每箱 6 盒，每盒 900 克，每箱 500 元，CIP Shanghai，航空运输。在谈判中，小李倾尽所能，与荷方据理力争取得巨大效益。各细节谈完后，小李要开始着手订立合同，进入该阶段，小李应注意哪些问题?

9.1.1　在国际贸易中合同的履行环节

　　提供货物→交付货款→装运货物→制单结汇

9.1.2　合同的订立

　　在国际贸易中当买卖双方就交易条件经过磋商达成协议后，合同即告订立。

1．合同成立时间

在国际贸易中，买卖双方同于何时订立地一个十分重要的问题。根据《联合国国际货物销售合同公约》的规定，接受送达发盘人时生效，接受生效的时间，实际上就是合同成立的时间，合同一经订立买卖双方即存在合同关系，彼此就应受合同的约束。

在实际业务中，有时双方当事人在洽商交易时约定，合同成立的时间，以签约时合同上所写明日期为准，或以收到对方确认合同的日期为准，在这两种情况下，双方的合同关系即在签订正式合同时成立。

此外，根据我国法律和行政法规规定，应当由国家批准的合同，在获得批准时，方为合同成立。

2．合同成立的有效条件

买卖双方就各项交易达成协议后，并不意味着此项合同一定有效。根据各国合同法规定，一项合同，除买卖双方就交易条件通过发盘和接受达成协议外，还需具备下列有效条件，才是一项有法律约束力的合同。

1）当事人必须具有签订合同的行为能力。签订买卖合同的当事人主要有自然人或法人。按各国法律的一般规定，自然人签订合同的行为能力，是指精神正常的成年人才能订立人事合同，未成年人或精神病人订立合同必须受到限制。关于法人签订合同的行为能力，各国法律一般认为，法人必须通过其代理人，在法人的经营范围内签订合同，也就是说，越权的合同不能发挥法律效力。根据我国法律规定，除对未成年人，精神病人签订合同的能力加以限制外，对某些合同的签约主体还作了一定的限定，例如，规定只有取得对外贸易经营权的企业或其他经济组织，才能签订对外贸易合同，没有取得对外贸易经营权的企业或组织，如签订对外贸易合同，必须委托有对外贸易经营权的企业代理进行。

2）合同必须有对价或约因。所谓对价，即指当事人为了取得合同利益所付出的代价，这是英美法的概念。所谓约因，即指当事人签订合同所追求的直接目的，这是法国法的概念。按照英美法和法国法的规定，合同只有在有对价或约因时，才是法律上有效的合同，无对价或无约因的合同是得不到法律保障的。

3）合同的内容必须合法。许多国家对合同内容必须合法，往往从广义上解释，其中包括不得违反法律，不得违反公共秩序或公共政策以及不得违反善良风俗或道德三个方面。我国《涉外经济合同法》规定，违反中华人民共和国法律或社会公共利益的合同无效，但是，合同中违反我国的法律或社会公共利益和条款，如经当事人协商同意予以取消或改正后，则不影响合同的效力。

4）合同必须符合法律规定的形式。世界大多数国家，只对少数合同才要求必须按法律规定的特定形式订立、而对大多数合同，一般不按法律上规定应当采取的形式。但我国则不同，我国签订的涉外经济合同必须以书面方式订立，否则无效。我国在参加《联合国国际货物销售合同公约》时，对《公约》中关于销售合同可以采用任何形式订立的规定提出了保留条件，即我国对我订立、修改或终止合同必须采取书面形式，其中包括电报、电传。

5）合同当事人的意思表示必须真实。各国法律都认为，合同当事人意思必须是真实的意思，才可成为一项有约束力的合同，否则这种合同无效或可以撤销。我国《涉外经济合同法》也明确规定："采取欺诈或者胁迫手段订合同无效。"

9.1.3　合同转让

在合同转让中必须注意：

1）当一方将合同权利或义务转让给第三方时，一般应取得另一方的书面同意。

2）如果合同的成立是经有关政府部门批准的，那么这种合同的转让也须征得原审批机关的同意。

9.1.4　违约责任

1）关于违约的认定：在合同履行过程中与所签订合同有出入时都可认定为违约。

2）违约责任的承担形式：①继续履行。②损害赔偿。③要求支付违约金。④解除合同。

9.1.5　不可抗力事故

可免除责任的不可抗力事故必须全部符合下列 3 条：

1）必须是在合同签订以后发生的。

2）不是由于任何一方当事人的过失或疏忽所造成的。

3）必须是双方当事人所不能控制的，而这种事故的发生是不能预见、无法避免、无法预防的。

9.1.6　索赔

索赔注意事项：

1）索赔的依据和对象。

2）确凿的证据。

3）正确计算索赔金额。

4）正确运用法律。

5）索赔时效。

索赔最要紧的是认定基本事实，确定责任和依据。其中确定责任方是索赔的第一要点，责任方可以是买方、卖方、承运方或保险公司。

实训安排

小组讨论

➤ 如何判定不可抗力事故呢？

➤ 不发生损失的时候什么情况下能索赔呢？

➤ 合同履行过程中发生争议，除了仲裁与诉讼有没有其他办法？

实训指导

实训教师结合本项目中进口合同，了解如何判定对不可抗力事故，指导学生对所讨论问题的理解，提供信息查询环境。

学生在实训过程中，要对合同有深刻的理解和认识，能熟悉合同订立的程序及注意的问题。

作业点评

小组讨论需要各小组给出讨论结果，以文档或 PPT 形式交予教师，教师点评。

任务 9.2　了解进出口合同结构

情境 导入

小李对外贸合同有了一定认识后，开始考虑之前在与荷方谈判过程中定下的细节如何在合同中体现，合同结构应如何安排，是否还遗漏了一些细节需要与荷方再进行商谈。

9.2.1　合同首部

合同的首部是合同的开始部分，也是合同的重要组成部分之一，其内容通常易被忽视，然而当争议发生时，这部分内容将起重大法律作用。

合同首部包括：合同的名称与编号、签约的时间与地点、合同双方当事人的身份、签约意图、有关文件与事项、词语注释等六项内容。

9.2.2　合同主文

1. 商品名称条款

商品名称条款要注意一般出口商品的名称应与进口国家海关提供的通用商品名称相吻合。

2. 商品品质条款

商品品质条款注意在凭标准交易时，应当写明所采用的标准名称、制定年份；凭规格交易时，应当写明公差或一定的机动幅度。

3. 商品数量条款

商品数量条款对于重量应说明是按毛重还是净重。对于实际交货数量与合同数量难于完全相符的商品，应列明交货数量的机动幅度、这部分如何计价，以及由谁来判定这部分的数量等内容。

4. 商品包装条款

商品包装条款应包括货物包装的式样、材料、费用的负担和运输标志。如合同规定由买方提供包装材料，则应规定买方提供的时间和到达卖方的最迟时限。特别对于"定牌"包装必须明确规定：如买方所提供的商标、牌号侵害了任何第三者的利益，卖方不负侵权、冒牌之责。

5. 商品检验条款

商品检验条款应包括检验机构、时间、地点、方法以及检验证书的效力。

6. 产权条款

产权条款对于交易商品的产权，卖方应在合同中给出明确的担保。

7. 价格条款

价格条款对价格的规定有固定价、暂定价、滑动价、暂不定价四种方法，一般多数合同采用固定价的方式。在国际贸易中，若使用的计价货币币值不稳，应在合同中订立汇率保值条款。

8. 买卖双方义务条款与贸易术语

买卖双方义务条款，通常卖方的义务主要是交付货物，移交与货物有关的单据和转移货物所有权 3 项。买方的义务主要是收取货物和支付货物价款 。在国际贸易中，通常采用贸易术语，此时可以省略买卖双方义务的条款。

9. 交货与装运条款

交货与装运条款应包括交货的时间、地点、方式，装运的时间、方式、通知、装运港和目的港等事项。注意在国际贸易中，常用贸易术语 FOB 术语、CIF 术语、CFR 术语都是以装运时间作为交货时间，不需分别做出规定。

10. 支付条款

支付条款要规定支付的金额和方式，使用信用证时，应规定是何种信用证，并明确开证和送达时间，开证行必须为卖方接受的银行。

11. 异议与索赔条款

异议与索赔条款应规定对货物不符或违约提出异议或索赔时，必须具备的证据以及出证的机构、索赔的期限、方法和金额。

12. 不可抗力与免责条款

不可抗力与免责条款包括：不可抗力的事故范围、后果；出具事故证明的机构；发生事故后的通知期限等，最好订明不可抗力事故的种类。

13. 仲裁条款

仲裁条款应包括仲裁地点、机构、仲裁程序和费用，以及裁决效力等。在国际贸易中，若双方国家政府间签订的贸易协定中有仲裁条款，则贸易合同中的仲裁条款可以省略。

14. 合同终止条款

合同终止条款可订明在双方认可的情况下合同终止的条件，或有效期满自动终止。

15. 特约条款或备注

特约条款或备注是双方达成的一些特殊协议和一些必要的备忘注释。

9.2.3 合同结尾

1. 文字

在国际贸易中，合同的结尾必须写明合同是以何种文字写成的，并注明不同文本的效力。

2. 签署

合同末尾应有签署栏，双方当事人或法定代表人须在签署栏内本企业名下依法签署，并书写上日期，随后合同即宣告成立。

实训安排

1. 小组讨论
➢ 写明签约的时间、地点在合同出现纠纷时有什么作用？
➢ 不同文种的合同效力如何，用不用在结尾进行说明？

2. 分析
➢ 如何理解合同的主文部分的组成？

> ➤ 仲裁和诉讼有哪些不同，为什么国际贸易合同中会选择仲裁？
>
> **3. 贸易合同结构分析**
>
> 找几份贸易合同进行结构划分。

实训指导

实训教师引导学生了解签约时间、地点对合同纠纷的用处；使学生知道合同中所有可能谈到的交易条件都会写进合同的主文部分，但不是每一次合同都用到所有条件；找出不同案例使同学意识到仲裁和法院的不同。找出贸易合同样本让学生进行结构的划分。

学生在实训过程中应掌握合同的构成，能够说明构成合同的大部分的具体内容。

作业点评

1）小组将讨论及分析的问题进行小组汇报，互相点评。

2）对贸易合同结构随机抽取同学进行说明，教师点评。

任务 9.3　填制进出口贸易合同

情境 导入

深圳市深清橡塑制品有限公司位于深圳市福田区，主要经营：橡胶制品、塑胶制品、乳胶制品、化工产品、五金制品等。2014 年 3 月，该公司业务员张涵与韩国三和有限公司商定出售婴儿牙胶 5000 个，每个 2 元钱，纸箱包装。请根据实际情况，模拟签订贸易合同。

该批货物产品规格按客户图纸要求加工（图 9-1），品牌为深清橡塑。

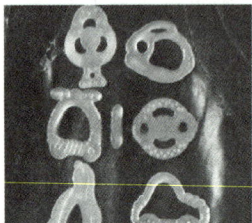

图 9-1　婴儿牙胶

9.3.1　进出口贸易合同

凡双方当事人的营业地设在不同的国家，他们之间所订立的合同就是进出口贸易合同。反之，当事人的营业地在同一国家内，即使双方当事人国籍不同，他们之间订立的合同仍应视为国内交易合同，因此，进出口贸易合同又可称为跨国贸易合同。

进出口贸易合同的当事人绝大多数都是法人。但是，法人并非都有权力订立进出口贸易合同。例如在中国，只有那些经过政府批准的，有进出口权的法人才有资格同外国人签订进出口贸易合同。中国法人对外签订贸易合同又必须由其法律代表或授权代表在其权限范围内进行（这是与中国贸易者须注意的）。法人签订贸易合同必须在其经营业务范围之内，那些超越经营范围的贸易合同是无效的合同。所以，在签订贸易合同时，要十分重视对方的履约能力。

一般在签订合同前要求对提供有关的资信证明，例如，对方所在国或所在地政策登记注册的合法证件；企业经注册会计师证书；经公证机构证明的担保证书；企业对其签约代表或委托代理人的授权证书或委托书；以及对方的名称、性质、详细地址、电话、电报号码、银行账号、董事长、总经理的姓名等。在进出口贸易实务中，如果只凭一纸名片，一番口头介绍立合同付诸履约，往往容易被骗上当而蒙受重大损失。

9.3.2 进口合同范本

进口合同范本如图 9-2 所示。

Purchase Contract

合同编号 (Contract No.): _____

签订日期 (Date) : _____

签订地点 (Signed at) : _____

买方：_____
The Buyer: _____
地址：_____
Address: _____
电话 (Tel):_____ 传真 (Fax):_____
电子邮箱 (E-mail):_____
卖方：_____
The Seller:_____
地址：_____
Address: _____
电话 (Tel):_____ 传真 (Fax):_____
电子邮箱 (E-mail):_____

图 9-2 进口合同范本（中英文）

买卖双方同意按照下列条款签订本合同：

The Sel ler and the Buyer agree to conclude this Contract subject to the terms and conditions stated below:

货物名称、规格和质量（Name, Specifications and Quality of Commodity）：

数量（Quantity）：

允许_____的溢短装（_____ % more or less allowed）

单价（Unit Price）：

总值（Total Amount）：

交货条件 (Terms of Delivery)：FOB/CFR/CIF _____

原产地国与制造商 (Country of Origin and Manufacturers)：

包装及标准（Packing）：

货物应具有防潮、防锈蚀、防震并适合于远洋运输的包装，由于货物包装不良而造成的货物残损、灭失应由卖方负责。卖方应在每个包装箱上用不褪色的颜色标明尺码、包装箱号码、毛重、净重及"此端向上"、"防潮"、"小心轻放"等标记。

The packing of the goods shall be preventive from dampness, rust, moisture, erosion and shock, and shall be suitable for ocean transportation/ multiple transportation. The Seller shall be liable for any damage and loss of the goods attributable to the inadequate or improper packing. The measurement, gross weight, net weight and the cautions such as "Do not stack up side down", "Keep away from moisture", "Handle with care" shall be stenciled on the surface of each package with fadeless pigment.

唛头（Shipping Marks）：

装运期限（Time of Shipment）：

装运口岸（Port of Loading）：

目的口岸（Port of Destination）：

保险（Insurance）：

由_____按发票金额_____% 投保_____险和_____附加险。

Insurance shall be covered by the _____ for _____ % of the invoice value against _____ Risks and _____ Additional Risks.

付款条件（Terms of Payment）：

1）信用证式：买方应在装运期前 / 合同生效后____日，开出以卖方为受益人的不可撤销的议付信用证，信用证在装船完毕后____日内到期。

Letter of Credit: The Buyer shall, _____ days prior to the time of shipment /after this Contract comes into effect, open an irrevocable Letter of Credit in favor of the Seller. The Letter of Credit shall expire ____ days after the completion of loading of the shipment as stipulated.

2）付款交单：货物发运后，卖方出具以买方为付款人的付款跟单汇票，按即期付款交单（D/P）式，通过卖方银行及_____银行向买方转交单证，换取货物。

Documents against payment: After shipment, the Seller shall draw a sight bill of exchange on the Buyer and deliver the documents through Sellers bank and _____ Bank to the Buyer against payment, i.e. D/P. The Buyer shall effect the payment immediately upon the first presentation of the bill(s) of exchange.

3）承兑交单：货物发运后，卖方出具以买方为付款人的付款跟单汇票，付款期限为_____后_____日，按即期承兑交单（D/A_____日）式，通过卖方银行及_____银行，经买方承兑后，向买方转交单证，买方在汇票期限到期时支付货款。

Documents against Acceptance: After shipment, the Seller shall draw a sight bill of exchange, payable_____ days after the Buyers delivers the document through Seller's bank and _____Bank to the Buyer against acceptance (D/A ___ days). The Buyer shall make the payment on date of the bill of exchange.

4）货到付款：买方在收到货物后_____天内将全部货款支付卖方（不适用于 FOB、CRF、CIF 术语）。

Cash on delivery (COD): The Buyer shall pay to the Seller total amount within _____ days after the receipt of the goods (This clause is not applied to the Terms of FOB, CFR, CIF).

单据（Documents Required）：

卖方应将下列单据提交银行议付 / 托收：

The Seller shall present the following documents required to the bank for negotiation/collection:

5）标明通知收货人 / 收货代理人的全套清洁的、已装船的、空白抬头、空白背书并注明运费已付 / 到付的海运 / 联运 / 陆运提单。

Full set of clean on board Ocean/Combined Transportation/Land Bills of Lading and blank endorsed marked freight prepaid/ to collect;

6）标有合同编号、信用证号（信用证支付条件下）及装运唛头的商业发票一式 ＿＿＿＿＿ 份。

Signed commercial invoice in ＿＿＿＿＿copies indicating Contract No., L/C No. (Terms of L/C) and shipping marks;

7）由＿＿＿＿＿＿＿出具的装箱或重量单一式 ＿＿＿＿＿＿ 份。

Packing list/weight memo in ＿＿＿＿＿ copies issued by＿＿＿＿＿.

8）由＿＿＿＿＿＿＿出具的质量证明书一式 ＿＿＿＿＿＿ 份。

Certificate of Quality in ＿＿＿＿＿ copies issued by ＿＿＿＿＿ .

9）由＿＿＿＿＿＿＿出具的数量证明书一式 ＿＿＿＿＿＿ 份。

Certificate of Quantity in ＿＿＿＿＿ copies issued by ＿＿＿＿＿ .

10）保险单本一式 ＿＿＿＿＿＿ 份 (CIF 交货条件)。

Insurance policy/certificate in ＿＿＿＿＿copies (Terms of CIF).

11）＿＿＿＿＿＿＿签发的产地证一式 ＿＿＿＿＿＿ 份。

Certificate of Origin in＿＿＿＿＿ copies issued by ＿＿＿＿＿ .

12）装运通知 (Shipping advice): 卖方应在交运后 ＿＿＿＿＿ 小时内以特快专递式邮寄给买方上述第 ＿＿＿＿＿＿ 项单据副本一式一套。

The Seller shall, within ＿＿＿＿ hours after shipment effected, send by courier each copy of the above-mentioned documents No. ＿＿＿＿＿＿＿.

装运条款（Terms of Shipment）：

13) FOB 交货式。卖方应在合同规定的装运日期前天，以＿＿＿＿＿＿＿方式通知买方合同号、品名、数量、金额、包装件、毛重、尺码及装运港可装日期，以便买方安排租船 / 订舱。装运船只按期到达装运港后，如卖方不能按时装船，发生的空船费或滞期费由卖方负担。在货物越过船弦并脱离吊钩以前一切费用和风险由卖方负担。

The Seller shall, days before the shipment date specified in the Contract, advise the Buyer by ＿＿＿＿＿＿ of the Contract No., commodity, quantity, amount, packages, gross weight, measurement, and the date of shipment in order that the Buyer can charter a vessel/book shipping space. In the event of the Seller's failure to effect loading when the vessel arrives duly at the loading port, all expenses including dead freight and/or demurrage charges thus incurred shall be for the Seller's account.

14) CIF 或 CFR 交货式。卖方须按时在装运期限内将货物由装运港装船至目的港。在 CFR 术语下，卖方应在装船前天以＿＿＿＿＿＿＿方式通知买方合同号、品名、发票价值及开船日期，以便买方安排保险。

The Seller shall ship the goods duly within the shipping duration from the port of loading to the port of destination. Under CFR terms, the Seller shall advise the Buyer by ＿＿＿＿＿＿＿＿ of the Contract No., commodity, invoice value and the date of dispatch two days before the shipment for the Buyer to arrange insurance in time.

装运通知（Shipping Advice）：

一旦装载完毕，卖方应在 ＿＿＿＿＿＿ 小时内以 ＿＿＿＿＿＿＿＿ 方式通知买方合同编号、品名、已发运数量、发票总金额、毛重、船名 / 车 / 机号及启程日期等。

The Seller shall, immediately upon the completion of the loading of the goods, advise the Buyer of the Contract No., names of commodity, loading quantity, invoice values, gross weight, name of vessel and shipment date by _____ within _____ hours.

质量保证（Quality Guarantee）：

货物品质规格必须符合本合同及质量保证书之规定，品质保证期为货到目的港 _____ 个月内。在保证期限内，因制造厂商在设计制造过程中的缺陷造成的货物损害应由卖方负责赔偿。

The Seller shall guarantee that the commodity must be in conformity with the quality, specifications and quantity specified in this Contract and Letter of Quality Guarantee. The guarantee period shall be _____ months after the arrival of the goods at the port of destination, and during the period the Seller shall be responsible for the damage due to the defects in designing and manufacturing of the manufacturer.

检验（Inspection）（以下两项任选一项）：

15）卖方须在装运前 _____ 日委托_____检验机构对本合同之货物进行检验并出具检验证书，货到目的港后，由买方委托_____检验机构进行检验。

The Seller shall have the goods inspected by _____ days before the shipment and have the Inspection Certificate issued by____. The Buyer may have the goods reinserted by _____ after the goods arrival at the destination.

16）发货前，制造厂应对货物的质量、规格、性能和数量 / 重量作精密全面的检验，出具检验证明书，并说明检验的技术数据和结论。货到目的港后，买方将申请中国商品检验局（以下简称商检局）对货物的规格和数量 / 重量进行检验，如发现货物残损或规格、数量与合同规定不符，除保险公司或轮船公司的责任外，买方得在货物到达目的港后 _____ 日内凭商检局出具的检验证书向卖索赔或拒收该货。在保证期内，如货物由于设计或制造上的缺陷而发生损坏或品质和性能与合同规定不符时，买方将委托中国商检局进行检验。

The manufacturers shall, before delivery, make a precise and comprehensive inspection of the goods with regard to its quality, specifications, performance and quantity/weight, and issue inspection certificates certifying the technical data and conclusion of the inspection. After arrival of the goods at the port of destination, the Buyer shall apply to China Commodity Inspection Bureau (hereinafter referred to as CCIB) for a further inspection as to the specifications and quantity/weight of the goods. If damages of the goods are found, or the specifications and/or quantity are not in conformity with the stipulations in this Contract, except when the responsibilities lies with Insurance Company or Shipping Company, the Buyer shall, within _____ days after arrival of the goods at the port of destination, claim against the Seller, or reject the goods according to the inspection certificate issued by CCIB. In case of damage of the goods incurred due to the design or manufacture defects and/or in case the quality and performance are not in conformity with the Contract, the Buyer shall, during the guarantee period, request CCIB to make a survey.

索赔（Claim）：

买方凭其委托的检验机构出具的检验证明书向卖方提出索赔（包括换货），由此引起的全部费用应由卖方负担。若卖方收到上述索赔后 _____ 天未予答复，则认为卖方已接受买方索赔。

The buyer shall make a claim against the Seller (including replacement of the goods) by the further inspection certificate and all the expenses incurred therefrom shall be borne by the Seller. The claims mentioned above shall be regarded as being accepted if the Seller fail to reply within _____days after the Seller received the Buyer's claim.

迟交货与罚款（Late delivery and Penalty）：

除合同第条不可抗力原因外，如卖方不能按合同规定的时间交货，买方应同意在卖方支付罚款的条件下延期交货。罚款可由议付银行在议付货款时扣除，罚款率按每 _____ 天收 _____%，不足 _____ 天时以 _____ 天计算。但罚款不得超过迟交货物总价的 _____%。如卖方延期交货超过合同规定 _____ 天时，买方有权撤销合同，此时，卖方仍应不迟延地按上述规定向买方支付罚款。

买方有权对因此遭受的其他损失向卖方提出索赔。

Should the Seller fail to make delivery on time as stipulated in the Contract, with the exception of Force Majeure causes specified in Clause of this Contract, the Buyer shall agree to postpone the delivery on the condition that the Seller agree to pay a penalty which shall be deducted by the paying bank from the payment under negotiation. The rate of penalty is charged at_____% for every _____ days, odd days less than _____days should be counted as _____ days. But the penalty, however, shall not exceed_____% of the total value of the goods involved in the delayed delivery. In case the Seller fail to make delivery _____ days later than the time of shipment stipulated in the Contract, the Buyer shall have the right to cancel the Contract and the Seller, in spite of the cancellation, shall nevertheless pay the aforesaid penalty to the Buyer without delay.

The buyer shall have the right to lodge a claim against the Seller for the losses sustained if any.

不可抗力（Force Majeure）：

凡在制造或装船运输过程中，因不可抗力致使卖方不能或推迟交货时，卖方不负责任。在发生上述情况时，卖方应立即通知买方，并在 _____ 天内，给买方特快专递一份由当地民间商会签发的事故证明书。在此情况下，卖方仍有责任采取一切必要措施加快交货。如事故延续 _____ 天以上，买方有权撤销合同。

The Seller shall not be responsible for the delay of shipment or non-delivery of the goods due to Force Majeure, which might occur during the process of manufacturing or in the course of loading or transit. The Seller shall advise the Buyer immediately of the occurrence mentioned above and within _____ days thereafter the Seller shall send a notice by courier to the Buyer for their acceptance of a certificate of the accident issued by the local chamber of commerce under whose jurisdiction the accident occurs as evidence thereof. Under such circumstances the Seller, however, are still under the obligation to take all necessary measures to hasten the delivery of the goods. In case the accident lasts for more than _____ days the Buyer shall have the right to cancel the Contract.

争议的解决 (Arbitration):

凡因本合同引起的或与本合同有关的任何争议应协商解决。若协商不成，应提交中国国际经济贸易仲裁委员会深圳分会，按照申请仲裁时该会现行有效的仲裁规则进行仲裁。仲裁裁决是终局的，对双方均有约束力。

Any dispute arising from or in connection with the Contract shall be settled through friendly negotiation. In case no settlement is reached, the dispute shall be submitted to China International economic and Trade Arbitration Commission (CITAC), Shenzhen Commission for arbitration in accordance with its rules in effect at the time of applying for arbitration. The arbitral award is final and binding upon both parties.

通知（Notices）:

所有通知用 _____ 文写成，并按照如下地址用传真 / 电子邮件 / 快件送达给各方。如果地址有变更，一方应在变更后 _____ 日内书面通知另一方。

All notice shall be written in _____ and served to both parties by fax/courier according to the following addresses. If any changes of the addresses occur, one party shall inform the other party of the change of address within _____days after the change.

本合同使用的 FOB、CFR、CIF 术语系根据国际商会《2000 年国际贸易术语解释通则》。

The terms FOB、CFR、CIF in the Contract are based on INCOTRMS of the International Chamber of Commerce.

附加条款 (Additional clause)：

本合同上述条款与本附加条款抵触时，以本附加条款为准。

Conflicts between Contract clause here above and this additional clause, if any, it is subject to this additional clause.

本合同用中英文两种文字写成，两种文字具有同等效力。本合同共____ 份，自双方代表签字（盖章）之日起生效。

This Contract is executed in two counterparts each in Chinese and English, each of which shall deem equally authentic. This Contract is in _____ copies, effective since being signed/sealed by both parties.

买方代表（签字）：

Representative of the Buyer

(Authorized signature):

卖方代表（签字）：

Representative of the Seller

(Authorized signature):

9.3.3　出口贸易合同

出口贸易合同跟进口贸易合同相似，只是买卖双方名字交换的问题。

一般进口合同要求尽量严格，出口合同尽量简单。

实训安排

1. 合同填制

按任务 9.3 中的情境导入要求，参照图 9-1，填制合同。

2. 小组讨论

进出口贸易合同填制时都要注意哪些问题？

实训指导

实训教师指导每位学生进行进出口合同填制，填制完成后小组讨论进出口贸易合同填制过程中都有注意哪些问题并进行汇报。实训中，实训教师多提供几种贸易交易情境，亦可让学生自行制定，多多练习进口、出口合同的填制，特别是个别条款的确定。

学生实训过程中应牢牢掌握合同的形式，合同的内容，注意填制合同的一些问题。学生可以自行设计合同样式，锻炼自主能力。

作业点评

1）学生填制进口、出口合同的正确性。

2）在填制过程中将应该注意的问题进行小组汇报，同学互评，教师点评。

业务操作

填制贸易合同

2001年10月上海新发展进出口贸易实业有限公司收到新加坡海外贸易有限公司（OVERSEAS TRADEING CORPORATION，SINGAPORE）电洽购买美加净牙膏，货号为 NW101（MAXAM TOOTH PASTE, ART. NO.NW101），其往来电文如下，请翻译并根据双方磋商结果签订货书一份。

Oct.9

Incoming

MAXAM TOOTH PASTE ART101 PLEASE CABLE PRESENT PRICE AND AVAILABLE QUANTITY FOR DEC.

Oct.10

Outgoing

YOURS NINTH MAXAM TOOTH PASTE ART NO.NW101 IN CARTONS OF SIX DOZENS EACH REFERENCE PRICE HK DOLLARS 120 PER DOZ CIFC5% SINGAPORE SHIPMENT DEC.

Oct.11

Incoming

YOURS TENTH INTERESTED 10，000 CARTONS PLEASE OFFER FIRM.

Oct.12

Outgoing

YOURS ELEVENTH OFFER SUBJECT REPLY HERE THIRTEENTH 10,000 CARTONS HKD 120 PER DOZ CIFC5% SINGAPORE PAYMENT BY IRREVOCABLE SIGHT L/C SHIPMENT WITHIN 30 DAYS AFTER RECEIPT L/C.

Oct.13

Incoming

YOURS TWELFTH HKD 115 PER DOZ INSURANCE 110 PERCENT INVOICE VALUE AGAINST ALL RISKS AND WAR RISKS PAYMENT BY L/C AT 30 DAYS SIGHT PLEASE CABLE REPLY IMMEDIATELY.

Oct.14

Outgoing

YOURS THIRTEENTH HKD 118 PAYMENT AS USUAL SIGHT CREDIT REPLY HERE FIFTEENTH.

Oct.15

Incoming

YOURS FOURTEENTH L/C OPENING PLEASE CABLE CONTRACT NUMBER.

Oct.16

Outgoing

YOURS FIFTEENTH S/C NUMBER 01XDTTD-14778

公司

售货确认书

SALES CONFIRMATION

编号 NO：   日期 DATE：

致 TO：

确认售予你方下列货物，其条款如下：

We hereby confirm having sold to you the following goods on terms and conditions as stated below:

1）货物名称及规格、包装	2）数量 Quantity	3）单价 Unit Price	4）总值 Total Amount

合同总额 Contract Value

5）装运 Shipment:

6）保险 Insurance:

7）付款 Payment:

8）原产国 Country of Origin：

备注 Remarks:

请签退一份以供存档。

Please sign and return one for our file.

BUYERS: SELLERS：

DATE: DATE:

小　结

本项目活动主要包括进出口合同的结构、订立、填制与履行，其中合同的结构包括首部、主文、结尾三部分。学生需能划分合同的结构，并且能根据合同的结构，结合实际情况进行国际贸易合同的起草、填制；知道合同的履行过程，会对合同履行过程中出现的各种问题进行模拟处理。

思考与练习

一、不定项选择题

1. 合同成立的时间以（　　）为准。

　　A．签约时合同上所写明日期　　　　B．口头协议日期

　　C．收到对方确认合同的日期　　　　D．任意一天

2. 以下说法错误的是（　　）。

　　A．合同内容必须合法　　　　　　　B．合同必须有约因

　　C．合同无须有对价　　　　　　　　D．合同必须符合法律规定

3. 违约责任的承担形式有（　　）。

　　A．继续履行　　　　B．损害赔偿　　　　C．要求支付违约金　　　D．解除合同

4. 索赔的第一要点是（　　）。

　　A．认定基本事实　　　B．确定责任　　　C．找到依据

5. 合同首部包括（　　）。

　　A．合同双方　　　　B．签约意图　　　　C．合同编号　　　　　D．时间

6. 合同主文包括（　　）。

　　A．价格条款　　　　　　　　　　　　B．付款方式

　　C．交货期　　　　　　　　　　　　　D．品质、数量、包装条款

7. 价格条款对价格的规定有固定价、暂定价、滑动价、暂不定价四种方法，一般多采用（　　）。

　　A．固定价　　　　　B．暂定价　　　　C．滑动价　　　　　D．暂不定价

8. 合同结尾包括（　　）。

　　A．文字　　　　　　B．签署　　　　　C．合同内容　　　　D．违约条款

二、判断题

1. 合同当事人表示必须真实，否则合同无效。　　　　　　　　　　　　　　（　　）

2. 合同可随意转给第三方，无须得到其他人的同意。　　　　　　　　　　（　　）

3. 不可抗事故是双方不能预见、无法预防的。　　　　　　　　　　　　　（　　）

4. 商品数量条款对于重量应说明是按毛重还是净重。　　　　　　　　　　（　　）

5. 合同终止条款可订明在双方认可的情况下合同终止的条件，或有效期满自动终止。

　　　　　　　　　　　　　　　　　　　　　　　　　　　　　　　　　（　　）

三、简答题

1. 可免除责任的不可抗力事故必须符合哪些条件？

2. 违约责任的承担形式有哪些？

3. 什么是仲裁？有哪些特点？

第 3 篇

DI SAN PIAN

进出口合同的履行

项 目 *10*

进出口商品货源组织

→ **学习目标**

　　了解商品相关知识，掌握商品采购策略及采购管理，能够认识到国际贸易中商品货源组织管理的重要性，掌握实务操作技能。

任务 10.1　了解商品知识

情境导入

　　请学习认识以下各国（地区）认可的质量标志。

照明行业各国（地区）质量认可标志

国家/地区 Country & Region	认可标志 Mark	国家/地区 Country & Region	认可标志 Mark
中国 China	CCC CCC CB	法国 France	NF
欧洲 Europe	CE En/en	荷兰 Holland	KEMA KEUR
德国 Germany	VDE	瑞士 Switzerland	S
美国 USA	UL FC ETL	奥地利 Austria	ÖVE
日本 Japan	PSE PSE	意大利 Italy	
加拿大 Canada	CSA	俄罗斯 Russia	PCT
巴西 Brasil	INMETRO UC	澳大利亚 Australia	C
挪威 Norway	N	韩国 Korea	MIC K

丹 麦 Demark	Ⓓ	新加坡 Singapore	Ⓢ SAFETY MADE 123456-00
芬 兰 Finland	Ⓕ	以色列 Israel	Ⓜ
瑞 典 Sweden	Ⓢ	南 非 South Africa	SABS
英 国 England	▽	阿根廷 Argentina	Ⓦ Ⓒ
比利时 Belium	CEBDC		

资料来源: http://www.bjludeng.com/gsnews/TT1.html

商品是指用来交换、能够满足人们某种欲望和需求的产品。

10.1.1 商品的分类

商品种类繁多，据不完全统计，在市场上流通的商品有 25 万种以上。为了方便消费者购买，有利于商业部门组织商品流通，提高企业经营管理水平，须对众多的商品进行科学分类。

商品分类依据是分类的基础。商品的用途、原材料、生产方法、化学成分、使用状态等是这些商品最本质的属性和特征，是商品分类中最常用的分类依据。

1. 按商品用途分类

一切商品都是为了满足社会上的一定用途而生产的，因此商品的用途是体现商品使用价值的标志，也是探讨商品质量的重要依据，因此被广泛应用于商品的研究、开发和流通。它不仅适合对商品大类的划分，也适用于商品种类、品种的进一步详细划分。

> 想一想
> 商品分类的意义？

优点：按商品用途分类，便于比较相同用途的各种商品的质量水平和产销情况、性能特点、效用，能促使生产者提高质量、增加品种，并且能方便消费者对比选购，有利于生产、销售和消费的有机衔接。但对贮运部门和有多用途的商品不适用。

2. 按商品原材料分类

商品的原材料是决定商品质量和性能的重要因素，原材料的种类和质量不同，因而成分、性质、结构不同，使商品具有截然不同的特征。选择以原材料为标志的分类方法是商品的重要分类方法之一。此种分类方法适用那些原材料来源较多、且对商品性能起决定作用的商品。

以原料为标志分类的优点很多，它分类清楚，还能从本质上反映出各类商品的性能、特点，为确定销售、运输、储存条件提供了依据，有利于保证商品流通中的质量。但对那些用多种原材料组成的商品，如汽车、电视机、洗衣机、电冰箱等不宜用原材料作为分类标志。

3. 按商品生产方法分类

很多商品即便采用相同的原材料，由于生产方法不同，也会使商品具有不同的质量特征，从而形成不同的品种。

按生产方法分类，特别适用于原料相同，但可选用多种工艺生产的商品，优点是因为生产方法、工艺不同，突出了商品的个性，有利于销售和工艺的革新。但对于那些虽然生产方法有差别但商品性能、特征没实质性区别的商品不宜采用，如平板玻璃可用浮法或垂直引上法。

4. 商品的化学成分分类

由于商品中所含化学成分的种类和数量对商品质量、性能、用途等有着决定性的或密切的影响，故按化学成分的分类方法便于研究和了解商品的质量、特性、用途、效用和储存条件。它是研究商品使用价值的重要分类方法。

有些商品，它们的主要成分虽然相同，但由于含有某种特殊成分，而使商品的质量、性能和用途完全不同。因此商品的特殊成分也可用作分类的标志。如合金钢，主要的成分为铁，但由于合金元素种类不同，使之用途、性质不同。

优点：能反映商品的本质特性，对于深入研究商品的特性、保管和使用方法以及开发新品种、满足不同消费者的需要等具有重要意义，但对化学成分复杂的商品（如水果、蔬菜、粮食等）或化学成分区分不明显的商品（收音机）则不适用。

10.1.2　商品分类的层次

1）大类：体现商品生产和流通领域的行业分工，如五金类、化工类、食品类、水产类等。

2）中类（商品品类）：体现具有若干共同性质或特征商品的总称，如食品类商品又可分为蔬菜和水果、肉和肉制品、乳和乳制品、蛋和蛋制品等。

3）小类（商品品种）：对中类商品的进一步划分，体现具体的商品名称，如酒类商品分为白酒、啤酒、葡萄酒、果酒等。

4）商品细目：对商品品种的详尽区分，包括商品的规格、花色、等级等，更具体地体现商品的特征，如 60° 高杯牌五粮液。

10.1.3　商品条码

商品条形码是指由一组规则排列的条、空及其对应字符组成的标识，用以表示一定的商品信息的符号，其中条为深色、空为纳色，用于条形码识读设备的扫描识读。其对应字符由一组阿拉伯数字组成，供人们直接识读或通过键盘向计算机输入数据使用。这一组条空和相应的字符所表示的信息是相同的。

条形码技术是随着计算机与信息技术的发展和应用而诞生的，它是集编码、印刷、识别、数据采集和处理于一身的新型技术。

1. 条码种类

目前世界上常用的码制有 ENA 条形码、UPC 条形码、二五条形码、交叉二五条形码、库德巴条形码、三九条形码和 128 条形码等，而商品上最常使用的就是 EAN 商品条形码。

EAN 商品条形码亦称通用商品条形码，由国际物品编码协会制定，通用于世界各地，是目前国际上使用最广泛的一种商品条形码。我国目前在国内推行使用的也是这种商品条形码。EAN 商品条形码分为 EAN-13（标准版）和 EAN-8（缩短版）两种。

1）EAN-13（图 10-1）通用商品条形码一般由前缀部分、制造厂商代码、商品代码和校验码组成。商品条形码中的前缀码是用来标识国家或地区的代码，编码权在国际物品编码协会，如 00-09 代表美国、加拿大。45-49 代表日本。690-692 代表中国大陆，471 代表中国台湾地区，489 代表中国香港特区。制造厂商代码的赋权在各个国家或地区的物品编码组织，我国由国家物品编码中心赋予制造厂商代码。商品代码是用来标识商品的代码，编码权由产品生产企业自己行使，生产企业按照规定条件自己决定在自己的何种商品上使用哪些阿拉伯数字为商品条形码。商品条形码

EAN Barcode

图 10-1　商品条形码

最后用 1 位校验码来校验商品条形码中左起第 1～12 数字代码的正确性。

2）EAN-8 商品条形码是指用于标识的数字代码为 8 位的商品条形码，由 7 位数字表示的商品项目代码和 1 位数字表示的校验符组成。商品条形码的诞生极大地方便了商品流通，现代社会已离不开商品条形码。据统计，目前我国已有 50 万种产品使用了国际通用的商品条形码。我国加入世贸组织后，企业在国际舞台上必将赢得更多的活动空间。要与国际惯例接轨，适应国际经贸的需要，企业更不能慢待商品条形码。

2．条形码的原则及标准

商品条形码的编码遵循唯一性原则，以保证商品条形码在全世界范围内不重复，即一个商品项目只能有一个代码，或者说一个代码只能标识一种商品项目。不同规格、不同包装、不同品种、不同价格、不同颜色的商品只能使用不同的商品代码。

商品条形码的标准尺寸是 37.29 毫米 ×26.26 毫米，放大倍率是 0.8～2.0。当印刷面积允许时，应选择 1.0 倍率以上的条形码，以满足识读要求。放大倍数越小的条形码，印刷精度要求越高，当印刷精度不能满足要求时，易造成条形码识读困难。

由于条形码的识读是通过条形码的条和空的颜色对比度来实现的，一般情况下，只要能够满足对比度（PCS 值）的要求的颜色即可使用。通常采用浅色作空的颜色，如白色、橙色、黄色等，采用深色作条的颜色，如黑色、暗绿色、深棕色等。最好的颜色搭配是黑条白空。根据条形码检测的实践经验，红色、金色、浅黄色不宜作条的颜色，透明、金色不能作空的颜色。

3．部分国家和地区（EAM）成员的条形码前缀码

国家/地区	前缀码	国家/地区	前缀码	国家/地区	前缀码
美国、加拿大	00-09	以色列	729	丹麦	57
（店内码）	20-29	委内瑞拉	759	挪威	70
日本	45-49	乌拉圭	773	瑞士	76
比利时/卢森堡	54	玻利维亚	773	西班牙	84
芬兰	64	智利	780	奥地利	90-91
瑞典	73	厄瓜多尔	786	新西兰	94
意大利	80-83	古巴	850	斯洛文尼亚	383
荷兰	87	捷克	859	德国	400-440
澳大利亚	93	韩国	880	中国台湾	471
保加利亚	380	新加坡	888	拉脱维亚	475
克罗地亚	385	马来西亚	893	斯里兰卡	479
俄罗斯	460-469	越南	977	中国香港	489
爱沙尼亚	474	墨西哥	750	塞浦路斯	529
立陶宛	477	哥伦比亚	770	马耳他	535
菲律宾	480	秘鲁	775	葡萄牙	560
希腊	520	阿根廷	779	波兰	590
马其顿	531	巴拉圭	784	匈牙利	599
爱尔兰	539	巴西	789	毛里求斯	609
冰岛	569	斯洛伐克	858	阿尔巴尼亚	613
罗马尼亚	594	南斯拉夫	86	中国大陆	690-692
南非	600-601	泰国	885	法国	30-37

| 摩洛哥 | 611 | 印度 | 890 | 英国 | 50 |
| 土耳其 | 619、869 | 印度尼西亚 | 899 | | |

10.1.4　商品质量认证

1.　商品质量认证的概念

国际标准化组织给现代商品质量认证下的定义是：由可以充分信任的第三方证实某一经鉴定的产品或服务符合特定标准或其他技术规范的活动。

我国 1991 年发布的《中华人民共和国产品质量认证管理条例》第二条规定：产品质量认证是依据产品标准和相应技术要求，经认证机构确认并通过颁发认证证书和认证标志来证明某一产品符合相应标准和相应技术要求的活动。

《中华人民共和国产品质量法》第十四条规定：国家根据国际通用的质量管理标准，推行企业质量体系认证制度。企业根据自愿原则可以向国务院产品质量监督部门认可的或者国务院产品质量监督部门授权的部门认可的认证机构申请企业质量体系认证。经认证合格的，由认证机构颁发企业质量体系认证证书。

2.　常见的安全认证

FCC 认证：FCC（Federal Communications Commission，美国联邦通信委员会）通过控制无线电广播、电视、电信、卫星和电缆来协调国内和国际的通信。

CSA 认证：CSA（Canadian Standards Association）提供对机械、建材、电器、电脑设备、办公设备、环保、医疗防火安全、运动及娱乐等方面的所有类型的产品提供安全认证。

CE 认证：CE（Conformite Europeenne）提供产品是否符合有关欧洲指令规定的主要要求。

TUV 认证：TUV 提供对无线电及通讯类产品认证的咨询服务。

UL 认证：UL（Underwriter Laboratories Inc.）采用科学的测试方法来研究确定各种材料，装置，产品，设备，建筑等对生命，财产有无危害和危害的程度；确定，编写，发行相应的标准和有助于减少及防止造成生命财产受到损失的资料，同时开展实情调研业务。

图 10-2　常见的安全认证标志

常见的安全认证标志如图 10-2 所示。

3.　商品质量认证的分类

1）按认证的范围分类，可以分为国家认证、区域性认证和国际认证。

如区域性认证：欧洲标准化组织"CEN"的"CE"认证和欧盟绿色认证。

2）按照认证的性质分类，可以分为安全认证和合格认证两类。

4.　质量认证的主要类型

世界各国实行的质量认证制度主要有八种。

第一种，型式检验。按规定的检验方法对产品的样品进行检验，以证明样品符合标准或技术规范的全部要求。

第二种，型式检验加认证后监督——市场抽样检验。这是一种带监督措施的型式检验。监督的办法是从市场上购买样品或从批发商、零售商的仓库中抽样进行检验，以证明认证产品的质量持续符合标准或技术规范的要求。

第三种，型式检验加认证后监督——工厂抽样检验。这种质量认证制和第二种相类似，只是监督的方式有所不同，不是从市场上抽样，而是从生产厂发货前的产品中抽样进行检验。

第四种，型式检验加认证后监督——市场和工厂抽样检验。这种认证制是第二、三两种认证制的综合。

第五种，型式检验加工厂质量体系评定加认证后监督——质量体系复查加工厂和市场抽样检验。此种认证制的显著特点是，在批准认证的条件中增加了对产品生产厂质量体系检查评定，在批准认证后的监督措施中也增加了对生产厂质量体系的复查。

第六种，工厂质量体系评定。这种认证制是对生产厂按所要求的技术规范生产产品的质量体系进行检查评定，批准认证后对该体系的保证性进行监督复查，此种认证制常称之为质量体系认证。

第七种，批验。根据规定的抽样方案，对一批产品进行抽样检验，并据此做出该批产品是否符合标准或技术规范的判断。

第八种，百分之百检验。对所有产品逐一检验，对检验结果进行标准或技术评判。

5. 商品质量认证标志

1）国内商品质量认证标志主要有：CCC 中国强制性认证标志（图 10-3）；食品包装 CQC 标志认证；有机食品认证标志；绿色食品标志。

2）国际商品质量认证标志主要有：UL 认证标志；CE 标志；GS 标志；TUV 标志；VDE 标志；EMC 认证标志；JIS 标志；国际羊毛标志；BEB 标志；NF 标志；GBS 标志；GOST 标志；SG 安全认证；CB 标志；Nordic 标志。

6. 我国认证标志的形式

我国认证标志分为方圆标志、长城标志和 PRC 标志。

1）方圆标志（图 10-4）分为合格认证标志和安全认证标志。一是 Q 标志，属于合格认证标志，是中国方圆标志认证委员会和中国水泥产品认证委员会颁发的，主要用于除电子元器件以外的合格产品认证；二是 S 标志，属于安全认证标志，是中国方圆标志认证委员会和中国橡胶避孕套质量认证委员会颁发的。

2）长城标志（图 10-5）为电工产品专用认证标志。长城标志的颜色及其印制，应当遵守国务院标准化行政主管部门以及中国电工产品认证委员会有关认证标志管理办法的规定。用于以下 10 种产品，即电线电缆、低压电器、电动工具、电焊机、插头、插座、分马力电机、家用电器、电视机、电子元器件、录音机。

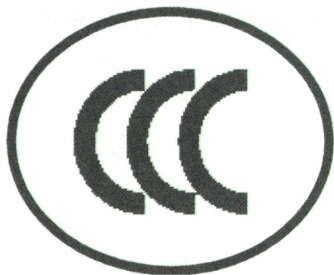

图 10-3　3C 认证标志　　　　图 10-4　方圆安全认证标志　　　　图 10-5　长城认证标志

3）PRC 标志为电子元器件专用认证标志。PRC 标志的颜色及其印制，应当遵守国务院标准化行政主管部门以及中国电子元器件质量认证委员会有关认证标志管理办法的规定。用于以下产品，即半导体、分立器件、集成电路、阴极射线管、固定电阻器、电位器、固定电容器、频率元件、变压器、电感器、低频连接器、电声器件、继电器、线材印刷、电路板、其他电子器件，如拉杆天线等。

实训安排

1. 查找资料

➤ 商品分类的意义？

➤ 图片说明各种类型的条码。

➤ 在我国使用认证标志应注意什么问题？

2. 解释说明

➤ 图 10-1 商品条码的数字都代表什么？

➤ 沃尔玛超市或你附近超市的商品是如何归类的？

3. 识图竞赛

请说出下图都是什么标志？

| (1) | (2) | (3) | (4) | (5) |

| (6) | (7) | (8) | (9) |

4. 案例指导

外包装上贴着原装进口的标志和中国总经销公司名称和地址的奶粉，是否可以使用中国国内的商品条码？在不久前发生的一起案例中，执法人员将这家公司的奶粉判定为假冒原装进口商品。中国物品编码中心有关人士认为，这起案例反映出个别执法人员对实施多年的《商品条码管理办法》相关规定的理解还存在着偏差。

这家公司销售商品的产地均来自欧洲和澳大利亚。执法人员因为这些商品使用的是中国国内的商品条码而扣压了该公司的一批"问题奶粉"。后经该公司解释，才没有造成执法的失误。

分析：

国际物品编码协会为加入该组织的各个国家或地区分配了一个或几个前缀码，我国的前缀码为 690-692。前缀码并不代表产品的原产地，只代表管理商品条码的国家或地区的编码组织。

原装进口或中外合资的知名奶粉品牌中，产于荷兰原装进口的美素使用的商品条码的前缀码为87，即荷兰的商品条码；产于上海中美合资的惠氏，产于黑龙江中瑞合资的雀巢，产于上海中美合资的多美滋，产于广州中美合资的美赞臣等诸多品牌使用的都是690码，即中国的商品条码；产于湖南中澳合资的澳优，分别使用了中国的690码和澳大利亚的93码。上述案件涉及公司的奶粉是原装进口的奶粉，使用的是中国的690码，在诸多品牌中确属比较特殊的。执法人员理解上的偏差，与这种比较特殊的商品条码的使用应不无关系。

商品的产地在外国而使用中国的商品条码，符合我国《商品条码管理办法》的规定。该《办法》第六条规定："依法取得营业执照和相关合法资质证明的生产者、销售者和服务提供者，可以申请注册厂商识别代码。"中国物品编码中心是代表我国加入国际编码协会的机构，根据国际编码组织管理准则，条形码最好以所在销售国的条形码为主，但同时也允许以原生产国条形码为产品条形码。这是为了便于各国对商品条码的管理。该公司其商品包装、商标及标签均取得国家主管部门批准，使用中国的商品条码，不仅合法，还是国际编码组织准则中认为"最好"的商品条码使用模式。

实训指导

实训教师带领学生了解相关商品知识，如商品如何分类、商品条码、商品的质量认证。教师可以使用讨论或竞赛的方式来帮助学生理解相关知识。

学生在实训过程中须注重掌握商品分类方法和质量认证标志，明确部分商品需要哪些质量认证。

作业点评

1）各小组将查询资料和解说资料整理成 PPT 文档，演示说明。
2）对于质量认证标志可采用小组竞赛或个人竞赛方法进行。
3）教师把握各小组对知识的掌握、查询资料的详细程度、表达问题的清晰度。

任务 10.2 进出口商品的采购管理

情境 导入

根据各小组成立的贸易公司采购环节要求，请思考在进出口商品经营过程中，如何进行采购管理？各小组可通过网络寻找沃尔玛等大型连锁企业的采购管理案例，结合案例谈谈自己成立的公司如何进行采购管理，一个好的采购人员如何开展采购工作？

随着国际贸易的发展和壮大，商品采购与商品销售有着同等的重要性，商品采购成为对外贸易的重要一环。采购是企业经营活动中一项必不可少的基础工程，它已成为一门专门的学问——采购学。一个企业不能只重视商品销售而忽视商品采购，否则就会给整体经营造成重大损害。

在对外贸易中所进行的进出口采购，就是所谓的全球采购，是指在全球范围内寻找供应商，寻找质量最好、价格最合理的产品。也就是说，你这辆车的发动机可能是德国本土造的，而电器设备是马来西亚产的，轮胎是日本产的，汽车的座椅是中国台湾产的等等，真可谓是"万国"产品。

10.2.1　采购管理

采购管理是计划下达、采购单生成、采购单执行、到货接收、检验入库、采购发票的收集到采购结算的采购活动的全过程，对采购过程中物流运动的各个环节状态进行严密的跟踪、监督，实现对企业采购活动执行过程的科学管理。

1. 采购管理的三个组件

（1）采购计划管理

采购计划管理对企业的采购计划进行制定和管理，为企业提供及时准确的采购计划和执行路线。采购计划包括定期采购计划（如周、月度、季度、年度）、非定期采购任务计划（如系统根据销售和生产需求产生的）。通过对多对象多元素的采购计划的编制、分解，将企业的采购需求变为直接的采购任务，系统支持企业以销定购、以销定产、以产定购的多种采购应用模式，支持多种设置灵活的采购单生成流程。

（2）采购订单管理

采购订单管理以采购单为源头，对从供应商确认订单、发货、到货、检验、入库等采购订单流转的各个环节进行准确的跟踪，实现全过程管理。通过流程配置，可进行多种采购流程选择，如订单直接入库，或经过到货质检环节后检验入库等。在整个过程中，可以实现对采购存货的计划状态、订单在途状态、到货待检状态等状态的监控和管理。采购订单可以直接通过电子商务系统发向对应的供应商，进行在线采购。

（3）发票校验

发票管理是采购结算管理中重要的内容。采购货物是否需要暂估，劳务采购的处理，非库存的消耗性采购处理，直运采购业务，受托代销业务等均是在此进行处理。通过对流程进行配置，允许用户更改各种业务的处理规则，也可定义新的业务处理规则，以适应企业业务不断重组，流程不断优化的需要。

2. 采购管理的三个层次

（1）交易管理，简单购买

较初级的采购管理多为对每个交易的实施和监督，其特征为：

- 围绕着采购订单（PO，purchase order）；
- 较容易与供应商讨价还价；
- 仅重视诸如价格，付款条件，具体交货日期等一般商务条件；
- 被动地执行配方和技术标准。

（2）采购管理

随着对前期大量订单的经验总结和汇总以及管理技能的提高，管理人员意识到供应商管理的重要性，同时，根据自身的业务量分析（ABC法），整个供应链系统的要求，合理分配自身的资源，开展多个专案管理。这个阶段的特征为：

- 围绕着一定时间段的采购合同，试图与供应商建立长久的关系；
- 加强了对供应商其他条件的重视，如订单采购周期（lead time）、送货、经济批量、最小订单量和订单完成率；
- 重视供应商的成本分析；
- 开始采用了投标手段；
- 加强了风险防范意识。

（3）策略性采购（供应链管理）

目前比较新的采购管理概念是策略性采购，其特征是：

想一想

OEM 指什么？

- 与供应商建立策略性伙伴关系；
- 更加重视整个供应链的成本和效率管理；
- 与供应商共同研发产品及其对消费者的影响；
- 寻求新的技术和材料替代物，OEM 方式的操作；
- 充分利用诸如跨地区，跨国家的公司（工厂）的集团力量集中采购；
- 更为复杂，广泛的应用投标手段。

其中，集中采购的手段正被越来越多的公司采用。集中的概念事实上包含两层含义：集中集团内各分公司/各工厂的采购量，采购量集中给少数的供应商，以图获取规模效应带来的节省。更进一步的工作，是尽可能地减少材料的规格或标准，以图从供应商在原料采购和生产加工收益中带来节省。

10.2.2 国际采购的程序

国际采购的程序如图 10-6 所示。

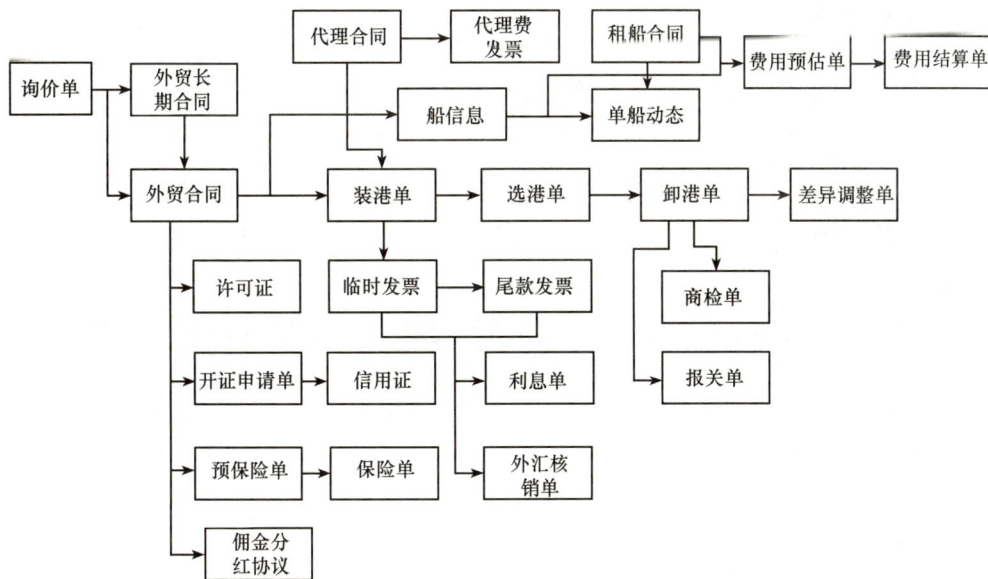

图 10-6 国际采购流程图

相比国内采购而言，国际采购因为受到国际贸易规则、惯例、海关监管措施等约束，其操作比较程序化和规范化。由于国际贸易的风险性和复杂性，国际采购在企业内部的管理程序和政府监管手续等方面要求非常严格。

1）确定需求：采购科汇总。

2）详述产品质量及规格：作为采购人员的采购依据。

3）制订采购计划：将具体任务以采购任务单的形式发给每个采购人员，采购人员再制订具体的采购工作计划。

4）联系供应商。

5）同供应商洽谈、成交，最后签订订货合同。

6）进货与到货验收、入库。

7）支付货款。

8）事后处理与采购评价：使用者意见和各供应商的履约情况等。

知识点

采购的原则

5R 原则：适时、适量、适质、适价、适地。

意思为：从适当的供应商（right place），在确保适当的品质（right quality）下，于适当的时间（right time），以适当的价格（right price），获得适当的数量（right quantity）的物料或服务所采取的一系列管理活动，即采购的"5R"原则。

实训安排

1. 查找资料

➤ 国际采购与国内采购的区别？

➤ 国际采购应注意哪些问题？

2. 分析说明

➤ 国际招标是否是国际采购的有效方式？

➤ 说明国际采购流程。

实训指导

实训教师指导学生了解国际采购的程序性和复杂性，熟悉国际采购流程。教师可以提供情境让学生讨论国际采购的意义和有效方式。

学生实训过程中应注意了解国际采购的意义，牢牢掌握采购流程，能够熟练说明采购流程并提出采购中应注意的问题。

作业点评

1）各小组将查询资料整理成 PPT 文档，演示说明。

2）是否熟悉采购流程图。

3）分析问题是否合理。

任务 10.3 采购策略

情境 导入

采 购 策 划

请根据自己所成立公司的经营特点，制定相应的采购策略和供应商选择策略，并加以展示。

10.3.1 全球采购策略的主要运作模式

在全球经济一体化的背景下，全球采购运作的方式或者说策略形式主要有三种方式。

第一，以生产者驱动的全球采购活动及其策略。这种方式主要出现在资本和技术密集型的行业中，如汽车、飞机、信息产品、重型设备等行业。在这些领域里，以制造能力而突出的大型跨国公司，成为全球采购网络的核心，在全世界范围内进行最为有利的采购活动或最佳的采购活动，从而使得供应链形成最佳的竞争优势。

第二，以购买者驱动的跨国采购活动或全球采购活动。这里是指以批发商、零售商和贸易公司为核心而进行全球采购活动和由此形成全球采购供应网络。这种采购一个非常突出的特点就是以这些零售商、批发商和贸易公司所掌握市场需求的特点来提出对商品的包括样式、规格、质量、标准方面的要求，然后在全球范围内寻找最好的生产者或者供应商，最后销售到全球的市场中。这种采购方式在那些劳动密集型的行业中和消费品行业中有着非常主要的表现。比如说家电、服装、鞋、玩具和家庭日常用品方面，这种以购买者驱动型的全球采购和跨国采购是非常活跃的。值得注意的是在过去的一年里，全球最大的零售企业沃尔玛、家乐福等国际著名的零售企业纷纷来中国进行大规模的采购活动，说明全球采购网络正在加速向中国市场延伸。

第三，专业化的国际采购组织和国际经纪人所从事的全球采购和跨国采购。因为无论在中国还是在全世界，为数众多的还是那些中小企业，中小企业也存在着合理利用全球资源的要求和希望。而这些企业如果自己来进行全球化的采购，一方面成本过高，另一方面就是缺乏充足的信息和专业人才。因此，面对这样的需求，在国际贸易领域中一些专业性的采购组织和采购经纪人就应运而生，成为面向中小企业的采购供应商。这些国际采购组织和经纪人往往经常出现在各个国家的展会上或者以组团的方式来到世界各国，特别是到发展中国家来寻求商机。

10.3.2 采购策略浅析

1. 影响性较小的采购

影响性较小的采购部分，其金额虽然不高，但是，也必须确认所取得的价格与一般市售价格比较，是属于公平合理的价格。采购人员切记，勿让花费在价格分析上的成本高于采购的实际金额。

[策略]：采用快速、低成本的价格分析方法。

1）比较分析各供应商报价。

2）比较目录或市场价格。

3）比较过去的采购价格记录。

4）比较类似产品采购的价格。

2．杠杆采购

杠杆采购指的是长期持续性的随机采购，但却不愿意与供应商维持比较密切的合作关系。这可能是对价格的波动特别敏感，或是产品上市的寿命非常短所导致，使得采购不得不随时寻找价格最低的供应商以兹因应。因此，采购人员需要花费较多时间来进行价格上的分析。

[策略]：采用价格分析并以成本分析为辅助工具。

1）价值分析。

2）分析供应商提供的成本结构。

3）进行成本估算。

4）计算整体拥有成本。

3．重要计划的采购

重要计划的采购包括一次性，或非经常性的花费，通常其采购金额都相当大，如主要机器设备、资讯系统、或厂房设施等。

[策略]：采用成本分析为主要方法。

1）计算整体拥有成本。

2）分析整个供应链的成本结构。

3）如果重要计划的采购案一旦变成重复性的例行采购，则必须考虑使用策略性采购中所提的方法。

4．策略性采购

策略性采购代表非常重要的持续性采购。采购人员较希望与供应商建立长期，或许联盟性质的关系。公司应该花较多时间在成本与价格分析上，这是因为所收到的效益会比较大。

[策略]：采用成本分析为主要方法。

1）分析供应商伙伴的详细成本资料，并找出可能改善的部分。

2）计算整体拥有成本。

3）分析整个供应链的成本结构。

4）使用目标成本法。

5）让采购或/及供应商早期参与新产品开发。

10.3.3　国际供应商的选择

1．选择供应商应考虑的因素

1）设备能力。

2）质量保证。

3）财务状况。

4）成本结构。

5）供应商的价值分析开展情况。

6）生产作业计划与控制。

7）合同执行情况。

8）供应商的资信。

9）供应商所在国的相关政策及技术标准。

10）价格、服务、质量、区位、供应商存货政策、柔性。

11）第三方认证。

2．选择供应商的方法

1）定性分析方法：直观判断法，招标法和协商选择法。

2）定量分析方法：线性权重法，层次分析法，采购成本法等。

3．供应商管理

和当今流行的用来改善与客户的关系的 CRM 一样，SRM（供应商关系管理）是用来改善与供应链上游供应商的关系的，它是一种致力于实现与供应商建立和维持长久、紧密伙伴关系的管理思想和软件技术的解决方案，它旨在改善企业与供应商之间关系的新型管理机制，实施于围绕企业采购业务相关的领域，目标是通过与供应商建立长期、紧密的业务关系，并通过对双方资源和竞争优势的整合来共同开拓市场，扩大市场需求和份额，降低产品前期的高额成本，实现双赢的企业管理模式。

SRM 是一种以"扩展协作互助的伙伴关系、共同开拓和扩大市场份额、实现双赢"为导向的企业资源获取管理的系统工程。同时它又是以多种信息技术为支持和手段的一套先进的管理软件和技术，它将先进的电子商务、数据挖掘、协同技术等信息技术紧密集成在一起，为企业产品的策略性设计、资源的策略性获取、合同的有效洽谈、产品内容的统一管理等过程提供了一个优化的解决方案。它突出体现了如下特点：

1）效率与规模经济。供应商可以通过与同业的伙伴关系，运用科技的力量合力削减成本与改善效率，这在零售业中尤其盛行。例如，J. C. Penny 把其存货控制和产品补充系统与其他供应商整合在一起，这样供应链上的企业可以利用其各自的能力与资源，节省重叠的成本。

不论是通过科技让整个供给过程更为精简，或是达到研发上的规模经济，供应商之间共结伙伴关系的最重要理由是，追求更大效率与更佳生产效率的需要。就这点而言，与许多供应商－客户间伙伴关系的促成因素如出一辙，即伙伴关系是为追求更佳的生产效率而生。

2）新市场价值。在某些产业中，供应链上的企业之间的伙伴关系进入了一个更新的层次——结合力量创造更多的市场价值，为整合市场创造全新的贡献。也就是说，企业之间结合彼此的核心能力，研发新的产品或推出新的方案，在最高的层次中，这种核心能力的结合甚至会扭转整合产业的方向。从日常运营层面来看，经由合作共同创造的新的市场价值，更为结为伙伴的厂商带来强而有力的竞争优势。例如，苹果电脑、IBM 与摩托罗拉之间合作共同创造 Power PC 以及其他产品。

3）客户需求。改变和创新整个产业策略最强而有力的理由在于满足客户的期望与需求。企业之间的携手合作渐渐地成为客户的基本要求与期盼，特别是在高科技产业中这种合作尤为突出。这是由于客户所寻找的不仅仅是能提供产品与服务的供应商，更要求供应商能切入整个供给项目并有能力与他人共谋合作，客户还要求强力的伙伴关系为他们带来完整的解决方案，以及提供最优良的产品和服务。

实训安排

1．绘图

用图形说明几种采购策略的不同特点。

2．分析图例

请阅读下表，并说明在货源不等的情况下，选择供应商所要注意的问题。

比 较 项 目	多 货 源	单 货 源
风险性	小	大
供货的可靠性	高	低
讨价还价	余地较大	余地较小
采购工作量	大	小
供应商的责任心	弱	强
物资技术规范的选择余地	大	小
制造商与供应商的关系	松散	紧密

3. 情境模拟

教师规定情境，几个小组分别扮演不同的供应商，一个小组扮演采购单位，根据不同供应商的情况，选择合适的供应商。

本模拟可以相互互换角色，各小组最好都应选择一次供应商，并由其他小组进行评判。

实训指导

实训教师指导学生掌握采购策略和模式，如何选择供应商。实训教师可以提供多种情境让学生来模拟选择供应商（可以采取商谈、问卷、采访他人等方式来选择）。

学生在实训过程中重点把握采购策略和供应商选择，可以通过实训练习来加强这方面知识的理解和掌握。

作业点评

1）绘图能力。
2）情境模拟过程中各小组成员的表现。

业务操作

请分析 T 公司的问题，并帮助 T 公司提出解决方案。

T 公司的主要业务是为某世界知名整机厂制造和加工部件。在部件表面处理的工序中，需要大量使用某种耗材。整机厂在工艺手册中，详细说明了该耗材的技术参数，指定唯一的供应商是 W 公司。因此，长期以来 T 公司一直从 W 公司在英国的工厂进口这一物料。

今年 8 月，T 公司收到 W 公司的加价要求，加价幅度高达 20%。如此，不仅将大大地增加 T 公司的采购支出，而且由于 T 公司与整机厂的合作协议，这类耗材的成本是由 T 公司包干的，没法转嫁到整机厂身上，这意味着 T 公司的利润会因此降低。

T 公司的采购人员对此进行了一系列的努力。

首先，要求 W 公司解释大幅加价的理由。

其次，根据工艺手册中说明的该耗材的技术参数向相关供应商询价，了解行情。由于 T 公司在行业中的知名度和可观的使用数量，很快就收到了不少厂家的回复。在同等的规格下，价格要比 W 公司低很多，并有一些厂家积极地提供了产品的相关认证，以此说明本身的产品与 W 公司的产品质量相当甚至更好。

W 公司自恃在行业中的地位，在以前业务中一直有"牌大欺客"的作风，这次也不例外。在 T 公司的连连追问下，只简单解释加价是因为"成本增加"。因此，T 公司判断，W 公司一直作为 T 公司该物料的唯一供应商，可能认为采购方已势成骑虎，从而提价盘剥采购方。

T 公司一方面继续联系 W 公司要求解释具体是哪方面的成本增加，另一方面，向整机厂反映情况。同时，要求整机厂在手册中增加可选的供应商，引入竞争，从而打破 W 公司唯一供应的垄断地位。整机厂答复可以考虑，但表示试验新样品和认证新供应商的时间会比较长。由于 T 公司现有的库存不断减少，明显等不到新供应商通过认证进入供应商清单的那一天。

T 公司进而希望整机厂直接协调买卖双方的价格问题，或者，由整机厂牵头联合其他也使用该耗材的分包厂，跟 T 公司一起组成一个采购联盟。如果能组成联盟进行集团采购，将增加与 W 公司谈判的筹码，应该可以取得更好的价钱和服务。但整机厂的反应令人失望。这么看来，只有和 W 公司短兵相接了，谈多少是多少，谈不动就只能挨宰了。

这时，W 公司终于回复了。这次物料提价除了每年例行的 2% 的涨价以外，主要是其原料来自中国，而中国在今年的 7 月 1 日取消了出口补贴，导致成本的大幅上升。T 公司迅速查证，证实该物料的原料的确来自中国并且中国政府确实刚刚对对该原料取消了 5% 退税。这只说明 W 公司找到了个很好的机会提价，但提价的幅度不合理。

T 公司的采购人员进行了简单测算。假定中国的原料生产者为补偿退税损失而向 W 公司提价 5%，而该原料约占该耗材成本的 50%，反映为成品价格上升 2.5%，加上例行的每年涨价 2%，合计为 4.5%。考虑到英镑对人民币持续升值，保守估计 W 公司的外汇收益可以在 1.5% 左右。因此，T 公司向 W 公司还价：只同意加价 3%。

经过艰难的谈判，最后双方同意加价 5%。大致符合 T 公司的预期，节省了大量的资金。

小　结

本项目活动主要围绕国际贸易中的采购环节展开。在国际贸易中，采购对成本的控制起到至关重要的作用，成为企业不可忽视的问题。对商品的了解、使用、适当的采购策略、优秀的合作供应商将是企业经营成功的前提条件。进出口企业要加强采购管理，建立完善的管理责任制度，认真选择国内外供应商，合理选择运输路线和货款支付方式，都是企业降低成本，取得竞争优势的有力武器。在此过程中，我们还应注意选择合理的进出货渠道，建立良好的伙伴合作关系，签订高质量的商品购销合同。

思考与练习

一、不定项选择题

1. 下列商品（　　）适合以原材料来分类。
  A. 筷子　　　　　　　　B. 汽车　　　　　C. 电视机　　　　　D. 手机

2. 商品分类的层次（　　）。
  A. 大类　　　　　　　　B. 中类　　　　　C. 小类　　　　　　D. 商品细目

3. 中国条码开头是（　　）。
  A. 87　　　　　　　　　B. 00　　　　　　C. 84　　　　　　　D. 690

4. PRC 认证为（　　）。
  A. 电子元器件专用认证标志　　　　　B. 长城标志　　　　　C. 方圆标志

5. 采购管理的三个组件包括（　　）。
  A. 采购计划管理　　　B. 采购订单管理　C. 发票校验　　　　D. 采购软件管理

6. 目前比较新的采购管理的理念是（　　）。
  A. 简单购买　　　　　B. 采购管理　　　C. 策略性管理

7. 长期持续性的随机采购，但却不愿意与供应商维持比较密切的合作关系，这种采购是（　　）。
  A. 影响性较小的采购　B. 杠杆采购　　　C. 重要计划采购　　D. 策略采购

8. 选择供应商的方法是（　　）。
  A. 定量分析　　　　　B. 定性分析　　　C. 调查问卷　　　　D. 朋友介绍

9. SRM 指（　　）。
  A. 供应链管理　　　　B. 供应商管理　　C. 客户关系管理　　D. 运输管理

二、判断题

1. 商品的用途、原材料、生产方法、化学成分、使用状态等是这些商品最本质的属性和特征，是商品分类中最常用的分类依据。　　　　　　　　　　　　　　　　　　　（　　）

2. 60° 高杯牌五粮液是小类划分。　　　　　　　　　　　　　　　　　　（　　）

3. 商品上最常使用的就是 EAN 商品条形码。　　　　　　　　　　　　　（　　）

4. 690-692 代表中国大陆，471 代表中国台湾地区，489 代表中国香港特区。　（　　）

5. 方圆标志分为合格认证标志和安全认证标志。　　　　　　　　　　　　（　　）

三、简答题

1. 什么是 3C 认证？

2. 采购的原则？

3. 选择供应商应考虑的因素？

项目 11

进出口商品的保险

学习目标

了解国际货物保险的保障范围，掌握海上运输保险的三种基本险别，了解附加险和特殊险，知晓航空运输和陆上运输保险，能够根据不同商品不同的货运方式选择合适的险别。

任务 11.1　了解货运保险保障范围

情境 导入

有一批出口服装，在海上运输途中，因船体触礁导致服装严重受浸，若将这批服装漂洗后运至原定目的港所花费的费用已超过服装的保险价值。请问，其属于什么损失？

货物运输保险就是被保险人或投保人在货物运输以前，估定一定的投保金额（即保险金额）向保险人，或称承保人，即保险公司投保货物运输险。被保险人按投保金额、投保险别及保险费率，向保险人支付保险费并取得保险单据。被保险货物若在运输过程中遭受保险事故造成损失，则保险人负责对保险险别责任范围内的损失，按保险金额及损失程度赔偿保险单据的持有人。

11.1.1　货物运输保险的基本原则

1. 可保利益原则（保险利益原则）

可保利益：又称可保权益，是指投保人或被保险人对于保险标的因有利害关系而产生的为法律所承认、可以投保的经济利益。

可保利益与保险标的有着密切的关系，保险标的如果不发生保险事故，投保人或被保险人可因保险标的的安然无恙而保持或获得经济上的利益；反之，保险标的若发生保险事故，投保人或被保险人会因保险标的的受损、灭失而产生经济上的损失。

2．最大诚信原则

最大诚信原则是指：投保人和保险人在签订保险合同以及在合同有效期内，必须保持最大限度地诚意，双方都应恪守信用，互不欺骗隐瞒，保险人应当向投保人说明保险合同的条款内容，并可以就保险标的或者被保险人的有关情况提出询问，投保人应当如实告知。

3．补偿原则

保险的补偿原则是指当保险标的物发生保险责任范围内的损失时，保险人应按照保险合同条款的规定履行赔偿责任。但保险人的赔偿金额不能超过保单上的保险金额或被保险人遭受的实际损失，保险人赔偿不应使被保险人因保险赔偿而获得额外利益。

4．保险赔偿的方式（财产保险）

（1）比例赔偿方式（用于不足额保险）

它是财产保险的赔偿方式之一。一般用于不足额保险，财产保险的保险费率大小是在足额保险的基础上计算出来的，若被保险人投保不足额保险，则其支付的保险费少于足额保险的保费，因此，不能得到保险的足额赔偿。这种计算赔偿的方式对保险人和被保险人双方都是合理的。其计算公式为：

$$保险赔偿金额 = (保险金额 / 标的损失时的实际价值) \times 损失金额$$

（2）第一损失赔偿方式

这种方式又称第一危险赔偿方式。

在这种方式下，是将保险标的的价值视为两个部分，第一部分为保险金额限度内的部分，发生承保责任内的损失由保险人承担责任；第二部分为超过保险金额的部分，损失由被保险人自负。这种方式的赔款计算只取决于保险金额和损失金额两个因素，可以避免比例分摊的烦琐计算，对保险人是有利的，当损失金额小于或等于保险金额时，无论是否足额投保，被保险人均可获得损失金额的赔偿，这对被保险人来说也是有利的。

（3）定值保险赔偿方式

这种赔偿方式应用于定值保险单的赔款计算。定值保险按约定价值承保，赔偿时无论损失时的市价是多少，在保险金额限度内，保险人按约定的保险价值赔付。在海上货运保险中采用的就是定值保险赔偿方式。

（4）限额责任赔偿方式

限额责任方式又称固定责任赔偿方式，是指保险人对保险财产在约定限度内的损失负赔偿责任的一种赔偿计算方式。这种赔偿方式一般应用于农业保险。发生了保险责任范围内的灾害事故致使实际收获量低于规定的限额标准时，保险人以两者的差额作为赔付款。

11.1.2　海上货物运输保险承保的范围

国际货物运输保险因运输方式的不同可分为海洋运输货物保险、陆上运输货物保险、航空运输货物保险和邮包运输货物保险。在各种运输货物保险中，起源最早，历史最久的是海上运输货物保险。

1．风险

海运货物保险保障的风险，主要有海上风险和外来风险。

（1）海上风险

1）定义：海上风险又称"海难"，一般是指船舶或货物在海上运输过程中发生的或随附海上运输所发生的风险。（不仅包括海上运输，还包括连接两端陆地的运输）

2）海上风险的内容：我国现行的海运货物条款及英国伦敦保险协会货物新条款所承保的海上风险从性质上划分，主要可分为自然灾害和意外事故。

（2）外来风险

1）一般外来风险指由于一般外来原因引起风险而造成的损失，如偷窃、雨淋、短量、沾污、破碎、受潮、受热、渗漏、串味、锈损、钩损、包装破裂等。

2）特殊外来风险指由于国家的政策、法令、行政命令、军事等原因所造成的风险和损失，如战争、罢工、交货不到、拒收、舱面等风险所致损失。

2．损失和费用

（1）海运货物保险保障的损失

海上风险和外来风险所造成的损失，按损失程度划分，可分为全部损失与部分损失。

1）全部损失。全部损失简称"全损"，是指被保险货物由于承保风险造成的全部灭失或视同全部灭失的损害。在海上保险业务中全部损失分为实际全损和推定全损。

实际全损（actual total loss，ATL）。实际全损也称绝对全损，构成被保险货物的实际全损有四种情况：①被保险货物的实体已经完全灭失。例如，货物遭遇大火被全部焚毁；船舶遇难，货物随同船舶沉入海底灭失。②被保险货物遭遇到严重损害，已丧失了原有的用途和价值。例如，水泥被海水浸泡成硬块；牛皮被海水侵蚀，腐烂发臭。③被保险人对保险货物的所有权已无可挽回的被完全剥夺。例如，战时货物被敌国捕获或没收。④载货船舶失踪，达到一定时期（我国海商法规定为 2 个月，英为 6 个月）仍无音讯。

被保险人在货物遭受了实际全损后，可按其投保金额，获得保险人的全部损失的赔偿。

推定全损（constructive total loss，CTL）。推定全损也称商业全损，是指被保险货物在海上运输中遭遇承保风险之后，虽未达到完全灭失的状态，但是可以预见到它的全损将不可避免；或者为了避免全损，需要支付的抢救、修理费加上继续将货物运抵目的地的费用之和将超过保险价值。推定全损下的获赔情况有两种：①保险人获得部分损失的赔偿。②保险人获得全损的赔偿。如果被保险人想获得全损的赔偿，他必须无条件地把保险货物委付给保险人。

2）部分损失。部分损失亦称分损，是指被保险货物的损失没有达到全部损失的程度。按照损失的性质划分，部分损失可以分为共同海损和单独海损。

共同海损（general average）是指在同一海上航程中，船舶、货物和其他财产遭遇共同危险，为了共同安全，有意地合理地采取措施所直接造成的特殊牺牲，支付的特殊费用。共同海损所必备的条件五条组成：①导致共同海损的危险必须是真实存在的或不可避免的，危及船舶与货物共同安全的危险。例如，船舶在大海上航行时丢失了螺旋桨，船舶与货物可能暂时没有紧迫的、灾难性的危险，但危险肯定会到来，所以这时船长命令将船舶驶入附近的港口进行修理而产生的港口费和修理费应为共同海损费用。②共同海损的措施必须是为了解除船货的共同危险，人为地、有意识地采取的合理措施。所谓"有意识"是用以区别意外的损失，船舶在航行中遭遇到的意外损失由受害者自行负担，而有意

想一想

共同海损和单独海损有什么区别？

识采取措施造成的损失，应由受益各方共同分摊。所谓"合理"，是指在采取措施的当时看来，措施是可以有成效和节约的，因而也是符合全体利害关系方的利益的。③共同海损的牺牲是特殊性质的，费用损失必须是额外支付的。④共同海损的损失必须是共同海损措施的直接的合理的后果。⑤造成共同海损损失的共同海损措施最终必须有效果。

单独海损（particular average）是指海上运输中，由于保单承保风险直接导致的船舶或货物本身的部分损失。（单独海损仅指保险标的本身的损失，并不包括由此而引起的费用损失）

（2）海上货物保险保障的费用

海上风险除了会造成保险货物的损失，还会带来大量的费用支出。在海运货物保险中，保险人负责赔偿的费用主要有施救费用和救助费用。

1）施救费用。施救费用亦称诉讼及营救费用或损害防止费用，是指被保险货物在遭遇承保责任范围内的灾害事故时，被保险人（或其代理人或受让人）为了避免或减少货物损失，采取各种抢救与防护措施所支出的合理费用。

想一想

施救费用和救助费用有什么区别？

为了鼓励被保险人对受损货物积极采取抢救措施，减少灾害事故对被保险货物的损坏和影响，防止损失的进一步扩大，减少保险赔款的支出，我国和世界各国的保险法规或保险条款一般都规定：保险人对被保险人所支付的施救费用应承担赔偿责任。赔偿金额以不超过该批货物的保险金额为限。构成施救费用必须符合的条件：①对保险标的进行施救必须是被保险人或其代理人或受让人，其目的是为了减少标的物遭受的损失。其他人采取此项措施必须是受被保险人的委托，否则不视为施救费用。②保险标的遭受的损失必须是保单承保风险造成的。否则，被保险人对其进行抢救所支出的费用，保险人不予承担责任。③施救费用的支出必须是合理的。

2）救助费用。救助费用是指海上保险财产在遭遇承保范围内的灾害事故时，由保险人和被保险人以外的第三者采取救助措施并获成功，由被救方付给救助方的一种报酬。

救助费用一般都可列为共同海损的费用项目，因为通常它是在船、货各方遭遇共同危难的情况下，为了共同安全由其他船舶前来救助而支出的费用。

实训安排

案例分析

➤ 某公司出口一批货物，从大连驶往新加坡，在航行途中船舶货舱起火，大火蔓延到机舱，船长为了船、货的共同安全，决定采取往舱中灌水灭火的办法。火虽被扑灭，但由于主机受损，无法继续航行，于是船长决定雇佣拖轮将货船拖往附近的港口修理。检修后重新驶往目的港。事后调查发现，本次事故的损失有：A．500箱货被烧毁；B．500箱货由于灌水灭火受到损失；C．主机和部分甲板被烧毁；D．拖船的费用；E．额外增加的燃料和船长、船员工资的给养。从上述损失中，哪些属于共同海损？哪些属于单独海损？

➤ 某海运有限公司所属的一艘船舶A轮在空载回程途中，遭遇超强台风，船长紧急下令将船舶A轮驶往就近的避风港，但仍未能成功避开该台风的十级风圈，船舶A轮在离港不远的近海上倾覆沉没，船上人员全部获救。

注：经过调查，设备损失达 150 万美金，船舶修复费及施救费用一共 110 万美金。

请问：这些费用谁来承担？

➤ 某货轮装运着保险货物从上海开往鹿特丹。途中船舶触礁，货轮进水，部分货物落水。货轮被迫改航驶入附近港口。此时恰逢一号货舱内货物遇水起火，尽管船员尽力抢救，但仍无法控制火势。一艘货轮闻讯赶来救助，并在另一救援船的协助下，将遇难船送至附近港口。经检查，遇难船必须大修才能继续航行。

请分析此船致损的原因是什么？它属于什么性质的海损？中止航程的货物一部分在损失当地拍卖，另一部分则委托其他货轮继续运往目的港，则保险责任是否还存在？请说明理由。

实训指导

实训教师强调学生掌握保险的原则，能够通过视频或图片资料让学生了解认识保险范围、风险、损失和费用有哪些。

学生实训应重点集中在风险、损失和费用的界定。能够区分外来风险和海上风险、实际全损和推定全损、共同海损和单独海损。

作业点评

1）学生分析案例的能力。

2）能否区别几个重点概念。

任务 11.2　掌握我国海洋运输保险

情境 导入

保险公司业务介绍：如果你是保险公司的工作人员，该如何向客户介绍海运承保业务呢？

海运货物保险的险种，习惯上把它们分成基本险、附加险和专门险。

11.2.1　基本险

基本险又称主险。我国海洋运输货物的基本险分为平安险、水渍险和一切险三种。

1．平安险

平安险（free from particular average，FPA）原文的含义是"单独海损不赔"。平安险一词是我国保险业的习惯叫法，沿用已久。

平安险的承保责任范围：

1）自然灾害造成的全损。

2）意外事故造成的全损或部分损失。

3）在运输工具已经发生搁浅、触礁、沉没、焚毁意外事故的情况下，货物在此前后又在海上遭受恶劣气候、雷电、海啸等自然灾害所造成的部分损失。

4）在装卸或转运时由于一件或数件货物整件落海造成的全部或部分损失。

5）被保险人对遭受承保责任内危险的货物采取抢救、防止或减少货损的措施而支付的合理费用（施救费用的支出），但以不超过该批被救货物的保险金额为限。

6）运输工具遭遇海难后，在避难港由于卸货所引起的损失以及在中途港、避难港由于卸货、存仓和运送货物所产生的特别费用。

7）共同海损的牺牲、分摊和救助费用。

8）运输契约订有"船舶互撞责任"条款，根据该条款规定由货方偿还船方的损失。

由于平安险承保责任范围不广，一般多用于大宗、低值、粗糙的无包装货物，如废钢铁、木材、矿砂等。

2．水渍险

水渍险（with average/with particular average，WA/WPA）的承保责任范围：

1）平安险所承保的全部责任。

2）被保险货物在运输途中，由于自然灾害所造成的部分损失。

3．一切险

须注意的是，一切险（all risks）的承保责任也是有一定范围的，它的承保责任虽然较平安险和水渍险为广，但保险人并不是对任何风险所致损失都负赔偿责任。对于一些不可避免的、必然发生的风险所造成的损失（如货物的内在缺陷和自然损耗所致损失），以及运输延迟、战争和罢工等所致损失，保险人均不负赔偿责任。

一切险的承保责任范围：由于自然灾害和意外事故所造成的保险标的的全部损失或部分损失以及一般附加险的承保范围。

4．除外责任

除外责任是保险人不负赔偿责任的范围。

1）被保险人的故意行为或过失所造成的损失。

2）属于发货人责任所引起的损失。

3）在保险责任开始前，被保险货物已存在的品质不良或数量短差所造成的损失。

4）被保险货物的自然损耗、本质缺陷、特性、市价跌落以及运输延迟所造成的损失和费用。

5）战争险和罢工险条款规定的责任范围和除外责任。

5．责任起讫

责任起讫又称"仓至仓"条款。它的基本内容是保险人对被保险货物所承担的保险责任，从运离保单所载明的发货人仓库或储存处所时开始生效，在正常运输过程中继续有效，于下列三种情况下终止，并以先发生者为准。

1）货物运达保险单所载明的目的港（地）收货人仓库或储存处所。

2）货物运达保险单所载明的目的港（地）或中途的任何其他仓库或储存处所，这些仓库或储存处所被保险人用作：①正常运输以外的储存。②货物的分配、分派或分散转运。

3）被保险货物在最后卸货港全部卸离海轮后起满60天。如在上述60天需将被保险货物转运到非保险单所载明的目的地时，则于货物开始转运时终止。

6．索赔期限

中国人民保险公司《海洋运输货物保险条款》规定索赔期限为2年，自被保险货物运抵目的港全部卸离海轮之日起计算（但我国海商法规定，上述索赔时效是自保险事故发生之日起计算）。

11.2.2 附加险

附加险是基本险的扩大和补充，不能单独投保，只能在投保了基本险中的一种之后才能加保。加保的附加险可以是一种或几种，由被保险人根据需要选择确定。我国保险业习惯将附加险分为一般附加险、特别附加险和特殊附加险三类。

1. 一般附加险

（1）偷窃、提货不着险

偷窃、提货不着险（theft，pilferage and non-delivery，TPND）。Theft：偷，一般指货物的整件被偷走。Pilferage：窃，一般指货物中的一部分被窃取。偷窃不包括使用暴力手段的公开掠夺。提货不着是指货物的全部或整件未能在目的地交付给收货人。

（2）淡水雨淋险

淡水雨淋险（fresh water &/or rain damage，FWRD）承保货物在运输途中由于淡水或雨淋所造成的损失。淡水包括船上淡水舱、水管漏水和舱汗等。

淡水是与海水相对而言，由于平安险和水渍险只对海水所致的各种损失负责赔偿责任，因此，淡水雨淋险是扩展平安险和水渍险保险责任的附加险别。

（3）短量险

短量险（risk of shortage）承保货物在运输过程中因外包装破裂、破口、扯缝造成货物数量短缺或重量短少的损失。对散装货物通常均以装船重量和卸船重量作为货物短少的依据（但不包括正常的途耗）。

（4）混杂、玷污险

混杂、玷污险（risk of intermixture and contamination）。混杂、玷污险是被保险货物在运输过程中，因混进杂质或被污染所引起的损失。如矿砂、矿石混进泥土，棉布、服装、纸张被油类或带色的物资污染时，在这一险别下，上述混杂、玷污损失均由保险人负赔偿责任。

（5）渗漏险

渗漏险（risk of leakage）主要承保流质、半流质、油类等货物，由于容器损坏而引起的渗漏损失；或因液体外流而引起的用液体盛装的货物（如湿肠衣、酱菜等）的变质、腐烂所致的损失。

（6）碰损、破碎险

碰损、破碎险（risk of clash and breakage）承保货物在运输过程中，因震动、碰撞、受压造成的碰损和破碎损失。

被保险货物在运输途中因遭遇自然灾害或意外事故而造成的碰损、破碎损失，已经包括在平安险和水渍险的责任范围之内，碰损、破碎险则扩展负责由于一般外来原因所造成的碰损、破碎损失。

（7）串味险

串味险（risk of odour）承保货物在运输过程中，因受其他带异味货物的影响造成串味的损失。

（8）钩损险

钩损险（hook damage）承保袋装、捆装货物在装卸或搬运过程中，由于装卸或搬运人员操作不当，使用钩子将包装钩坏而造成货物的损失。

注：一切险的责任范围包括了上述 11 种附加险所承保的风险。

（9）受潮受热险

受潮受热险（damage caused by sweating and heating）承保货物在运输过程中，由于气温突然变化或船上通风设备失灵，使船舱内的水蒸气凝结而引起货物受潮或由于温度增高使货物发生变质的损失。

（10）包装破裂险

包装破裂险（breakage of packing）承保货物在运输过程中因包装破裂造成短少、玷污等损失。此外，对于在运输过程中，为了续运安全需要而产生的修补包装、调换包装所支付的费用，也予负责。由于包装破裂造成物资的损失，从其他附加险的责任中可以得到保障，因此，这一险别主要是补偿由于修补或调换包装的损失。

（11）锈损险

锈损险（risk of rust）承保金属或金属制品一类货物，在运输途中因生锈造成的损失。

2．特别附加险

特别附加险所承保的风险大多同国家行政管理、政策措施、航运贸易习惯等因素有关。

（1）交货不到险

交货不到险的承保责任是：被保险货物从装上船时开始，如果在预定抵达日期起满六个月仍不能运到原定的目的地交货，则不论何种原因，保险公司均按全部损失赔偿。

"交货不到"同一般附加险中的"提货不着"不同，它往往不是承运人运输上的原因，而是某些政治因素引起的。例如，由于禁运被保险货物被迫在中途卸货造成损失。由于交货不到，很可能是被保险货物并未实际遭受全损，因此，保险人在按全损赔付时都特别要求被保险人将货物的全部利益，转移给自己。

（2）进口关税险

进口关税险（import duty risk）。有些国家（如加拿大）对进口货物征收关税，不论货物是否完好，一律按完好时的价值十足计征。

（3）舱面险

舱面险（on deck risk）。由于货物装载舱面极易受损，遭受水湿雨淋等情况更是司空见惯。保险人为了避免承保的责任过大，通常只接受在平安险的基础上加保舱面险。

（4）拒收险

拒收险（rejection risk）的保险责任是货物在进口时，由于各种原因，被进口国的有关当局拒绝进口或没收所造成的损失，保险人负赔偿责任。（如果货物在起运前进口国即已宣布禁运或禁止，那么保险人不负任何赔偿责任。）

（5）黄曲霉毒素险

黄曲霉毒素险（aflatoxin）。黄曲霉毒素是一种致癌毒素。发霉的花生、油菜籽、大米等一般都含有这种毒素。各国卫生当局对这种毒素的含量都有严格的限制标准。

（6）港澳存仓火险

港澳存仓火险［出口货物到香港（包括九龙在内）］或澳门存仓火险责任扩展条款）。我国出口到港澳的货物，有些是向我国在港澳的银行办理押汇。在货主向银行清还货款之前，货物的权益属于银行，因而在这些货物的保险单上注明过户给放款银行。如保险货物抵达目的地后，货主尚未还款，往往就将其存放在过户银行指定的仓库中。为使货物在存仓期间如果发生火灾能得到赔偿，就特别附加这一险别。这一险别的保险期限，是从货物运入过户银行指定的仓库时开始，直到过户银行解除货物权益或运输责任终止时起计算满 30 天为止。

3. 特殊附加险

（1）海运战争险

1）海运战争险（ocean marine cargo war risk）承保范围包括的内容有：①直接由于战争、类似战争行为和敌对行为、武装冲突或海盗劫掠等所造成运输货物的损失。②由于上述原因引起的捕获、拘留、扣留、禁制、扣押等所造成的运输货物的损失。③各种常规武器，包括水雷、鱼雷、炸弹等所造成的运输货物的损失。④由本险责任范围所引起的共同海损牺牲、分摊和救助费用。

2）海运战争险的除外责任有两点：①由于敌对行为使用原子或热核制造的武器导致被保险货物的损失和费用。②由于执政者、当权者或其他武装集团的扣押、拘留引起的承保航程的丧失或挫折所致的损失。

3）保险期间。海运货物战争险的保险期间同海洋运输货物不同，它承保责任的起讫不是"仓至仓"，而是以"水上危险"为限，即以货物装上保险单所载明的起运港的海轮或驳船开始，到卸离保险单所载明的目的港的海轮或驳船为止。

如果被保险货物不卸离海轮或驳船，保险责任期限以海轮到达目的港的当日午夜起算 15 天为止。如果货物需在中途港转船，也不得超过 15 天。只有在此期限内装上续运海轮，保险责任才继续有效。

这一险别主要承保由于战争险后果所引起的附加费用。它的具体责任范围包括：发生战争险责任范围内的风险引起航程中断或挫折，以及由于承运人行使运输契约中有关战争险条款规定所赋予的权利，把货物卸在保险单规定以外的港口和地方，因而产生的应由被保险人负责的那部分附加的合理费用。这些费用包括卸货、上岸、存仓、转运、关税以及保险费等。

（2）罢工险

1）承保范围。罢工险（strikes risk）承保货物由于罢工者、被迫停工工人或参加工潮、暴动、民众斗争的人员的行动，或任何人的恶意行为所造成的直接损失和上述行动或行为所引起的共同海损的牺牲、分摊和救助费用。

2）除外责任。罢工险负责的损失都必须是直接损失，对于间接的损失是不负责的。因此，凡在罢工期间由于劳动力短缺，或无法使用劳动力所造成的被保险货物的损失，或由此所造成的费用损失，保险人均不予负责。

例如，由于罢工而引起的劳力或燃料匮乏，使冷藏机停止工作造成冷藏货物化冻变质的损失，或由于罢工缺少劳力搬运货物，致使货物堆积在码头遭受雨水淋湿的损失，或因港口工人罢工无法在原定港口卸货，改运其他港口卸货而增加运输费用损失等，保险人均不负赔偿责任。

3）承保期间。罢工险对保险责任起讫的规定与海运战争险不同，它不采取只承保"水上危险"的做法，而是与海运货物保险一样，采取"仓至仓"的原则，即保险人对货物从卖方仓库到买方仓库的整个运输期间负责。

4）按照国际保险市场的习惯做法，被保险货物如已投保战争险，在加保罢工险时，一般不再加收保险费。

实训安排

1. 分析说明

怎样区分平安险、水渍险、一切险的承保范围？

2．案例分析

➤ 某外贸公司以 CIF 交易条件向南美客户出口花生奶糖 500 箱，由出口方投保了一切险。途中由于货轮陈旧，航速慢，再加上船方沿途到处揽货，结果航行 2 个月才抵达目的港。卸货后，发现花生奶糖由于受热时间过长已全部软化变粘连，无法销售，买方据此向我方提出索赔，我方持保单向保险公司索赔。问：买方索赔有无道理？保险公司是否理赔？

➤ 有一份 CIF 合同出售大米 50 吨，卖方在装船前投保了一切险加战争险，自南美内陆仓库起，直至英国伦敦买方仓库为止。货物从卖方仓库运往码头途中，发生了承保范围内的损失。问：当卖方凭保险单向保险公司提出索赔时，能否得到赔偿？

➤ 货主甲的皮革和货主乙的烟草两批货物载于同一船上，两批货物都投保了水渍险，在航行途中，由于遭遇恶劣气候，海水自甲板侵入货舱将皮革浸湿，烟草由于位置较高未遭水浸，但湿损的皮革腐烂后发出的浓重气味将附近舱位的烟草熏坏。到达目的港后，有四分之一的烟草丧失了使用价值，货主于是向保险公司提出索赔。问：保险公司应如何处理？

3．情境模拟

模拟保险公司人员或货代公司人员向客户介绍海运保险。

实训指导

实训教师带领学生学习中国海运保险的相关内容，让学生掌握三个基本险的承保范围。实训教师带领学生熟悉除了基本险和其他附加险的承保范围，能够熟练掌握不同商品在不同的运输环境下上何种险别。

学生在实训中应多练习多思考，熟中生巧，能够熟练掌握基本险及附加险的特征和承保范围，能牢牢把握不同险别的意义，并可以分析案例，解决现实业务问题。

作业点评

1）各小组将查询资料整理成 PPT 文档，演示说明。

2）资料查询是否细致。

3）分析问题有理有据，教师组织互评，小组互相评价。

任务 11.3　掌握陆空邮保险

情境 导入

广州某香料厂向东北某煤油厂购买了石油醚 35 吨，并投保了货物运输险。货物如期安全抵达广州火车站，站方通知香料厂提货。由于该厂无化工危险品运输能力，就委托广州港仓库协助运输。在运输过程中，仓库人员由于操作不当，有相当数量的石油醚流落地面。最后在搬运中装有石油醚的桶与地面摩擦产生出火花，又引燃了地面上散发的可燃气体。酿成了火灾，烧掉了全部石油醚。香料厂向保险公司提出索赔。请分析此案该如何正确处理。

陆空邮货运保险是指一系列需在通过陆、空方式等进行货运时上的保险。

11.3.1　陆运险和陆运一切险

陆运险的责任范围与海洋货物运输保险中的水渍险相似。保险公司对被保险货物在运输途中遭受暴风、雷电、地震、洪水等自然灾害和由于运输工具遭受碰撞、倾覆、出轨，如有驳运过程，包括驳运工具搁浅、触礁、沉没、碰撞或由于遭受隧道坍塌、崖崩或失火、爆炸等意外事故所造成的全部或部分损失负责赔偿。陆运一切险的承保责任范围是保险公司除承担上述陆运险的责任外，还对由于一般外来原因造成的货物短少、偷窃、渗漏、破碎等全部或部分损失赔偿。陆运险和陆运一切险的保险责任期限与海洋运输货物险相同，也采用"仓至仓条款"。但是最长至被保险货物运抵卸载车站起满 60 天为止。

11.3.2　航空运输险和航空运输一切险

分别同陆运险和陆运一切险基本相同。其保险责任期限也采用"仓至仓条款"，但是最长以被保险货物至达卸载地卸离飞机后满 60 天为止。

11.3.3　邮包险和邮包一切险

由于邮包运输可能通过海、陆、空三种运输工具的情况。邮包险的承保责任范围是保险公司赔偿被保险邮包在运输途中，由于恶劣气候、雷电、地震、洪水等自然灾害，或由于运输工具搁浅、触礁、沉没、碰撞、倾覆、坠落、失踪、失火和爆炸等意外事故所造成的全部或部分损失，还包括海运途中共同海损的牺牲、分摊和救助费用。邮包一切险的承保责任范围是保险公司除负担上述邮包险的责任外，还对由于外来原因造成的货物被偷窃、短少等全部或部分损失负责赔偿。邮包险和邮包一切险的承保责任期限是自保险货物离开保险单所载起运地点寄件人的处所运往邮局时开始生效，直至被保险邮包运达保险单所载明的目的地邮局，自邮局签发到货通知书当天午夜起算满 15 天为止，但在此期限内，邮包一经递交至收件人处所时，保险责任即行终止。

11.3.4　其他险种

陆地、航空、邮包运输货物，除上述基本险别外，也可加保战争险、罢工险等特殊附加险。

以上所述陆地、航空、邮包和海运货物保险条款都是根据中国保险条款（C.I.C）的规定。在国际货物运输保险业务中，伦敦保险协会制定的"协会货物条款"（institute cargo clauses, I.C.C），对世界各国保险业有着广泛的影响。现在适用的是 1982 年的修订本，该条款的基本险别分为 A、B、C 三种，同中国保险条款比较，其承保的范围都有一定差别。I.C.C 的 A 相当于 C.I.C 的一切险；I.C.C 的 B 与 C.I.C 的水渍险大体相同；I.C.C 的 C 与 C.I.C 的平安险相似，但其承保的责任范围比平安险小得多。I.C.C 三种险别的责任起讫期限，也采用"仓与仓条款"，与中国保险条款的规定基本相同。I.C.C 的附加险的规定也与中国保险条款的规定大致一样，但对战争险和罢工险专门制定有"协会战争险条款—货物"（institute war clauses-cargo）和"协会罢工险条款—货物"（institute strikes cargo）两个独立完整的条款，可以作为独立险别单独投保，而中国保险条款中的这种附加险是不能单独投保的。

实训安排

1. 查找资料
请查找美国、日本、德国、韩国等国家的航空保险和陆运保险制度。

2. 分析说明
陆空邮保险与海运保险是否相同？区别和共同点分别有哪些？

3. 案例分析
某外贸公司出口白蒜 500 箱向保险公司投保货物运输保险，每箱申报价值为 100 元，保险金额计 5 万元。不料运输途中遭遇火灾，白蒜受损需在出险当地处理。出险当地该种白蒜每箱完好价值为 120 元。据测算白蒜损失价值为 4.8 万元。对这起损失案保险公司应该赔付多少？

实训指导

实训教师带领学生学习陆空邮保险的内容，并指导学生将之与海运保险进行比较。
学生在实训中应注重陆空邮保险的突出特点。

作业点评

1）各小组将查询资料整理成 PPT 文档，演示说明。
2）分析问题有理有据，语言表达清晰。

任务 11.4　选择货运保险

情境导入

2014 年 11 月，天津五羊进出口公司海运出口钢材一批。该公司与买家商定 CIF 术语交货，由卖方负责上保险。请问，为保证货物安全，天津五羊进出口公司应该给客户上何种险呢？

办理国际货物运输保险，几乎是每一单出口业务都要做的事，但要办得既稳妥又经济却不简单。由于实际操作中情况千差万别，因此，如何灵活运用保险，回避出口货物运输中的风险，是技巧性很强的专业工作。

11.4.1 险别选择五要素

在投保时，人们总是希望在保险范围和保险费之间寻找平衡点。要做到这一点，首先要对自己所面临的风险做出评估，甄别哪种风险最大、最可能发生，并结合不同险种的保险费率来加以权衡。

多投险种当然安全感会强很多，但保费的支出肯定也要增加。专家认为出口商投保时，通常要对以下几个因素进行综合考虑：

1）货物的种类、性质和特点。

2）货物的包装情况。

3）货物的运输情况（包括运输方式、运输工具、运输路线）。

4）发生在港口和装卸过程中的损耗情况等。

5）目的地的政治局势。

11.4.2 选择险别

"一切险"是最常用的一个险种。买家开立的信用证也多是要求出口方投保一切险。投保一切险最方便，因为它的责任范围包括了平安险、水渍险和 11 种一般附加险，投保人不用费心思去考虑选择什么附加险。但是，往往最方便的服务需要付出的代价也最大，就保险费率而言，水渍险的费率约相当于一切险的 1/2，平安险约相当于一切险的 1/3。

是否选择一切险作为主险要视实际情况而定。例如，毛、棉、麻、丝、绸、服装类和化学纤维类商品，遭受损失的可能性较大，如沾污、钩损、偷窃、短少、雨淋等，有必要投保一切险。有的货品则确实没有必要投保一切险，像低值、裸装的大宗货物，如矿砂、钢材、铸铁制品，土险投保平安险就可以了，另外，也可根据实际情况再投保舱面险作为附加险。对于不大可能发生碰损、破碎或容易生锈但不影响使用的货物，如铁钉、铁丝、螺丝等小五金类商品，以及旧汽车、旧机床等二手货，可以投保水渍险作为主险。

有的货物投保了一切险作为主险可能还不够，还需投保特别附加险。某些含有黄曲霉素的食物，如花生、油菜籽、大米等食品，往往含有这种毒素，会因超过进口国对该毒素的限制标准而被拒绝进口、没收或强制改变用途，从而造成损失，那么，在出口这类货物的时候，就应将黄曲霉素险作为特别附加险予以承保。

实训安排

分析

➢2014 年，某进出口公司拟向德国汉堡某公司出售塑料制品若干箱。由于时间紧迫，该批货物未能及时订到舱位，与船公司协商后，货物装到了甲板上。请问：该批货物应上什么险别呢？

➢某公司有大批钢材存货，2014 年日本某货商与之签订了订购合同，请问：该批钢材应上什么保险？

实训指导

实训教师多提供商品种类，让学生练习选择投保险别。

学生实训过程中应抓住商品特点和各种险别的保险范围，能够合理的为商品选择合适的保险并能够尽量节省成本。

作业点评

1）学生对各种险别的熟悉程度。

2）学生对险别选择的熟练运用。

3）可采取竞猜方式进行活动，各小组比赛，可以互相评价，可以展开辩论。

业务操作

保 险 业 务

资料：

SALES CONFIRMATION

		S/C NO:	LSJ0011258		
		DATE:	NOV 4,2009		
The Seller:	TIANJIN QIHUA GARMENTS CO.,LTD	**The Buyer:**	AMERICAN MANHATTAN OTTO DRESS CO., LTD		
Address:	5 Xinmei road, Huayuan Zone, Nankai District, CHI- Tianjin	**Address:**	46; 22113 Manhattan 20457 NEW YORK ; USA		
E-Mail:		**E-Mail:**			
Item No.	**Commodity& Specifications**	**Unit**	**Quantity**	**Unit Price (US$)**	**Amount (US$)**
E235	WOMEN'S EVENING DRESS	PCS	1656	260.00	430560.00
TOTAL CONTRACT VALUE:		SAY US DOLLARS FOUR HUNDRED THIRTY THOUSAND FIVE HUNDRED AND SIXTY ONLY			

PACKING:	CARTON
PORT OF LOADING :	XINGANG
PORT OF DESTINATION:	NEWYORK
TIME OF SHIPMENT:	JAN 30,2010
TERMS OF PAYMENT:	Irrevocable L/C at sight
INSURANCE:	plus 10% against all risk and war risk as per CI.C
REMARKS:	

要求：根据资料，分析该案例中货物应上何种保险，如何上，并说明业务操作流程。

小　结

本项目活动主要针对进出口货物保险展开训练。在国际贸易中保险是货物运输必不可少的部分，由于路途遥远，风险较大，所以进出口货物必须上保险来保证货物能够安全到达买方手中。保险的选择对于买卖双方而言非常重要，正确的保险选择不但可以保证货物安全，也可以使得上保险者节约成本，达到买卖双方满意。在合理选择保险的同时，买卖双方还要明确保险保障的范围，能够分辨出损失的界定和风险的划分，更好的保障己方的利益。

思考与练习

一、单项选择题

1. 下列属于推定全损的是（　　　）。

A．被保险货物完全灭失。如船只遇海难后沉没，货物同时沉入海底

B．被保险货物遭受严重损害，已丧失了原有的用途和价值。如水泥遭海水浸泡后变成水泥硬块，无法使用

C．被保险人对被保险货物的所有权已无可挽回地被完全剥夺。如船、货被海盗劫去或被敌对国扣押

D．修理受损保险标的的费用将超过修复后的价值

2. 下列我国海运货物保险条款中不能单独投保的险别是（　　　）。

A．平安险　　　　　B．水渍险　　　　　C．一切险　　　　　D．战争险

3. 一切险的责任范围包括（　　　）。

A．平安险加水渍险再加一般附加险

B．平安险加水渍险

C．罢工险加一般附加险

D．平安险加一般附加险

4. 根据中国人民保险公司的规定，下列（　　　）不保由于自然灾害造成的部分损失。

A．平安险　　　　　B．水渍险　　　　　C．短量险　　　　　D．淡水雨淋险

5. 人身保险合同中的被保险人死亡后有权受该保险合同利益的人称为（　　　）。

A．受益人　　　　　B．被保险人　　　　C．投保人　　　　　D．保险人

6. 偷窃、提货不着险属于（　　　）。

A．一般附加险　　　B．平安险　　　　　C．水渍险　　　　　D．附加险

7. 保险的基本原则包括（　　　）。

A．最大诚信原则　　B．保险利益原则　　C．近因原则

D．补偿原则　　　　E．以上都是

8. 国际货运保险的意义有（　　　）。

A．有利于企业经营的正常进行

B．有助于推动国际经济交往和贸易的顺利开展

C．可以为国家增加外汇收入

D．有利于防灾防损工作的开展

E．以上说法都正确

9．适用于保险的风险处理方法有（　　）。

  A．损失频率高　损失程度大　　　　B．损失频率低　损失程度大

  C．损失频率高　损失程度小　　　　D．损失频率低　损失程度小

10．人身保险合同没有（　　）概念。

  A．保险金额　　　B．保险利益　　　C．保险价值

  D．保险期限　　　E．重复保险

二、简答题

1．简述海上风险的定义及种类。

2．简述海损的分类。

3．什么叫实际全损和推定全损？

4．什么叫共同海损？简述共同海损的构成条件。

三、案例分析题

  某公司向欧洲出口一批器材，投保海运货物平安险。载货轮船在航行中发生碰撞事故，部分器材受损。另外，公司还向美国出口一批器材，由另外一船装运，投保了海运货物平安险。船舶在运送途中，由于遭受暴风雨的袭击，船身颠簸，货物相互碰撞，发生部分损失。后船舶又不幸搁浅，经拖救脱险。试分析上述货物是否该由保险公司承担赔偿责任。

项 目 *12*

进出口商品检验与报关

学习目标

　　了解国际货物检验的基本知识，即货物检验的内容、时间、地点，熟悉我国货物检验实务以及如何订立合同中的商品检验条款等，清楚货物报关流程，了解报关的手续及基本要求。

任务 12.1　熟悉进出口商品检验

情境导入

　　2014年2月14日，西安市纺织产品公司（XIAN TEXTILE PRODUCTS COMPANY）与法国明瑞进出口贸易公司（FRENCH MINGRUI IMPORT AND EXPORT TRADING COMPANY）签订一份交易合同（合同号：A6743645），要求在2014年4月20日将一批雪纺连衣裙（HS编码3124417）从天津新港运送到法国的马赛港。纺织产品公司派出张恒（联系电话：13822384657）办理此项业务。2014年3月10日，当将货物备妥后在装船前就开始向天津商检部发出报检委托，货物暂时存放在天津新港。这批连衣裙共有165 600件，8600箱，装在了3个四十英尺的普通集装箱中；贸易方式为：一般贸易；货物总值为：USD 1 530 000.00；信用证号码是：0876375，承运船只的船名或航次是GFRT 56743，报检单位登记号：32400003456。请根据以上信息说明西安纺织产品公司的报检手续该如何办理。

12.1.1　货物检验

货物检验是指专门的进出口商品检验机构和其他指定的机构，依照法律、法规或进出口合同的规定，对进出口商品的品质、规格、数量、包装、安全性能等进行各种分析和测量，并出具检验证书的活动。

货物检验可以在出口国进行，也可以在进口国完成。检验结果依据检验证书的结论为准，它是通关、征税、议付、计收运费、交接货物以及索赔、仲裁或诉讼的凭证。

12.1.2　货物检验的内容

在国际贸易中，货物经过长途运输，经常发生残损、短少甚至灭失等现象，这样就需要一个公正的、具有商品专业知识的第三者，对货物进行检验或鉴定，以查明货损原因，确定责任归属，以利货物的交接和交易的顺利进行。因此，货物检验是国际贸易中不可缺少的重要环节，检验条款是国际贸易合同中的一项重要条款。

检验内容主要包括：品质检验、数量和重（质）量检验、包装检验、卫生检验、残损鉴定。

1）品质检验。是对货物外观、化学成分、物理性能等进行检验。一般采用仪器和感官两种检验方法。

2）数量和重（质）量检验。指按合同规定的计量单位和计量方法对商品数量和重（质）量进行检验。

3）包装检验。指对货物包装的牢固度、完整性进行检验，看其是否适合货物的性质和特点，是否适于货物的装卸、搬运，是否符合合同及其他有关规定，是否合乎标准或合同规定的内包装和衬垫物料或填充物料，并对包装标志的各项内容进行核对，看其是否与合同规定相符。

4）卫生检验。指对肉类罐头食品、奶制品、禽蛋及蛋制品、水果等货物是否无菌、无寄生虫等进行检验。

5）残损鉴定。指对受损货物的残损部分予以鉴定，分析致残原因及对商品使用价值的影响，估计损失程度，出具证明等。

12.1.3　货物检验的时间、地点

货物检验时间和地点是指在何时、何地行使对货物的检验权。确定检验时间和地点，关系到哪一方行使对货物的检验权、检验结果以哪一方提供的检验证书为准的问题。它直接关系到买卖双方的切身利益，规定检验时间和地点是交易双方商定检验条款的核心所在。在国际贸易中，有关检验时间和地点的规定方法，主要有以下几种：

1. 在出口国检验

1）工厂检验（产地检验）。指生产厂的检验人员或合同约定的买方检验人员在货物离厂前对其质量、数量、规格、包装等实施检验。卖方承担货物离厂前的责任，这是国际贸易中的习惯做法。我国进口重要货物和大型成套设备，一般都在出口国工厂进行检验或安装、测试。

2）装船前或装船时检验。装船前的检验，是指装船以前由约定的检验机构，出具检验证明，并以此作为交货品质和重量的最后依据。即离岸品质和离岸重量采用这种方法，卖方取得检验证书，意味着所交货物的品质和重量与合同规定相符，意味着卖方按质按量履行了合同义务，此时，买方无复验权。可见，这种方法对卖方有利，至于货物途中发生货损或灭失，买方仍然有权向有关责任方（如承运人或保险人）索赔。装船时检验，是指采用传送带或机械化操作时，对正在装

船的货物（如散装货）进行抽样检验或衡量，并以此时的品质和重量作为交货最后依据。这种做法也属于离岸品质和离岸重量。

2．在进口国检验

指在进口国目的地卸货后进行的质量与数量的检验，包括目的港卸货时检验和用户所在地检验。

1）目的港卸货时检验。指卸货时由约定的检验机构对货物的质量、重量等进行检验，出具检验证明，并以此作为卖方交货的最后依据，即到岸品质和到岸重量。若卸货时发现货物质量与重量与合同规定不符，卖方要承担责任。对此，买方有索赔的权利。

2）用户所在地检验。是将检验时间地点推延到用户所在地，并以此作为卖方交货的最后依据。这种方法适用于密封包装或规格复杂、精密度高的货物。因为这类货物在使用之前不宜开包检验或需具备一定的检验条件和设备才能进行检验。

3）出口国检验，进口国复验。货物在装船前必须进行检验鉴定，但出具的检验证明不能作为卖方交货的最后依据，而只是作为卖方向银行收款的凭证。货物到达后，在双方约定的时间内买方有权对货物进行复验，复验后若发现货物与合同规定不符，可根据复验结果，向卖方索赔。避免了对单方面有利的矛盾，兼顾了双方的权益，比较公平合理，因而国际贸易中经常采用。

4）装运港（地）检验重量，目的港检验质量。交货重量以装运港约定的检验机构出具的重量检验证明作为最后依据，交货品质以目的港约定的检验机构出具的品质检验证书作为最后依据，即离岸重量、到岸品质多用于大宗商品检验中，以调和双方在商检问题中存在的矛盾。

12.1.4　进出口货物的检验程序

1）报验。指进出口商向商检机构申请检验，填写报验申请单，同时提交合同、信用证、成交样品及其他必要的资料。出口报验的时间：一般在发运前7～10天，对于鲜货应在发运前3～7天。

2）抽样又译"扦样"。抽样时，按规定的方法和一定的比例，在货物不同部位抽取一定数量的、能代表全批货物质量的样品（标本）供检验之用。

3）检验。接受报验后，研究检验项目，确定检验内容，仔细审核合同对品质、包装的规定，弄清检验依据，确定检验标准、方法，然后对抽样进行检验。

4）签证。出口方面，凡列入《种类表》内的出口货物，经检验合格后，签发出境货物通关单。凡规定由商检部门出证的或国外要求签发检验证书的，根据规定签发证书。不向国外提供证书的，只发放行单。《种类表》以外的出口货物，应由商检机构检验的，经检验合格发给证书或放行单后，方可出运。出口检验证书一般使用英文。进口方面，货物经检验后，分别签发"检验情况通知单"或"检验证书"，供对外结算或索赔用。凡自行验收的商品，发现问题，应及时向商检机构申请复验，复验不合格的，签发商检证书，供索赔用。复验合格的，收货单位或用货单位在索赔期内，将验收报告送商检机构销案。进口检验证书使用中英文合并本。

12.1.5　进出口合同检验条款的规定

1．出口合同检验条款的规定

在我国出口贸易中，一般采用在出口国检验、进口国复验的办法。装船前，由我国口岸质检局检验并签发证书，作为议付货款的凭证；货到后，允许进口商复验，并以目的港检验机构出具的检验证明作为索赔依据。

检验条款实例："双方同意以装运港国家出入境检验检疫机构签发的品质和数量（重量）检验证书作为信用证项下议付所提交单据的一部分，买方有权对货物的品质、数量（重量）进行复验。复验费用由买方负担。如发现品质或数量（重量）与合同规定不符，买方有权向卖方索赔，并提交经卖方同意的公证机构出具的检验报告。索赔期限为货到目的港 ×× 天内。"

2. 进口合同检验条款的规定

双方同意以检验机构出具的品质及数量（重量）检验证书作为在信用证项下付款的单据之一，但货物品质及数量（重量）的检验按下列规定办理：货物到达目的港 ×× 天内经国家出入境检验检疫机构复验，如发现品质及数量（重量）与本合同不符时，除属于保险公司或船公司责任外，买方可凭国家出入境检验检疫局出具的检验证书，向卖方提出索赔或退货。所有因索赔或退货引起的一切费用（包括检验费）及损失，均由卖方承担。在此情况下，凡货物适于抽样的，买方可应卖方要求，将货物的样品寄交卖方。

实训安排

1. 解说
请根据任务 12.1 中情境导入内容讲解西安纺织产品公司报检手续。

2. 总结
订立合同的检验条款应注意哪些问题？

3. 案例分析
某合同商品检验条款中规定以装船地商检报告为准。但在目的港交付货物时却发现品质与约定规格不符。买方经当地商检机构检验并凭其出具的检验证书向卖方索赔，卖方却以上述商检条款拒赔。卖方拒赔是否合理？

实训指导

实训教师带领学生了解和认识进出口货物检验是进出口中不可缺少的环节，特别是我国进出口检验的相关环节和流程。

学生在实训过程中要注重对商检条款的掌握，检验条款的内容有检验的时间、地点、机构、标准、方法、复检、检验内容以及检验证书的种类。订立检验条款要注意与其他合同条款的衔接，准确规定检验标准和方法，明确复检的期限、地点和机构。

作业点评

1）学生能否自主说明商检的一般程序以及订立合同的检验条款应注意的问题。

2）对于案例分析，学生是否掌握分析方法，并能够条理清楚地说明问题；案例需要学生以文本形式交予教师，教师点评。

3）小组讨论需要各小组给出讨论结果，以文档或 PPT 形式交予教师，教师点评。

任务 12.2　熟悉进出口货物的通关

情境导入

上海公安局邀请境外企业 A 来上海展览价值 100 万美元的设备，并找到 C 公司负责办理进口报关等一切手续。A 公司来到上海后，在上海展览 3 天，应邀带其中 40 万美元设备去杭州展览 2 天，展览完毕设备又带回上海。上海公安局因设备先进向 A 公司购买其中 20 万美元的设备，A 公司为了感谢上海公安局又赠送了价值 5 万美元设备。其余设备带回境外。请问：C 公司要办理哪些手续？

12.2.1　报关

报关是履行海关进出境手续的必要环节之一，指的是进出境运输工具的负责人、货物和物品的收发货人或其代理人，在通过海关监管口岸时，依法进行申报并办理有关手续的过程。

1. 报关方式

通常的报关方式有口头报关、书面报关、电子报关（Electronic Data Interchange，EDI）。

2. 报关期限

进出口货物的报关期限在《中华人民共和国海关法》（以下简称《海关法》）中有明确的规定，而且出口货物报关期限与进口货物报关期限是不同的。

出口货物的发货人或其代理人除海关特许外，应当在装货的 24 小时以前向海关申报。做出这样的规定是为了在装货前给海关以充足的查验货物的时间，以保证海关工作的正常进行。

进口货物的收货人或其代理人应当自载运该货的运输工具申报进境之日起 14 天内向海关办理进口货物的通关申报手续，做出这样的规定是为了加快口岸疏运，促使进口货物早日投入使用，减少差错、防止舞弊。

3. 报关的程序

1）接受委托。报关企业接受客户委托，按其要求办理相关手续，代理报关业务。

2）准备单证。报关企业在接受委托后，开始准备报关所需单证，如进出口报关单、发票、装箱单、装货单或提货单、进出口核销单、减免税证明、合同、报关委托书及各种特殊管制证件等。

3）报关单预录入。报关企业在准备好报关材料后，先进行电子报关单的填写，称为电子数据预录入，即（EDI）。中国目前很多海关都开设了海关预录入系统，方便对报关材料和报关企业资格进行初步审核。电子报关单填制好后企业将电子文档提交给海关。每个在海关注册的报关企业，海关都会发给他们一个 IC 卡，企业凭 IC 卡进入到预录入报关系统进行电子申报。

4）海关初审。海关对报关企业提交的电子材料进行初步审核。如无发现问题，报关企业则准备所有资料到海关现场进行现场申报。如果发现问题，企业及时更正重新申报。

5）现场报关。通过初审的报关企业持所需材料进入海关现场递交材料。

6）海关接受。海关核对报关材料后，接受报关并安排货物报检。

12.2.2　查验

进出口货物查验是指海关在接受申报并审核报关单证的基础上对进出口货物进行实际校对检查。查验的目的是核对实际进出口货物与报关单证所报内容是否相符，有无错报、漏报、瞒报、伪报等情况，审查货物的进出口是否合法，确定货物的物理性质和化学性质。进出口货物，除海关总署特准免检的之外，都应接受海关查验。

径 行 查 验

径行查验是指在特殊情况下，未有收发货人及其代理人在场，海关自行开拆货物包装进行查验，但必须有货物存放场所的管理人员或其他见证人到场并在查验记录上签字。

1．海关查验

1）货物的收发货人或其代理人必须到场，并按海关的要求负责办理货物的搬移、拆装箱和重封货物的包装等工作。

2）海关认为必要时，可以径行开验、复验或提取货样，货物管理人员应当到场作为见证人。

3）申请人应提供往返交通工具和住宿，并支付有关费用，同时按海关规定交纳规费。

另外，我国《海关法》规定，海关在查验进出境货物时，损坏被查验的货物，应当赔偿实际损失。此时，由海关关员如实填写《查验货物、物品损坏报告书》并签字，一式两份，查验关员和当事人各留一份。双方共同商定货物的受损程度或修理费用，以海关审定的完税价格为基数，确定赔偿金额。赔款一律用人民币支付。

2．查验程序

1）海关确定查验后，由现场接单关员打印《查验通知单》，必要时制作查验关封交报关员。

2）安排查验计划。由现场海关查验受理岗位安排查验的具体时间，一般当天安排第二天的查验计划。

3）海关查验货物时，进口货物的收货人、出口货物的发货人或其授权报关员应当到场，并负责协助搬移货物，开拆和重封货物的包装。海关认为必要时，可以径行开验、复验或者提取货样。

4）查验结束后，由陪同人员在《查验记录单》上签名、确认。

12.2.3　纳税

海关征税的依据是货物的"完税价格"。在税率固定的情况下，完税价格的大小，直接关系到纳税人关税负担的多少。根据《中华人民共和国进出口关税条例》第九条规定：进口货物以海关审定的正常成交价格为基础的到岸价格作为完税价格。到岸价格包括货价，加上货物运抵中华人民共和国关境内输入地点起卸前的包装费、运费、保险费和其他劳务费等费用的总和，这是我国海关估价对进口货物完税价格所规定的定义。依据成交价格所作的规定，我国对进口货物的海关估价主要有两种情况：一是海关审查可确定的完税价格；二是成交价格经海关审查未能确定的。

进出口货物在按《进出口税则》进行正确的归类，根据适用的税率和审定的完税价格，就要进行应征税款的计算。

12.2.4　放行

1．正常放行

放行是口岸海关监管现场作业的最后一个环节。口岸海关在接受进出口货物的申报后，经过审核报关单据，查验实际货物，并依法办理征收货物税费手续或减免税费手续后，在有关单据上签盖行章，海关的监管行为结束。进口货物可由收货人提取、发运；出口货物可由发货人装船、起运。

2．担保放行

进出口货物的担保是担保人因进出口货物税款或某些证件不能及时备齐而向海关申请先予放行时，以向海关交纳保证金或提交保证函的法定方式向海关保证在一定期限内履行其在通关活动中承诺的义务的法律行为。其目的是为了确保海关监管货物的安全性，避免因纳税人无偿付能力或不履行义务而对海关造成的风险。

> **知识点**
>
> 以下货物不接受担保：
> 1）进出口国家限制进出口的货物，未领到进出口货物许可证的。
> 2）进出口金银、濒危动植物、文物、中西药品、食品、体育及狩猎枪支弹药和民用爆破器材、无线电器材、保密机等受国家有关规定管理的进出口货物，不能向海关交验有关主管部门批准文件或证明的。

3．进出口货物担保形式

1）缴纳保证金。保证金是由担保人向海关缴纳现金的一种担保形式。对要减免的进口货物在未办结有关海关手续之前，担保人申请先期放行货物，应支付保证金，保证金的金额应相当于有关货物的税费之和。

2）提交保证函。保证函是由担保人按照海关的要求向海关提交的、订有明确权利义务的一种担保文件。出具保证函的担保人必须是中国法人，可由缓税单位的开户银行担保。

4．担保的程序和期限

1）凡符合申请担保条件的货物，由申请担保人向办理有关货物进出口手续的海关申请担保，海关进行审核后，确定担保的形式。

2）以保证金形式申请担保的，由报关人向海关缴纳相当于有关货物的进口税费等额的保证金。海关收取保证金后，向报关人出具《中华人民共和国海关保证金收据》。

3）以保证函形式申请担保的，由担保人按照海关规定的格式填写保证函一式两份，并加盖担保人的公章，一份留海关备案，另一份由担保人留存。

在一般情况下，担保期不得超过 20 天，否则，由海关对有关进出口货物按规定进行处理。有特殊情况的，在担保期限内申请延长担保期限的，由海关审核，适当予以延期。暂时进口货物的担保期限按照海关对暂时进出口货物监管办法的有关规定执行，一般是在货物进口之日起6 个月内。

实训安排

1．案例分析

某企业在报关过程中，因为意外丢失外国买方的联系方式，导致在填写报关单据时有些信息无法确定。该企业为了不耽误报关时间，擅自在未确定的各项内容进行填充。

请问：该企业做法是否正确？将会有什么样的后果？该如何处理此案件？

2. 操作练习

南京甲公司作为收货人从国外进口一批货物，空运货物在上海浦东国际机场卸货。甲公司欲在南京申报进口。请问：实际操作中该如何办理？

实训指导

实训教师在带领学生实训过程中可以带领学生模拟报关流程，让学生熟悉报关的操作。

学生在实训过程中应重点掌握通关的整个过程，并能够说明这个过程。对通关的四个环节应非常熟悉，并对每一个环节的操作都要详细掌握。

作业点评

1）学生能否自主进行进出口通关的操作，环节是否清楚、正确。

2）对于案例分析，学生是否掌握分析方法，并能够条理清楚的说明问题；案例需要学生以文本形式交予教师，教师点评。

3）小组讨论需要各小组给出讨论结果，以文档或 PPT 形式提交教师，教师点评。

任务 12.3　熟悉进出口货物的转关

情境 导入

郑州市某企业使用进口料件加工成品，在郑州海关办妥出口手续，经天津海关复核放行后装船运往美国。此项加工成品复出口业务，除按规定需办理的出口手续外，同时还需要办理什么手续呢？

"转关"是指进出口货物在海关监管下，从一个设关地转运至另一设关地办理某项海关手续的行为。转关运输货物属海关监管货物，系指由进境地入境后，向海关申请转关运输、运往另一设关地点办理进口海关手续的货物；在启运地已办理出口海关手续运往出境地，由出境地海关监管放行的货物；由关境内一设关地点转运到另一设关地点应受海关监管的货物。

12.3.1　转关规定

1）进出境货物收发货人或其代理人向进境地、启运地海关提出转关申请，必须具备以下条件：①指运地和启运地设有经海关批准的监管场所。②运载转关运输货物的运输工具和装备具有密封装置和加封条件。③对超高、超长等无法封入运输装置的货物办理转关手续，必须事先得到启运地海关的同意。④承运转关运输货物的企业是经海关核准的运输企业。

2）对符合转关运输条件的转关货物，申请人必须向进境地海关、启运地海关填报《中华人民共和国海关进（出）口转关运输货物申报单》或《中华人民共和国进（出）境汽车载货清单》，并交验有关证件和货运单证。

3）转关运输货物未经海关许可，不得开拆、改装、调换、提取、交付，对海关在运输车辆上施加的封志不得擅自开启或损坏。

4）驾驶人员应按海关指定的路线，在规定的时限内将货物运至指运地海关或出境地海关。

12.3.2　进口转关流程

1）进口货物的收货人或其代理人应自运输工具申报进境之日起 14 日内，向进境地海关申报转关运输。

2）申报货物转关运输时，进口货物的收货人或代理人应填制《中华人民共和国海关进口转关运输货物申报单》（以下简称《申报单》），并交数据录入中心录入海关计算机报关自动化系统，打印成正式的申报单一式三份。

3）进口货物收货人或其代理人应如实向海关申报，并递交申报单、指运地海关签发的进口转关运输货物联系单、随附有关批准证件和货运、商业单证（如货物的提单或运单、发票、装箱单等）。

4）进口货物收货人或代理人申请办理属于申领进口许可证的转关运输货物，应事先向指运地海关交验进口许可证，经审核后由指运地海关核发进口转关运输货物联系单，并封交申请人带交进境地海关。

> **想一想**
>
> 什么是关封？

5）进境地海关在接受进口货物收货人或代理人申报递交的有关单证后，要进行核对，核准后，要将上述有关单证制作关封，交进口货物的收货人或其代理人。

6）进口货物的收货人或其代理人要按海关指定的路线负责将进口货物在规定的时限内运到指运地海关，向指运地海关交验进境地海关签发的关封，并应在货物运至指运地海关之日起 14 日内向指运地海关办理报关、纳税手续。

7）指运地海关在办理了转关运输货物的进口手续后，按规定向进境地海关退寄回执，以示进口转关运输货物监管工作的完结。

8）来往港澳进境车辆装载的转关运输货物，由车辆驾驶人员向进境地海关交验载货清单一式三份，并随附有关货运、商业单证，进境地海关审核后制作关封交申请人带交出境地海关，由出境地海关负责办理该车辆及所载货物的监管手续。

9）保税仓库之间的货物转关手续，除应按办理正常的货物进出保税仓库的手续外，亦按上述 1）～7）的程序办理手续。但在填报申报单时，在"指运地"一栏应填写货物将要存入的保税仓库名称。

10）空运转关运输货物的转关手续，当指运地与运单的目的地相同时，可免填《申报单》，海关可不签发关封，由海关在运单上加盖"海关监管货物"印章。指运地与运单目的地不同时，仍按上述 1）～7）的程序办理通关手续。

12.3.3 出口转关流程

1）出口货物的发货人或其代理人应向启运地海关申报出口转关运输货物。

2）出口货物的发货人或其代理人在申报前应填制《中华人民共和国海关出口转关运输货物申报单》（以下简称《转关运输申报单》）、《中华人民共和国海关出口货物报关单》（以下简称《出口货物报关单》），交启运地数据录入海关计算机报关自动化系统，并打印成正式的转关运输申报单和出口货物报关单，各一式三份。

3）出口货物的发货人或其代理人应持转关运输申报单、出口货物报关单及随附有关货运、商业单证，向启运地海关办理报关、纳税手续。

> **想一想**
>
> 起运地和启运地
> 有什么区别？

4）启运地海关在办理出口货物的报关、纳税手续后，签发出口转关货物联系单，并将上述有关单证制作关封，交申请人带交出境地海关。

5）出境地海关在货物出口后按规定向启运地海关退寄回执，以示出口转关运输货物监管工作的完结。

6）来往港澳的出境车辆装载的出口转关运输货物，由车辆驾驶人员向启运地海关交验出口货物报关单或载货清单一式三份，并随附有关货运、商业单证，启运地海关审核后制作关封交申请人带交出境地海关，由出境地海关负责办理该车辆及其所载货物的监管手续。

实训安排

1. 流程

请画出出口或者进口转关的流程图，并用语言说明。

2. 讨论

说明转关的具体要求及手续有哪些？

实训指导

实训教师带领学生了解转关条件和转关流程。

学生在实训过程中应能够把握转关的概念，了解转关的几种情况，能说出进出口转关的流程。

作业点评

1）学生能否自主制作出口或者进口转关的流程图，并用语言说明，环节是否清楚、正确。

2）小组讨论需要各小组给出讨论结果，以文档或 PPT 形式交予教师，教师点评。

业务操作

2014 年 3 月 1 日，上海武行进出口有限公司（SHANGHAI WUXING IMPORT & EXPORT CO., LTD）与日本海阳出口贸易公司（JAPANESE HAIYANG IMPORT AND EXPORT TRADING COMPANY）签订了一份交易合同（合同号为 B857464），要求在 2014 年 5 月 12 日将一批手机 MOBILE PHONE（HS 编码为 5674342432）从上海港运往日本东京港。上海武行进出口有限公司的此项业务由韩千（联系电话：18032214564）来负责。2014 年 5 月 1 日，公司将所有的货物备妥后，在规定装船前 10 天委托中国船舶代理公司上海分公司向上海出入境检验检疫局提出报检，货物暂时放在上海港。这批西装共有 10 000 件，共 200 箱，装在 1 个 20 英尺的普通集装箱内，贸易方式为一般贸易；货物总值为 USD 2 857 142.86；信用证号为 4323565344，承运船只的船名或航次是 MARCLOUD454。

请根据以上信息提示填写报检委托单和报关委托单。

代理报检委托书

编号：

_____ 出入境检验检疫局：

本委托人（备案号 / 组织机构代码 _____）保证遵守国家有关检验检疫法律、法规的规定，保证所提供的委托报检事项真实、单货相符。否则，愿承担相关法律责任。具体委托情况如下：

本委托人将于 _____ 年 _____ 月间进口 / 出口如下货物：

品名		HS 编码	
数（重）量		包装情况	
信用证 / 合同号		许可文件号	
进口货物收货单位及地址		进口货物提 / 运单号	
其他特殊要求			

特委托 _____（代理报检注册登记号 _____），代表本委托人办理上述货物的下列出入境检验检疫事宜：

1．办理报检手续。
2．代缴纳检验检疫费。
3．联系和配合检验检疫机构实施检验检疫。
4．领取检验检疫证单。
5．其他与报检有关的相关事宜：_____
　　联系人：_____
　　联系电话：_____

本委托书有效期至 ＿＿＿＿＿ 年 ＿＿＿＿ 月 ＿＿＿＿ 日

委托人（加盖公章）

年　　月　　日

受托人确认声明

本企业完全接受本委托书。保证履行以下职责：

1．对委托人提供的货物情况和单证的真实性、完整性进行核实。

2．根据检验检疫有关法律法规规定办理上述货物的检验检疫事宜。

3．及时将办结检验检疫手续的有关委托内容的单证、文件移交委托人或其指定的人员。

4．如实告知委托人检验检疫部门对货物的后续检验检疫及监管要求。

如在委托事项中发生违法或违规行为，我愿承担相关法律和行政责任。

联系人：＿＿＿＿＿＿＿＿＿＿＿＿＿

联系电话：＿＿＿＿＿＿＿＿＿＿＿＿

受托人（加盖公章）

年　　月　　日

代理报关委托书

编号：□□□□□□□□□□

我单位现 　　（A 逐票、B 长期）委托贵公司代理 　　等通关事宜。（A．填单申报 B．辅助查验 C．垫缴税款 D．办理海关证明联 E．审批手册 F．核销手册 G．申办减免税手续 H．其他）详见《委托报关协议》。

我单位保证遵守《海关法》和国家有关法规，保证所提供的情况真实、完整、单货相符。否则，愿承担相关法律责任。

本委托书有效期自签字之日起至 　　 年 　　 月 　　 日止。

委托方（盖章）：

法定代表人或其授权签署《代理报关委托书》的人（签字）

年　　月　　日

委托报关协议

为明确委托报关具体事项和各自责任，双方经平等协商签订协议如下：

委托方		被委托方		
主要货物名称		* 报关单编码	No.	
HS 编码	□□□□□□□□□	收到单证日期	年 月 日	
货物总价		收到单证情况	合同□	发票□
进出口日期	年 月 日		装箱清单□	提（运）单□
提单号			加工贸易手册□	许可证件□
贸易方式			其他	
原产地 / 货源地		报关收费	人民币： 元	

其他要求：

承诺说明：

背面所列通用条款是本协议不可分割的一部分，对本协议的签署构成了对背面通用条款的同意。

背面所列通用条款是本协议不可分割的一部分，对本协议的签署构成了对背面通用条款的同意。

委托方业务签章：

被委托方业务签章：

经办人签章：

经办报关员签章：

联系电话： 年 月 日

联系电话： 年 月 日

（白联：海关留存、黄联：被委托方留存、红联：委托方留存）　　　　　中国报关协会监制

小　结

　　本项目活动重点介绍了国际货物检验的基本知识及进出口货物的报关流程。它们是国际贸易操作实务中必不可少的内容，也是必须掌握的内容。具体涉及货物检验的意义、内容、合同中的商品检验条款、通关的几个关键步骤和转关。在贸易操作过程中，检验及报关出现问题也较多，要多注意商检、报关应注意的问题。

思考与练习

一、不定项选择题

1. 商品检验的内容有（　　）。

　　A. 品质检验　　　　　B. 数量检验　　　　　C. 卫生检验　　　　　D. 包装检验

2．品质检验一般采取（　　）方法。

　　A．仪器　　　　　　　B．感官　　　　　　C．看证书　　　　　D．说明

3．报关方式包括（　　）。

　　A．口头报关　　　　　B．书面报关　　　　C．EDI

4．出口货物报关时间（　　）。

　　A．装货前 24 小时　　B．装货前 14 天　　C．装货前 12 小时　　D．装货前 7 天

5．只能为自己报关的企业是（　　）。

　　A．专业报关企业　　　B．代理报关企业　　C．自理报关企业　　D．各种企业

6．电脑布控是指（　　）。

　　A．人为检查　　　　　B．突击检查　　　　C．电脑随机抽取检查

7．以下货物不得担保放行的是（　　）。

　　A．钻石　　　　　　　B．服装　　　　　　C．手机　　　　　　D．文物

8．进出口货物担保形式是（　　）。

　　A．现金担保　　　　　B．担保函　　　　　C．房产

二、判断题

1．在我国出口贸易中，一般采用在出口国检验、进口国复验的办法。　　　（　　）

2．商品检验必须在工厂检验。　　　　　　　　　　　　　　　　　　　　（　　）

3．海关查验必须在海关监管所在地。　　　　　　　　　　　　　　　　　（　　）

4．报关要先进行电子报关，即预录入。　　　　　　　　　　　　　　　　（　　）

5．通关流程主要有报关、查验、纳税、放行。　　　　　　　　　　　　　（　　）

三、简答题

1．报关流程是什么？

2．商品检验的内容有哪些？

3．进出境货物收发货人或其代理人向进境地、起运地海关提出转关申请的条件有哪些？

项目 **13**

进出口商品装运

学习目标

认识国际货物运输是一笔交易能否顺利完成的关键，按时、保质、保量地将货物装运，安全、迅速、准确、方便地利用各种运输工具，选择适当的运输方式和路线，实现货物国际间的转移是国际运输的重要内容，了解各种运输方式的特点、规律、基本常识、运作程序，明确装运条款的订立及其运输费用的计算。

任务 13.1 比较各种运输方式

情境导入

我国某公司与南美商人商谈达成一笔花生酥糖交易，因为花生酥糖容易受热变软。请问：该批货物应采取什么运输方式？

运输的工具主要是车、船、飞机、管道等，相应的运输的方式也有铁路、公路、航空、水路和管道运输五种。

13.1.1 海洋运输的特点

海洋约占地球总面积的 71%，国际贸易中 2/3 以上的货物要通过海上运输。因此，海运是国际贸易中主要的运输方式。特点如下：

1）运力强。天然航道，不受道路限制，遇到特殊情况还可改道航行。

2）运量大。一般杂货船可载 1 万～2 万吨。集装箱船第五代可载重 6 万～7 万吨，巨型油轮可装 80 万吨以上。一艘万吨级货轮载重量相当于 250～300 个车皮的载重量。

3）运费低。运量大，分摊的运输成本就少，运价低廉，大约为铁路运费的 1/5，公路运费的 1/10，航空运费的 1/30。

4）速度慢。由于船体大，水的阻力高，所以速度慢。

5）风险大。易受自然条件的影响，如遇到暴风、巨浪、雷击、迷雾等容易出事故。

13.1.2　铁路运输的特点

铁路运输是一种仅次于海洋运输的主要货运方式，它运量较大、速度较快、不受气候条件的影响、货运手续简单、发货人可就近办理托运和提货手续。我国对外贸易运输中有国际铁路货物联运和国内铁路运输两种。

1. 铁路运输的优点

1）运行速度快。

2）运输能力大，一般每列客车可载旅客 1800 人左右，一列货车可装 2000～3500 吨货物，重载列车可装 20 000 多吨货物；单线单向年最大货物运输能力达 1800 万吨，复线达5500 万吨。

3）铁路运输过程受自然条件限制较小，连续性强，能保证全年运行。

4）火车客货运输到发时间准确性较高，运行比较平稳，安全可靠。

5）平均运距分别为公路运输的 25 倍，为管道运输的 1.15 倍，但不足水路运输的一半，不到民航运输的 1/3。

6）铁路运输成本较低，其价格只相当于公路运价的 1/5。

7）能耗较低，每千吨公里耗标准燃料为汽车运输的 1/15～1/11，为民航运输的 1/174，但是这两种指标都高于沿海和内河运输。

2. 铁路运输的缺点

1）投资太高，单线铁路每公里造价为 100 万～300 万元，复线造价在 400 万～500 万元。

2）建设周期长，一条干线要建设 5～10 年，而且，占地太多，随着人口的增长，将给社会增加更多的负担。

因此，综合考虑，铁路适于在内陆地区运送中、长距离、大运量，时间性强、可靠性要求高的一般货物和特种货物；从投资效果看，在运输量比较大的地区之间建设铁路比较合理。

13.1.3　公路运输的特点

公路运输是一种现代化运输方式，也是车站、港口和机场集散进出口货物的重要手段。公路运输适于同周边国家的货物输送，以及我国内地同港、澳地区的部分货物运输。

1. 公路运输的优点

1）机动灵活，货物损耗少，运送速度快，可以实现门到门运输。

2）投资少，修建公路的材料和技术比较容易解决，易在全社会广泛发展，可以说是公路运输的最大优点。

2. 公路运输的主要缺点

1）运输能力小，每辆普通载重汽车每次只能运送 5 吨货物，长途客车可送 50 位旅客，仅相当于一列普通客车的 1/36～1/30；

2）运输能耗很高，分别是铁路运输能耗的 10.6～15.1 倍，是沿海运输能耗的 11.2～15.9 倍，是内河运输的 19.1～113.5 倍，是管道运输能耗的 4.8～6.9 倍，但比民航运输能耗低，只有民航运输的 6%～87%。

3）运输成本高，分别是铁路运输的 11.1～17.5 倍，是沿海运输的 27.7～43.6 倍，是管道运输的 13.7～21.5 倍，但比民航运输成本低，只有民航运输的 6.1%～9.6%。

4）劳动生产率低，只有铁路运输的 10.6%，是沿海运输的 1.5%，是内河运输的 7.5%，但比民航运输劳动生产率高，是民航运输的 3 倍。此外，由于汽车体积小，无法运送大件物资，不适宜运输大宗和长距离货物。公路建设占地多，随着人口的增长，占地多的矛盾将表现得更为突出。

公路运输比较适宜在内陆地区运输短途旅客、货物，因而，可以与铁路、水路联运，为铁路、港口集疏运旅客和物资，可以深入山区及偏僻的农村进行旅客和货物运输；在远离铁路的区域从事干线运输。

13.1.4 航空运输的特点

航空运输是一种现代化的运输方式，它具有速度快、货运质量高、不受地面条件限制的特点。适用于运送急需物资、鲜活商品、精密仪器等，如羊绒、丝绸、电脑、菌苗等。

1. 航空运输的优点

1）运行速度快。

2）机动性能好，几乎可以飞越各种天然障碍，可以到达其他运输方式难以到达的地方。

2. 航空运输的缺点

1）飞机造价高、能耗大。

2）运输能力小。

3）技术复杂。

4）成本过高。

可见，航空运输只适宜长途旅客运输和体积小、价值高的物资，鲜活产品及邮件等货物运输。

13.1.5 管道运输

管道运输是随着石油和天然气产量的增长而发展起来的，目前已成为陆上油、气运输的主要运输方式，近年来输送固体物料的管道，如输煤、输精矿管道，也有很大发展。

1. 管道运输的优点

1）运输量大，国外一条直径 720 毫米的输煤管道，一年即可输送煤炭 2000 万吨，几乎相当于一条单线铁路单方向的输送能力。

2）运输工程量小，占地少，管道运输只需要铺设管线，修建泵站，土石方工程量比修建铁路小得多。而且在平原地区大多埋在地下，不占农田。

3）能耗小，在各种运输方式中是最低的。

4）安全可靠，无污染，成本低。

5）不受气候影响，可以全天候运输，送达货物的可靠性高。

6）管道可以走捷径，运输距离短。

7）可以实现封闭运输，损耗少。

2．管道运输的缺点

1）专用性强，只能运输石油、天然气及固体料浆（如煤炭等），但是，在它占据的领域内，具有固定可靠的市场。

2）管道起输量与最高运输量间的幅度小，因此，在油田开发初期，采用管道运输困难时，还要以公路、铁路、水陆运输作为过渡。

13.1.6　国际多式联运

"国际多式联运"是以集装箱装载形式把各种运输方式连贯起来进行国际运输的一种新型运输方式。

1．国际多式联运必须具备以下五个条件

1）至少是两种不同运输方式的国际间连贯运输。

2）有一份多式联运合同。

3）使用一份包括全程的多式联运单据。

4）由一个多式联运经营人对全程运输负责。

5）是全程单一的运费费率。

2．多式联运的优势

1）降低了传统分段运输的时间损失以及破损、盗失风险。

2）减少了分段运输的有关单证和手续的复杂性。

3）降低了全程运输的各种相关费用。

4）货主只需与多式联运经营人一方联系，多式联运经营人对托运人的货物负全程责任。

5）多式联运经营人提供的全程运费更便于货主就运价与买方达成协议。

6）运输成本的降低有助于产品总物流成本的降低，从而提高产品的市场竞争力。

实训安排

1．讨论

王川运输 200 吨土特产从重庆到上海，他应该选用哪种运输方式？为什么？

2．分析

请从运力、运距、运量、运速以及运费等方面制作表格比较几种运输方式的优缺点。

实训指导

本节内容简单易懂，同学们可以清楚地了解生活中常见的几种运输方式及它们各自不同的特点。通过横向的对比大家可以非常直观地分析其优缺点，有利于大家对这部分内容的掌握。讨论的题目同学应该考虑不同运输方式的特点，给予解答，并说出理由。

作业点评

1）学生能否自主说明五种运输方式的不同特点，并将其进行横向的对比。

2）对于讨论，学生应掌握分析方法，并能够条理清晰，有理有据的分析。

任务 13.2 熟悉贸易合同中的运输条款

情境导入

某年我国某公司与非洲客户签订一项商品销售合同。当年12月起至次年6月交货，每月等量装运30吨，凭不可撤销信用证，提单签发后60天付款。对方按时开来信用证，证内装运条款仅规定："最迟装运期为6月30日，分数批装运。"我经办人员检证内未有"每月等量装运30吨"字样，为了早出口、早收汇，便不顾合同装运条款，除当年12月按合同规定等量装出第一批外，其余货物分别于次年1月底，2月底两次装完，我银行凭单议付。问：这样交货有无问题？

所谓装运条款，就是合同中关于卖方应如何交货以及何时交货等问题的规定。装运条款的订立与合同性质及运输方式有着密切的关系。我国出口合同大部分使用 FOB、CIF、CFR 术语，且多数通过海洋运输。根据国际惯例，此类合同，卖方将货装上指定船只即算完成交货。因此，其装运条款主要有装运时间、地点、目的港、是否允许分批与转船、装运通知以及滞期、速遣条款等项内容。

13.2.1 装运时间

装运时间又称装运期，是卖方将货物装上运输工具或交给承运人的期限。它是根据买方的需要和卖方的供应情况来安排的。一般买方都希望严格按照合同规定的装运期交货，因为早装了会积压买方资金，迟装了又会导致市场脱销或停工待料。因此，装运时间的制定要协调合理，适时妥当。

1. 装运时间的规定方法

1）明确规定具体装运时间，但不确定在某一日期上，而是确定在一段时间内。如果规定在7月份装运（shipment during July），则卖方可在7月1日至7月31日一个月内任何时间装运。

2）规定在收到信用证后若干天内装运。如收到信用证45天内装运（shipment within 45 days after receipt of L/C.）。采用此种方法，同时要规定最迟的开证日期（latest opening date），避免买方拖延时间，影响合同按期履行。对外汇管制较严的国家或地区出口，或买方资信了解不够，或专门为买方特制的商品，往往采取上述规定方法，确保合同按期履行。

3）收到信汇、电汇或票汇后若干天内装运。在 FOB 条件电汇支付的情况下，普遍使用这种方法。例如，收到你方30%电汇货款后30天内装运（shipment will be effected within 30days after receipt of your30% deposit of the total amount by T/T.）。

4）笼统规定近期装运。例如，立即装运（immediate shipment），即刻装运（prompt shipment），尽速装运（shipment as soon as possible）。

2．规定装运时间的注意事项

1）考虑货源与船源的实际情况。不同的商品有不同的生产周期，有的长些，有的短些，根据具体情况测算好生产周期，以便在生产即将结束时与船公司衔接好承运日期，避免造成有货无船，或有船无货的被动局面。

2）装运期限应当适度。装运期限的长短，应视不同的商品和租船订舱的实际情况而定，过短会给船、货的安排带来困难；过长会造成买方积压资金，影响卖方售价，不利成交。

3）注意装运期与开证日期的衔接，避免使用笼统的规定方法。一般来说，开证日期比装运日期要提前30～45天（根据不同商品具体而定）。

13.2.2　装运港和目的港

装运港（port of shipment）是指货物起始装运的港口，对于FOB合同，装运港为合同要件。目的港（port of destination）是指最终卸货的港口，对于CIF合同，目的港为合同要件。装运港和目的港的确定，不仅关系到卖方履行交货义务和货物风险何时转移，而且关系到运费、保险费以及成本和售价的计算等问题，因此必须在合同中具体规定。

1．装运港的规定方法及注意事项

装运港一般由卖方提出，买方同意后确定。应选择接近货源地、储运设施较完备的港口，同时考虑港口和国内运输的条件及费用水平。

1）一般情况下，规定一个装运港，例如，在大连港装运（shipment from Dalian）。

2）如数量较大或来源分散，集中一点装运有困难，可规定两个或两个以上装运港。

3）有时货源不十分固定，可不规定具体港口。例如，在中国港口装运（shipment from Chinese port）。目前我国的装运港主要有大连港、秦皇岛港、香港、烟台港、青岛港、连云港、南通港、上海港、宁波港、温州港、福州港、厦门港、汕头港、广州港、黄埔港、湛江港、北海港及台湾省的基隆港和高雄港等。

2．目的港的规定方法及注意事项

目的港一般由买方提出，卖方同意后确定。通常规定一个目的港，有时明确目的港有困难，买方可规定两个或两个以上的目的港，个别也有作笼统规定的，如目的港：伦敦、利物浦、曼彻斯特（port of destination：London/ Liverpool/ Manchester），或目的港：欧洲主要港口（european main ports, E.M.P.）。

在出口交易中，选择目的港应当注意的问题如下：

1）力求具体明确。如"西欧主要港口"，因对主要港口的概念无统一解释，易引起纠纷，应避免使用。但在实际业务中，也可允许在同一区域规定两个或两个以上的邻近港口作为可供选择的目的港，以照顾那些在订约时不能确定目的港的中间商客户。但要明确规定：选港增加的运费、附加费由买方承担，买方必须在开证同时告知最后目的港。

2）注意目的港的条件。如有无直达班轮航线，装卸条件及运费、附加费水平等，这些关系到货运成本及租船订舱等问题。

3）一般不接受指定某个码头卸货。如需要可视船方能否接受，再作规定。

4）注意国外港口有无重名问题。为了避免错发错运，应明确目的港所在国和地区。

5）不能接受内陆城市为目的港的条件（多式联运除外）。对内陆国家出口，应选择距离该国目的地最近的港口为目的港。

13.2.3　分批装运和转船

1．分批装运

（1）分批装运的含义

分批装运是指一笔成交的货物，分若干批次在不同航次、车次、班次装运。而同一船只、同一航次中多次装运货物，即使提单装船日期不同，装货港口不同，也不能按分批装运论处。

（2）分批装运的原因

1）数量大，卖方不能做到货物一次交付或备货资金不足。

2）有的进口商，本人无仓库，货到后直接送工厂加工。提前到货无处存放，迟交货可能造成停产。

3）运输条件的限制。

（3）分批装运的规定方法

1）只注明允许分批装运，但不作具体规定。例如，partial shipment is allowed 。

2）规定时间和数量的分批。例如，7、8、9 月每月装 1000 吨（shipment during July/August/September 1000 m/t monthly）。规定等量分批装运时，最好在等量前加"约"字，以便灵活掌握。类似限批、限时、限量的条件，卖方应严格履行约定，只要其中任何一批未按时、按量装运，就可作为违反合同论处。如采用 L/C 支付，一批未按时交付，则本批及以后各批均告失效。

3）规定不准分批装运。例如，Partial shipment is not allowed。

2．转船装运

（1）转船的含义

货物装运后，需要通过中途港转运的称为转船（transshipment），买卖双方可以在合同中商定"允许转船"（transshipment to be allowed）条款。

（2）转船的原因

①无直达船舶。②规定用集装箱装运，但装运港无装卸设备，须集中到其他口岸装箱。

3．分批装运和转船的有关规定

在信用证业务中，除非信用证明示不准分批装运和转船，否则卖方有权分批装运和转船。

13.2.4　滞期、速遣条款

大宗货物多数采用程租船运输。由于装卸时间直接关系到船方的经济效益，在租船人负责装卸货物的情况下，租船合同中船方一般对货物的装卸时间要做出明确规定，并制定罚款和奖励办法，用以约束租船人。但是，在业务中，负责装卸货物的不一定是租船人，可能是买卖合同的另一方，如 FOB 合同的租船人是买方，而装货是卖方；反之，CIF 合同的租船人是卖方，而卸货的则是买方。因此，负责租船的一方为了敦促对方及时完成装卸任务，就必须在买卖合同中规定装卸时间、装卸率和滞期、速遣条款。

1．装卸时间

（1）装卸时间的定义

装卸时间（lay time）是指允许完成装卸任务所约定的时间。一般以天数或小时来表示，常见方法有如下几种：

1）天（days）或连续日（running days）。指从午夜零时到次日午夜零时，不管天气如何，有一天算一天，没有任何扣除。适合装运矿石、石油等使用油管、传送带装卸的货物。

2）累计 24 小时工作日（working days of 24 hours）。累计 24 小时作为一个工作日，如某港口每天作业为 8 小时，则作业三个工作日才能算租约合同中的一个工作日。

3）连续 24 小时晴天工作日（weather working days of 24 consecutive hours）。指在好天气情况下，连续作业 24 小时算一个工作日，因坏天气不能作业的时间扣除。这种方法适用于昼夜作业的港口。我国一般采用这种办法。除此之外，有时还有按"港口习惯速度尽快装卸"办理的，这种方法容易产生纠纷，尽量少用。

（2）装卸的起止时间

一般是在船长向租船人递交"装卸准备就绪通知书"后开始起算。各国习惯上都以货物装完或卸完的时间作为装卸的止算时间。

2．装卸率

装卸率（load/discharge rate）是指每日装卸货物的数量。一般按照港口的正常装卸速度，实事求是规定，不能过高也不能过低。过高，完不成装卸任务，要承担拖期损失；过低，虽然能提前完成任务，但船方会因装卸率低、船舶在港时间长而增加运费，也使租船人得不偿失。

3．滞期费和速遣费

滞期费（demurrage）是指在规定的装卸期限内，租船人未完成装卸作业，给船方造成经济损失，租船人对超过的时间向船方支付一定的罚金。速遣费（dispatch money）是指在规定的装卸期限内，租船人提前完成装卸作业，使船方节省了在港开支，船方向租船人支付一定的奖金。按惯例，速遣费一般为滞期费的一半。滞期、速遣条款的规定要与租船合同规定的内容协调起来，避免出现一方面支付滞期费，另一方面又要支付速遣费的矛盾局面。

实训安排

1．案例

有份 CIF 合同，发售矿砂 5000 公吨，合同装运条款规定："CIF Hamburg，2014 年 2 月份：由一船或数船装运。"买方于 2 月 15 日装运了 3100 公吨，余数又在 3 月 1 日装上另外一艘轮船。当卖方凭票据向买方要求付款时，买方以第二批货物延期装运为由，拒绝接受全部票据，并拒付全部货款，卖方提出异议，认为买方无权拒收全部货物。请问：买方的做法是否正确，为什么？

2．总结

装运港和目的港在合同中的地位如何？规定装运港和目的港应注意什么问题？

3．小组讨论

何谓滞期费和速遣费？在买卖合同中为什么要规定滞期、速遣条款？

实训指导

实训教师在本活动中带领学生认真学习装运条款，并能以大量的事实案例作为依据，让学生练习编制装运条款。

学生在实训过程中应注意了解装运条款，对于装运时间、装运地、分批转船等有清楚的了解。

作业点评

1）总结的题目，学生应以作业 PPT 形式上交，最好在理解的基础上用自己的语言加以解释。

2）讨论与案例分析内容可以分组进行，每组派代表进行阐述，教师给予点评。

任务 13.3 了解各种运输方式

情境 导入

国际贸易中海运及空运两种堪称最主要的运输方式，它们是如何承载大批货物的运输呢？在运输过程中，它们又是以何种方式来进行的呢？王峰在做业务的时候，遇到一客户，他的货物运到国外一个非常小的港口，王峰咨询了很多船公司，都没有直达船只，那王峰应该怎么做呢？

13.3.1 海洋运输方式

国际海上货物运输根据船舶营运方式不同分为班轮运输与租船运输两种。班轮运输是国际货物运输的主要方式之一。我国海运总量的 70% 通过班轮运输。

1．班轮运输

班轮运输又称定期船运输，它是在一定航线上、一定的停靠港口、定期开航的船舶运输。

班轮运输的特点：

1）四固定。即固定航线、停靠港口、船期和运费费率。

2）管装管卸。承运人负责配载装卸，承、托双方不计装卸时间及滞期费或速遣费。

3）各类货物都可接受。包括冷冻、易腐、液体、危险品之类的货物，在码头仓库交接货物，方便货主。

4）承、托双方的权利、义务和责任豁免以班轮提单上所载条款为依据。

2．租船运输

租船运输又称不定期船运输，是指租船人向船东租赁船舶用于运输货物的业务。

（1）租船运输的特点

1）无固定航线、港口、船期、运价、租金及装卸费用，这些需要船货双方根据货物情况及船运市场供求关系商定。

2）适合运输大宗低价货物，如粮食、矿砂、煤炭、化肥、水泥等。

（2）租船运输的方式

租船运输的方式主要有航次租船、定期租船、光船租船和包运租船四种。其中最基本的租船运输的经营方式是具有运输承揽性质的航次租船。

1）定程租船（voyage charter，trip charter）。定程租船又称为程租船或航次租船。

定程租船方式下，船方必须按租船合同规定的航程完成货物运输任务，并负责船舶的经营管理及在航行中的费用开支；租船人则应该支付双方约定的运费。其特点表现在：①船舶所有人负责船舶的营运调度、配备和船员管理。②船舶所有人负责营运所支付的费用。这些费用包括：船员工资和伙食、船舶物料、船舶保养费、燃料费、港口使费、引水费、合同规定的装卸费等其他费用。③运费率，也称"租金"，通常由双方商定，一般还在租约中订有装卸及滞期和速遣条款。④航次租船的租期。程租船租期的长短取决于完成一个航次或几个航次所费的时间，严格来讲，是从被租船舶开往装货港起至在目的港卸货完毕的这段时间。

所以，程租船是指由船舶所有人负责提供船舶，在指定港口之间进行一个航次或数个航次，承运指定货物的租船运输业务。

2）定期租船（the charter）。定期租船又称期租船。定期租船方式下，租船人可根据租船合同规定的航行区域，自行使用和调度船舶，一般期租船在各航次中所产生的燃料费、港口费、装卸费等费用，均由租船人负担，船方仅负担船员薪金、伙食等费用以及因保持船舶在租赁期间具有适航价值而产主的有关费用。船方和承租人双方的权利、义务应在租船合同中订明，并应按其约定履行合同。其特点为：①船舶所有人负责配备船员，并负担其工资和伙食。②承租人拥有包括船长在内的船员指挥权，否则有权要求船舶所有人予以撤换。③承租人负责船舶的营运调度，并负担船舶营运中的可变费用，包括燃料费、港口使费、引水费、货物装卸费及租船合同中规定的其他费用等。④船舶所有人负担船舶营运的固定费用，包括船舶资本的有关费用、船用物料费、润滑油费、船舶保险费、船舶维修保养费等。⑤船舶租赁以整船出租，则租金按船舶的载重吨、租期以及商定的租金率计收。

因此，期租船是船舶所有人将船舶出租给承租人，供其在一定时期内使用的租船运输业务。租期短的可以是几个月，长的可达几年或十几年。在租赁期间内，船舶交租船人掌握和调度。

3）光船租船。光船租船方式又称船壳租船。这种租船方式实质上是一种财产租赁方式，船舶所有人不具有承揽运输的责任。在租期内，船舶所有人只提供一艘空船给承租人使用。船舶配备船员，负责营运管理和供应，以及一切固定或变动的营运费用都由承租人负担，船舶所有人在租期内除了收取租金外，对船舶和经营不再承担任何责任和费用。

4）包运租船。包运租船是指船舶所有人向承租人提供一定吨位的运力，在确定的港口之间，按事先约定的时间、航次周期和每航次较为均等的运量，完成合同规定的全部货运量的租船方式。

13.3.2　航空运输运输方式

1. 班机运输

班机运输是指在固定航线上飞行的航班，它有固定的始发站、途经站和目的站。一般航空公司都使用客货混合型飞机。

2. 包机运输

包机运输是指包租整架飞机或由几个发货人（或航空货运代理）联合包租一架飞机来运送货物。因此又分为整包机和部分包机两种形式。前者适合运送大批量的货物，后者适用于多个发货人，但货物到达站又是同一地点的货物运输。

3. 集中托运

由空运货代公司将若干个发货人的货物集中起来组成一整批货，由其向航空公司托运到同一到站，货到国外后由到站地的空运代理办理收货、报关并分拨给各个实际收货人。此种方式运费低，业务中较多采用。

4. 急件传递

它是由专门经营这项业务的公司与航空公司合作，设专人用最快的速度在货主、机场、用户之间进行传递。适用于急需的药品、贵重物品、货样及单证等传送，被称为"桌到桌运输"。

实训安排

1. 资料查询
- 租船运输主要包括哪两种方式？它们有何区别？
- 航空运输的方式有哪几种？

2. 介绍

世界著名的快递公司。

3. 绘图说明

班轮运输、租船运输的流程。

实训指导

实训教师带领学生重点了解海运、空运的运输方式，并能提供资料让学生根据资料选择合理的运输方式安排货物运输。

学生在实训中对海运、空运的运输方式应牢牢掌握，对其特点、形式以及流程应把握清楚。可以清楚说明班轮运输、租船运输的特点和运输流程，能够介绍世界著名的几家快递公司，如 TNT\UPS\DHL 等。

作业点评

1）学生以 PPT 形式上交作业，最好在理解的基础上用自己的语言加以解释。

2）介绍及绘图部分分组进行，每组派代表进行阐述，教师给予点评。

任务 13.4　了解国际贸易中的运费

情境 导入

某公司出口到澳大利亚悉尼港某商品 100 箱，每箱毛重 30 千克，体积 0.035 立方米，运费计算标准为 W/M10 级。查 10 级货直运悉尼港基本运费为 200 元人民币，加燃油附加费 28%，港口拥挤费 25%。请问该缴纳多少运费？

13.4.1　海运运费

1. 运费的计算依据

（1）班轮运价

班轮运价是按照班轮运价表的规定计算，为垄断性价格。不同的班轮公司或不同的轮船公司有不同的运价表，但它都是按照各种商品的不同积载系数，不同的性质和不同的价值结合不同的航线加以确定的。班轮运费是由基本费率和附加费（如果有规定的话）两个部分构成的。

所以，一些港口只查到基本费率，还不一定是实际计算运费的完整单价。

班轮运费是由基本费率和附加费（如果有规定的话）两个部分构成的。

1）基本费率（basic rate）是指每一计费单位（如一运费吨）货物收取的基本运费。即航线内基本港之间对每种货物规定的必须收取的费率，也是其他一些百分比收取附加费的计算基础。

基本费率有等级费率、货种费率、从价费率、特殊费率和均一费率之分。

2）附加费（surcharges）为了保持在一定时期内基本费率的稳定，又能正确反映出各港的各种货物的航运成本，班轮公司在基本费率之外，为了弥补损失又规定了各种额外加收的费用。

如燃油附加费、货币贬值附加费、超重附加费、选港附加费、港口拥挤附加费、直航附加费、绕航附加费等。

（2）租船运价

1）程租船的运费按货物的数量计算，有预付的、到付的、还有部分预付部分到付的。

2）期租船的租金按船舶的夏季满载载重吨计算，按月或按半月预付。

3）也有按包船算的。

2. 海运运费计算标准

1）按重量吨计收，称为重量吨，表内列明"W"，以每公吨或每长吨为计算单位。

2）按货物体积计收，称为尺码吨，表内列明"M"，一般按 1 立方米或 40 立方英尺为一尺码吨作为计算单位。

3）按体积或重量，由船方选择而计算，表内列为"W/M"。

4）按商品的 FOB 价值的一定百分比计收，称为从价运费（Ad Valorem），表内列明为 Ad Val 或 A.V.。

5）按混合标准计收，如 W/M plus AV 等，即按重量吨或尺码吨再加从价运费。

6）按件（per unit）或头（per head）计收。

7）对于大宗商品，如粮食、矿石、煤炭等，因运量较大，货价较低，容易装卸等原因，船公司为了争取货源，可以与货主另行商定运价。

3. 海运运费计算步骤

1）选择相关的运价本。

2）根据货物名称，在货物分级表中查到运费计算标准和等级。

3）在等级费率表的基本费率部分，找到相应的航线，启运港，目的港，按等级查到基本运价。

4）再从附加费部分查出所有应收（付）的附加费项目和数额（或百分比）及货币种类。

5）根据基本运价和附加费算出实际运价。

6）运费＝运价 × 运费重量或体积＝运费重量或体积 × 基本运价 ×（1＋各种附加运费）× 数量

【例】 上海运往肯尼亚蒙巴萨港口"门锁"（小五金）一批计 100 箱。每箱体积为 20 厘米 ×530 厘米 ×540 厘米。每箱重量为 25 公斤。当时燃油附加费为 40%。蒙巴萨港口拥挤附加费为 10%。计算运费。

计算方法如下：

1）查阅货物分级表。门锁属于小五金类，其计收标准为 W/M，等级为 10 级。

2）计算货物的体积和重量。

100 箱的体积为（20 厘米 ×30 厘米 ×40 厘米）×100 箱＝2.4（立方米）。

100 箱的重量为 25×100 箱＝2.5（公吨）。

由于 2.4 立方米小于 2.5 公吨，因此计收标准为重量。

3）查阅"中国 - 东非航线等级费率表"，10 级费率为 443 港元，则基本运费为

$$443×2.5=1107.5（港元）$$

4）附加运费为

$$1107.5×（40\%+10\%）=553.75（港元）$$

5）上海运往肯尼亚蒙巴萨港 100 箱门锁，其应付运费为

$$1107.50+553.75=1661.25（港元）$$

13.4.2 航空运价

1. 空运计费重量

所谓计费重量就是据以计算运费的货物的数量。

1）重货（high density cargo）。重货是指那些每6000 立方厘米或每 366 立方英寸重量超过 1 千克或者每 166 立方英寸重量超过一磅的货物。重货的计费重量就是它的毛重。

如果货物的毛重以千克表示，计费重量的最小单位是 0.5 千克。当重量不足 0.5 千克时，按 0.5 千克计算；超过 0.5 千克不足一公斤时按一公斤计算。如果货物的毛重以磅表示，当货物不足一磅时，按一磅计算。

> **注**：有些地方，每 7000 立方厘米超过 1 千克的称为重货。

2）轻货（low density cargo）。轻货或轻泡货物是指那些每 6000 立方厘米或每 366 立方英寸重量不足 1 千克或者每 166 立方英寸重量不足 1 磅的货物。

轻泡货物以它的体积重量（volume weight）作为计费重量，计算方法是：①不考虑货物的几何形状分别量出货物的最长、最宽、最高的部分，单位为厘米或英寸，测量数值的尾数四舍五入。②将货物的长、宽、高相乘得出货物的体积。③将体积折合成公斤或磅，即根据所使用不同的度量单位分别用体积值除以 6000 立方厘米或 366 立方英寸或 166 立方英寸。体积重量尾数的处理方法与毛重尾数的处理方法相同。

3）多件货物。在集中托运的情况下，同一运单项下会有多件货物，其中有重货也有轻货，此时货物的计费重量就按照该批货物的总毛重或总体积重量中较高的一个计算。也就是首先计算这一整批货物总的实际毛重；其次，计算该批货物的总体积，并求出体积重量；最后，比较两个数值，并以高的作为该批货物的计费重量。

2. 运价种类

运价是指机场与机场间的空中费用，不包括提货、报关、接交、仓储以及承运人、代理人或机场收取的各种费用。运价通常分三类：

1）特种货物运价（special cargo rate, SCR）。指航空公司对一些特定的货物在特定的航线上给予一种特别优惠的运价。特种运价规定有起码重量，如达不到所规定的起码重量则不能按此运价计算，因它比普通货物运价低，只能按规定的最低运价计算。

2）等级货物运价（class cargo rate, CCR）。它仅适用于少数货物，如：活动物、装活动物的箱子和笼子；贵重物品；尸体；报刊、书籍、商品目录、盲聋哑人专用设备；作为货物托运的行李。通常是在"一般货物运价"基础上加或减一定的百分比计收。

3）一般货物运价（general cargo rate, GCR）。如货物的种类既不适用特种货物运价也不适用等级货物运价，就必须按一般货物运价计收。它以 45 千克为划分点，45 千克以上较 45 千克

以下的运价低，即，货物的重量越大其运价就越低。

运价分上述三种，而运费是选择其中之一计算。如遇两种运价均适用，首先应选择特种货物运价，其次是等级货物运价，再次才是一般货物运价，这是选用的一般原则。

3. 空运运费计算

1）计费重量。航空公司规定，在货物体积小，重量大时，按实际重量计算；在货物体积大，重量小时，按体积计算。在集中托运时，一批货物由几件不同的货物组成，有轻泡货也有重货。其计费重量则采用整批货物的总毛重或总的体积重量，按两者之中较高的一个计算。

2）计费参考运价，按 SCR → CCR → GCR 顺序参考运价。

知识点

声明价值

根据《华沙公约》规定，由于承运人的失职造成货物损坏、丢失或延误等应承担赔偿责任，其最高赔偿限额每公斤（毛重）为 20 美元或 7.675 英镑或等值的当地货币。如货物的实际价值每公斤超过上述限额，若发货人要求在发生货损差时全额赔偿，则发货人在托运货物时就应向承运人或空代声明货物的价值，但应另付一笔"声明价值附加费"。一般按声明价值额的 0.4%～0.5% 收取。如果发货人不办理声明价值，则应在运单有关栏目内填上"N.V.D"字样。声明价值必须一票运单上的全部货值，不得部分办理。每票运单上的声明价值不得超过 10 万美元或等值的其他货币。

3）航空公司均规定起码运费，如货物运费低于起码运费，则按起码运费计收。

4）航空公司一般对运费等级加以规定，如 M 表示起码运费，N 表示 45 千克以下货物，不同重量的货物运费收取标准不同，重量越大其对应的运价就越低。

5）货物既可按重量又可按体积计算运费时，从高计收。

【例】 我方出口羽绒服一批，总毛重 312 千克，总体积 2.275 立方米。航空运输协会规定每 7000 立方厘米折算 1 千克，从高收取运费。该出口公司所在地至出口目的地日本大阪空运运价每千克 120 日元。试计算该批货物应付多少运费？（计算结果保留两位小数）

解：7000 立方厘米 = 7 立方分米 = 0.007 立方米

2.275/0.007 = 325 千克 > 312 千克，所以计费重量应该等于 325 千克

空运费 = 120 × 325 = 39 000 日元，约等于 2613 元人民币（按 1 日元 = 0.067 元人民币换算）

实训安排

1. 计算

➤ 某轮从上海装运 10 吨，共计 11.3 立方米蛋制品，到英国普利茅斯港，要求直航。经查货物分级表可知，蛋制品是 10 级，计算标准是 W/M。中国－欧洲地中海航线等级费率表之 10 级货物的基本费率为 116 元 / 吨。经查附加费率表可知，普利茅斯港直航附加费，每计费吨为 18 元；燃油附加费为 35%；求运费。

➤ 出口商品共 100 箱，每箱的体积为 30 厘米 ×60 厘米 ×50 厘米，毛重为 40 千克，查运费表得知该货为 9 级，计费标准为 W/M，基本运费为每运费吨 109HK$，另收燃油附加费 20%，港口拥挤费 20%，试计算该批货物的运费是多少 HK$（港元）？

2. 资料查询

➤ 铁路运输如何计价？
➤ 公路运输如何计价？

实训指导

实训教师指导学生掌握海运费和航空运费的计算。

学生应在实训过程中多多练习各种运费的计算，能够熟练掌握，同时，可以多多了解除了海运空运外的铁路运输，公路运输运费是如何计算的。

作业点评

1）学生是否掌握运费计算技巧。
2）计算是否正确。

业务操作

制 单

顶通物流有限公司是国内一家以货物运输为主营业务的第三方物流企业，公司内部分为业务部、仓储部、运输部、客服部等职能部门，并在全国各主要省会城市设有分公司。

（一）2014年4月20日，顶通物流有限公司上海分公司业务员王秋接到春景服饰有限公司的业务需求，给予春景服饰的客户编号为KH014，经双方商讨，签订货物托运合同，从上海的工厂将物品运送到在南京的分公司。合同中涉及的托运货物如下：

1．女士长裙（黑色/S），2000件，总量4000千克，体积12立方米。

2．男士长裤（灰色/XL），800条，总量1000千克，体积4立方米。

3．男士衬衣（白色/XL），3000件，总量5000千克，体积14立方米。

（二）联系方式：

上海办公室的地点是：上海市徐汇区天目西路102号，联系人：张明，电话021-58793821，邮编200231。

上海工厂的地址是：上海市嘉定区嘉定公路1192号，联系人：张珊，电话021-75836382，邮编200043。

南京分公司的地址是：南京市鼓楼区幕府西街344号，联系人：吴明，电话025-84739382，邮编210003。

（三）合同细节要求：

春景服饰将货物委托给顶通物流进行货物运输及送货服务，为保障托运人的权利及货物安全的保障，对托运物品进行保险，针对合同中的三种商品均进行投标，货物投保总价值为300 000元人民币，投保费率为货品价值的1%，货物要求在4月25日之前送到托运人制定地点，运费为3000元，取派费用为300元，预付50%费用，凭客户签字的运单作为回执单，方可结清剩余运费。

（四）王秋根据春景服饰有限公司的合同要求，编制作业通知单并下达指令给公司运输部门调度负责人易达。运输部可以调度的资源如下：

1. 车辆：车辆A，车牌号沪A-76821，载重量9吨，容积40立方米；车辆B，车牌号沪B-74821，载重量17.6吨，容积35立方米。

2. 人员：司机张万13676487637，搬运工人两人。

（五）运输部调度又同时接到业务部门的业务需求如下：

1. 上海西浦商贸有限公司委托要求，人头马洋酒，700毫升×12/箱，100箱，重量8.4吨，体积7立方米，取货地点上海市松江区文汇路600号，联系人朱武，电话021-65748932，邮编200032；货物送达到上海西浦商贸有限公司南京办事处，地址是南京市江宁区同夏路55号，联系人张辛，电话025-76891822，邮编210094。

2. 上海时光科技有限公司委托要求，Motorola手机，100部/箱，10箱，重量1000千克，体积3立方米，取货地点上海市徐汇区肇家浜路209号，联系人苏五，电话021-56289012，邮编200231；货物送达到南京百脑汇，送货地点南京市珠江路102号，联系人曹明，电话025-87492231，邮编210987。

调度部门员工刘柳负责编制运单和发货，给予春景服饰运单编号为YD0001，西浦商贸有限公司运单编号为YD0002，上海时光科技有限公司运单编号为YD0003，安排车辆及人员进行取货。

4月21日8时发车开始取货，15时完成取货作业回到场站，并开始运输作业，4月22日早7时到达客户地点开始送货作业，4月22日晚8时完成送货作业并返回上海，上海到南京的距离为300千米。

请根据描述，完成刘柳的集货单JHD001和货物清单的编制。

集货单

单据号		始发站		集货截止时间		年　月　日			
班车编号		到达站		预计装车时间		年　月　日			
车牌号		总数量	件	发车时间		年　月　日			
总重量	千克	总体积	立方米	到站时间		年　月　日			

序号	运单号	发货人	发货地址	货物名称	包装材料	收货人	件数	重量（千克）	体积（立方米）	备注

甩货说明	

填表人：　　　　　　　　　　　　　　　　　　　　　　填表时间：　年　月　日

公路货物运单

运单号码

托运人姓名		电话		收货人姓名		电话	
单位				单位			
托运人地址				收货人地址			
托运人账号		邮编		收货人账号		邮编	
取货联系人		电话		送货联系人		电话	
单位		邮编		单位		邮编	
取货地地址				送货地地址			

始发站		目的站		迄运日期	年 月 日 时	要求到货日期	年 月 日 时
运距	公里	全行程		公里		是否取送	是否要求回执
路由		取货		送货	否	运单	客户单据

货物名称	包装方式	件数	计费重量（千克）	体积（立方米）	取货人签字：		
						年 月 日 时	
					托运人或代理人签字或盖章：		
					实际发货件数		件
						年 月 日 时	
					收货人或代理人签字或盖章：		
合计					实际发货件数		件

收费项	运费	取/送货费	杂费	费用小计	年 月 日 时 分
费用金额（元）					送货人签字：
客户投保声明	不投保		投保		年 月 日 时 分
	投保金额	元	保险费		
运杂费合计（大写）		万 仟 佰 拾 元 角			

结算方式					备注：
现结		月结		预付款	元
到付		付费账号			
制单人		受理日期	年 月 日 时	受理单位	

填写本运单前，请务必阅读背书条款，您的签名意味着您理解并接受背书条款。

小　结

本项目活动主要介绍了国际贸易中的运输操作。在国际运输中，海运占所有运输的 70% 左右，随着经济的发展，航空运输逐渐在运输中占有重要的地位，但因其费用昂贵，载运量小受到限制。海洋运输分租船运输和班轮运输，我国很多都是班轮运输形式。航空运输也分为班机运输和包机运输，货运量大的时候可采取集中托运形式。在国际运输中，由于线路较长，海运空运占据重要地位。铁路运输和公路运输次之，我们不但要掌握运输方式，了解运输的特点，还应该了解运费的计算。

思考与练习

一、填空题

1. ＿＿＿＿＿＿＿ 适用于运送急需物资、鲜活商品、精密仪器等，如羊绒、丝绸、电脑、菌苗等。

2. 管道运输的专用性强，只能运输 ＿＿＿＿＿＿＿。

3. 一般来说，开证日期比装运日期要提前 ＿＿＿＿＿＿＿ 天。

4. 从午夜零时到次日午夜零时，不管天气如何，有一天算一天，没有任何扣除。适合装运 ＿＿＿＿＿＿＿ 的货物。

5. 班轮运输的特点是四固定，即 ＿＿＿＿＿＿＿、＿＿＿＿＿＿＿、＿＿＿＿＿＿＿ 和 ＿＿＿＿＿＿＿。

6. 海运费由基本运费和 ＿＿＿＿＿＿＿ 组成。

二、判断题

1. 在信用证业务中，除非信用证明示不准分批装运和转船，否则卖方有权分批装运和转船。
（　　）

2. 累计 24 小时作为一个工作日，如某港口每天作业为 8 小时，24 小时即可算租约合同中的一个工作日。　　　　　　　　　　　　　　　　　　　　　　　　　　　　　　（　　）

3. 租船运输也管装管卸。　　　　　　　　　　　　　　　　　　　　　　　（　　）

4. 定程租船又称为期租船。　　　　　　　　　　　　　　　　　　　　　　（　　）

5. 航空计费参考运价，按 SCR → CCR → GCR 顺序参考运价。　　　　　　　（　　）

三、简答题

1. 租船运输如何分类？

2. 国际多式联运的条件有哪些？

3. 航空运输方式有哪些？

第4篇

DISIPIAN

进出口业务的后续处理

项目 14

结　算

学习目标

认识汇付、托收及信用证在国际贸易实务中的应用，熟悉其在国际贸易业务中的应用流程及注意事项，能够正确合理地选择适合不同业务的结算方式，以求结算过程最省时、最合理、最经济。

任务 14.1　了解汇付

情境导入

我国某出口企业 A 与另一国的进口企业 B 之间签订了一份进出口贸易合同，合同中规定支付条款为装运月前 15 天电汇付款。但是，在后来的履约过程中，B 方延至装运月中才从邮局寄来银行汇票一张，并声称货款已汇出。为保证按期交货，我出口企业于收到汇票次日即将货物托运，同时委托 C 银行代收票据。1 个月后，接到 C 银行通知，因该汇票系伪造，已被退票。此时，货物已抵达目的港，并已被进口方凭出口企业自行寄去的单据提走。事后我出口企业 A 进行了追偿，但进口方 B 早已人去楼空，我方承受了较大的损失。请问：在此案例中我方有哪些失误？

14.1.1　汇付的概念

汇付又称汇款，是付款人通过银行，使用各种结算工具将货款汇交收款人的一种结算方式。属于商业信用，采用顺汇法。

汇付的当事人有四个：

汇款人（remitter）：即付款人，在国际贸易结算中通常是进口人、买卖合同的买方或其他经贸往来中的债务人；

收款人（payee）：通常是出口人、买卖合同中的卖方或其他经贸往来中的债权人；

汇出行（remitting bank）：是接受汇款人的委托或申请，汇出款项的银行，通常是进口人所在地的银行；

汇入行（receiving bank）：又称解付行（paying bank），是接受汇出行的委托解付款项的银行，汇入行通常是汇出行在收款人所在地的代理行。

> **想一想**
> 什么是顺汇？

14.1.2　汇付的种类

汇付根据汇出行向汇入行转移资金发出指示的方式，可分为三种：

1. 电汇

电汇（telegraphic transfer，T/T）是汇出行应汇款人的申请，拍发电报或电传给目的地的分行或代理行（即汇入行），指示其向收款人支付一定金额的一种汇款方式。

电汇方式的优点在于速度快，收款人可以迅速收到货款。随着现代通信技术的发展，银行与银行之间使用电传直接通信，快速准确。电汇是目前使用较多的一种方式，但其费用较高。

2. 信汇

信汇（mail transfer，M/T）是汇出行应汇款人的申请，用航空信函的形式，指示出口国汇入行解付一定金额的款项给收款人的汇款方式。信汇的优点是费用较低，但收款人收到汇款的时间较迟。

3. 票汇

票汇（remittance by banker's demand draft，D/D）是指汇出行应汇款人的申请，代汇款人开立以其分行或代理行为解付行的银行即期汇票支付一定金额给收款人的汇款方式。

> **想一想**
> 什么是背书？

票汇与电汇、信汇的不同之处在于，票汇的汇入行无须通知收款人取款，而由收款人持票登门取款，这种汇票除有限制流通的规定外，经收款人背书，可以转让流通，而电汇、信汇的收款人则不能将收款权转让。

14.1.3　汇付的应用

买卖双方对每一种结算方式，都从手续费用、风险和资金负担的角度来权衡利弊。

汇付的优点在于手续简便、费用低廉。

汇付的缺点是风险大，资金负担不平衡。因为以汇付方式结算，可以是货到付款，也可以是预付货款。如果是货到付款，卖方向买方提供信用并融通资金。而预付货款则买方向卖方提供信用并融通资金。不论哪一种方式，风险和资金负担都集中在一方。在我国外贸活动中，汇付一般只用来支付订金货款尾数、佣金等费用，不是一种主要的结算方式。在发达国家之间，由于大量的贸易是跨国公司的内部交易，而且外贸企业在国外有可靠的贸易伙伴和销售网络，因此，汇付是主要的结算方式。

在分期付款和延期付款的交易中，买方往往用汇付方式支付货款，但通常需辅以银行保函或备用信用证，所以又不是单纯的汇付方式了。

14.1.4　汇付的注意事项

作为境内收款人如果想更快收妥款项，则应提示境外付款人按下列要求填写汇款申请书。

1）正确填写收款人全称、账号（必须注明收款人开户银行的交换行号）及开户银行名全称。

2）如企业在境外账户行办理汇款时，则应该在汇款申请书中的收款人银行的代理行（INTERMEDIARY INST）一栏填写开户银行的相对应境外账户行名称。开户银行账户行资料可向开户银行查询。

3）收款人银行名称要准确，最好提供银行 SWIFT 号码。

4）收款人名称为开户银行名称。

5）收款人账号：A/C NO：××××（填写开户银行在境外账户行的相对应的币种的有关账号）。

> **注**：收款人名称必须是全称，同时必须注明收款人的开户银行的交换行号和开户行全称。

实训安排

1. 讨论

对比支票、本票和汇票，汇付所存在的自身特点。

2. 分析

该种结算方式适合哪种类型企业及业务？

3. 看图说明

请解说下图流程。

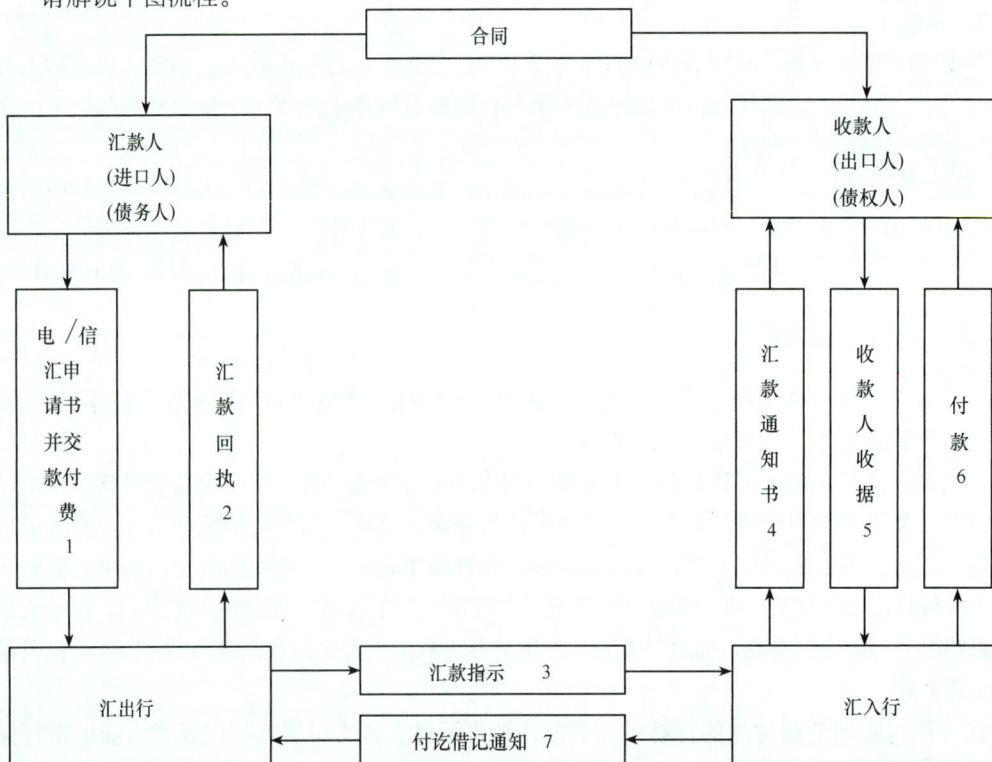

4．分角色演示

各学习小组以角色扮演法的方式分别扮演汇款人、收款人、汇入行和汇出行，请小组长准备所需资料。

实训指导

实训教师引导学生明确汇付的流程，并指导学生分析该种结算方式的优缺点。

学生实训过程中应多方考虑该种结算方式的缺点，以便在以后实际工作中应用更准确。

作业点评

1）各小组能否清晰表达图中的流转过程。

2）学生对于流程及使用的注意事项的掌握情况。

任务 14.2　了　解　托　收

情境 导入

上海家纺公司曾多次向美国物源公司售货，同时将物权单证通过上海某银行交与美国 F 银行按付款交单方式托收。F 银行在未向物源公司收妥货款的情况下，将单证交给了物源公司。现物源公司宣告破产，家纺公司因此向美国联邦地区法院新墨西哥管区起诉 F 银行，以挽回损失。美国地区法院首席法官审理认为，F 银行在未收货款的情况下将物权凭证交给物源公司是一种总体上的疏忽行为，由于这一疏忽，造成了家纺公司的损失。F 银行抗辩，试图将责任转至家纺公司坏的商业决策上。嗣后，家纺公司与 F 银行达成和解协议，F 银行支付了相应款项。试评论该案例。

14.2.1　托收的概念

托收（collecting）是出口人在货物装运后，开具以进口方为付款人的汇票（随附或不随付货运单据），委托出口地银行通过它在进口地的分行或代理行代出口人收取货款一种结算方式，属于商业信用，采用的是逆汇法。

14.2.2　托收的当事人

1）委托人（principal），是指委托银行办理托收业务的客户，通常是出口人。

2）托收银行（remitting bank），是指接受委托人的委托，办理托收业务的银行。

3）代收银行（collecting bank），是指接受托收行的委托向付款人收取票款的进口地银行。

4）付款人（drawee），通常是指买卖合同的进口人。

14.2.3　托收的主要特点

托收属于商业信用，银行办理托收业务时，既没有检查货运单据正确与否或是否完整的义务，也不必承担付款人必须付款的责任。托收虽然是通过银行办理，但银行只是作为出口人的受托人行事，并没有承担付款的责任，进口人不付款与银行无关。出口人向进口人收取货款靠的仍是进口人的商业信用。

如果进口人拒绝付款，除非另外有规定，银行没有代管货物的义务，出口人仍然应该关心货物的安全，直到对方付清货款为止。

托收对出口人的风险较大，D/A 比 D/P 的风险更大。跟单托收方式是出口人先发货，后收取货款，因此对出口人来说风险较大。进口人付款靠的是他的商业信誉，如果进口人破产倒闭，丧失付款能力，或货物发运后进口地货物价格下跌，进口人借故拒不付款，或进口人事先没有领到进口许可证，或没有申请到外汇，被禁止进口或无力支付外汇等，出口人不但无法按时收回货款，还可能造成货、款两空的损失。如果货物已经到达进口地，进口人借故不付款，出口人还要承担货物在目的地的提货、存仓、保险费用和可能变质、短量的风险，如果货物转售它地，会产生数量与价格上的损失，如果货物转售不出去，出口人就要承担货物运回本国的费用以及承担可能因为存储时间过长被当地政府贱卖的损失等。虽然，上述损失出口人有权向进口人索赔，但在实践中，在进口人已经破产或逃之夭夭的情况下，出口人即使可以追回一些赔偿，也难以弥补全部损失。尽管如此，在当今国际市场出口竞争日益激烈的情况下，出口人为了推销商品占领市场，有时也不得不采用托收方式。如果进口人信誉较好，出口人在国外又有自己的办事机构，则风险可以相对小一些。

托收对进口人比较有利，可以免去开证的手续以及预付押金，还有可以预借货物的便利。当然托收对进口人也不是没有一点风险。例如，进口人付款后才取得货运单据，领取货物，如果发现货物与合同规定不符，或者根本就是假的，也会因此蒙受损失，但总体来说，托收对进口人比较有利。

14.2.4　托收种类

根据托收时是否向银行提交货运单据，托收分为光票托收和跟单托收两种。国际贸易中货款的收付大多采用跟单托收。

1. 光票托收

托收时如果汇票不附任何货运单据，而只附有"非货运单据"（发票、垫付清单等），叫光票托收。这种结算方式多用于贸易的从属费用、货款尾数、佣金、样品费的结算和非贸易结算等。

2. 跟单托收

跟单托收有两种情形：附有商业单据的金融单据的托收和不附有金融单据的商业单据的托收。在国际贸易中所讲的托收多指前一种。

跟单托收根据交单条件的不同，可分为付款交单和承兑交单两种。

1）付款交单（documents against payment，简称 D/P）：是指代收行必须在进口人付款后方能将单据交予进口人的方式。即所谓的"一手交钱，一手交单"。出口人把汇票连同货运单据交给银行托收时，指示银行只有在进口人付清货款的条件下才能交出货运单据。这种托收方式对出口人取得货款提供了一定程度的保证。

付款交单跟单托收的种类：付款交单跟单托收根据付款时间的不同可分为三种。

- 即期付款交单（D/P at sight）：出口人开具即期汇票交付银行代收货款，进口人见票后须立即支付货款并换取单据；

- 远期付款交单（D/P at days after sight）：出口人开具远期汇票托收，根据远期汇票的特点，进口人要先行承兑，等汇票到期日才能付清货款领取货运单据；

- 在远期付款交单条件下，如果进口人希望在汇票到期前赎单提货，就可采用凭信托收据借单的办法。这里的信托收据是进口人向代收行出具的文件，该文件承认货物所有权属于代收行，进口人只是以代收行代理人的身份代为保管货物，代收行有权随时收回出借给进口人的商品。

2）承兑交单（documents against acceptance，简称 D/A）：指在使用远期汇票收款时，当代收行或提示行向进口人提示汇票和单据，若单据合格，进口人对汇票加以承兑时，银行即凭进口人的承兑向进口人交付单据。这种托收方式只适用于远期汇票的托收，与付款交单相比，承兑人交单为进口人提供了资金融通上的方便，但出口人的风险增加了。

14.2.5　托收（出口部分）的操作

1．跟单托收

（1）跟单托收的申请

1）向银行提交《出口托收申请书》一式两联，有关内容全部用英文填写。

2）全套托收单据。

（2）出口托收申请书的内容

1）代收行（collecting bank）：出口商在该栏内填写国外代收银行（一般为进口商的开户银行）的名称和地址，这样有利于国外银行直接向付款方递交单据，有利于早收到钱。因此出口商最好知道进口商所在的国外开户银行。

2）申请人（applicant）：申请人为出口商，应填写详细的名称、地址、电话、传真号码。

3）付款人（drawee）：付款人为进口商，应填写详细的名称、地址、电话、传真号码。如果进口商的资料不详细的话，容易提高代收行工作的难度，使出口商收到款项的时间较长。

4）汇票的时间和期限（issue date and tenor of draft）：申请书上的汇票的有关内容要与汇票上的一致。

5）合同号码（contract number）：申请书上的合同号码要与进出口双方签订的商务合同上的号码保持一致。

6）单据（documents）：提交给银行的正本和副本的单据名称和数量需保持一致。

7）托收条款（terms and conditions of collection）：托收的条款一般包括以下几项内容，如果需要就注明一个标记（×）。

A．收到款项后办理结汇。

B．收到款项后办理原币付款。

C．要求代收方付款交单（D/P）。

D．要求代收行承兑交单（D/A）。

E．银行费用由付款人承担。

注：如果没有填写或不知道进口方的开户银行，则托收行将为申请人选择进口商所在国家或地区的一家银行进行通知，这样出口商收到款项的时间将会较长。

F．银行费用由申请人承担。

G．通知申请人承兑汇票的到期日。

H．如果付款延期，向付款人收取 _____ %P.A. 的延期付款利息。

I．付款人拒绝付款或拒绝承兑，通知申请人并说明原因。

J．付款人拒绝付款或拒绝承兑，代收行对货物采取仓储或加保，费用由申请人支付。

K．其他。

（3）跟单托收的流程

跟单托收的流程如图 14-1 所示。

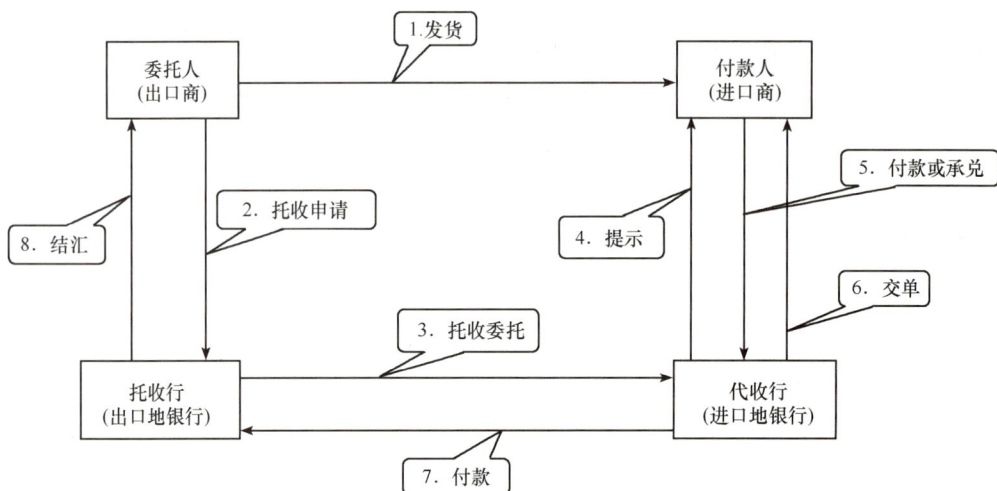

图 14-1　跟单托收流程图

2．光票托收

（1）光票托收的申请

申请书包括的内容有：票据的种类、号码、金额、出票人、付款人、收款人。

（2）票据的种类

可以办理托收的票据有：汇票、支票、旅行支票。

实训安排

1．问题讨论

找出跟单托收和光票托收的区别。

2．分析

在出口部分申请书填写的注意事项。

3．角色演示

各学习小组以角色扮演法的方式分别扮演出口商、进口商、托收行、代收行，请小组长准备所需资料。

4．说明

请说明图 14-1 跟单托收流程。

实训指导

　　实训教师指导学生明确跟单托收和光票托收的区别，以及在操作中的注意事项。

　　学生实训过程中，熟练掌握托收流程，同时要多方考虑该种结算方式的优缺点，以便在以后实际工作中应用更准确。在托收业务中，应注意以下问题。

1. 跟单托收

1）汇票金额要一致。

2）汇票出票人签字或盖章。

3）汇票要背书。

4）汇票的出票人和签发人要一致。

5）汇票要与发票等单据保持一致。

6）价格条款是 CIF，要有保险单，保险单的金额要超过发票金额。

7）运输条款与价格条款保持一致。

8）根据运输单据的要求，是否要求背书。

9）各种单据中的货物描述，要保持一致。

2. 光票托收

1）票据的名称、种类、期限、金额、币种。

2）收款人的名称和地址。

3）付款人的名称和地址。

4）票据的背书。

5）远期票据是否承兑。

6）票据的利息条款。

7）票据签发人的名称和签字。

8）其他条款。

作业点评

　　1）学生用文档或 PPT 形式完成各小组对实训过程的分析与讨论，教师点评其正确性、条理性。

　　2）各小组能否清晰表达图中的流转过程。

　　3）学生对于流程及操作中的注意事项的掌握情况，实训教师对比赛结果进行记录。

任务 14.3　了解信用证

情境 导入

　　我国某省的外贸公司与美国"金华企业公司"（KAM WA ENTERPRISES INC. USA）签订了销往香港花岗石合同，总金额达 1950 万美元，并通过香港某银行开出了上述合同项下的第一笔信用证，金额 190 万美元，购 5000 立方米花岗石砌石。信用证规定：货物只能待收到开证人指定船名的装运通知后装运，而该装运通知将由开证行以修改方式发出。该外贸公司开立信用证后，将质保金 260 万元人民币付给了买方的指定代表。该外贸公司做法对不对？

14.3.1　信用证简介

1．信用证的含义

信用证是一种由银行依照客户的要求和指示开立的有条件的承诺付款的书面文件。

信用证是有条件的银行担保，是银行（开证行）应买方（申请人）的要求和指示保证立即或将来某一时间内付给卖方（受益人）一笔款项。

卖方（受益人）得到这笔钱的条件是向银行（议付行）提交信用证中规定的单据。例如：商业、运输、保险、政府和其他用途的单据。

2．信用证的主要当事人

1）开证申请人（applicant）或称（opener），指向银行申请开立 L/C 的人。

2）开证行（opening bank or issuing bank），指接受开证申请人的申请，向出口人开立 L/C 的银行，一般是进口地银行，要承担 L/C 的付款责任，并代开证申请人行使请求出口人交付单据的权利。

3）通知行（advising bank or notifying bank），指受开证行的委托，将 L/C 转交出口人的银行，一般是出口地银行。它只证明 L/C 的真实性，并不承担其他义务。通知行往往是开证行的代理行（correspondent bank）。

4）受益人（beneficiary），指 L/C 上所指定的有权使用该证的人，一般是出口人。

5）议付行（negotiating bank），指愿意买入或体现受益人交来跟单汇票的银行。议付行可能在 L/C 上指定，也可非指定，多数是非指定的出口地银行。

6）付款行（paying bank or drawee bank），指 L/C 上指定的付款人，多数就是开证行本身，也可以是它指定的另一家银行，这另一家银行也叫代付行。付款行一经付款，就不能对受款人追索。

7）保兑银行（confirming bank）。保兑银行是指根据开证银行的请求在信用证上加具保兑的银行。保兑银行具有与开证银行相同的责任和地位。

对一些汇率不稳定或对外支付有问题的国家相关银行开出的信用证，卖方往往要求银行加以保兑，以保证货款的安全收取，比如智利，巴西，印尼等国所开出的信用证。

8）偿付银行（reimbursement bank）。偿付银行又称清算银行（clearing bank），是指接受开证银行的指示或授权，代开证银行偿还垫款的第三国银行，即开证银行指定的对议付行或代付行进行偿付的代理人。

偿付行的偿付不视为开证行终局性的付款，因为偿付行不审查单据。若开证行见单后发现单证不符，可向议付行或付款行追索货款。

9）受让人（transferee）。受让人又称第二受益人（second beneficiary），是指接受第一受益人转让有权使用信用证权利的人，大都是出口人。

3．信用证正副本的转递流程

开证行开出的信用证的份数，如无特殊需要，一般来讲，应开出一份正本和三份副本，其转递流程如图 14-2 所示。

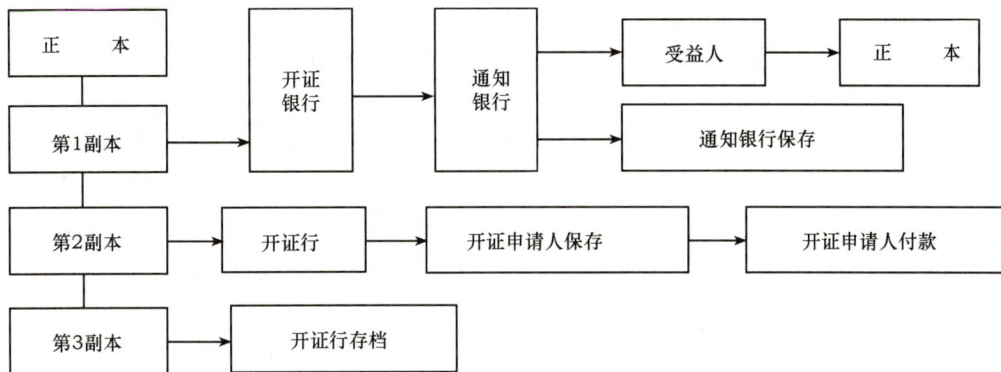

图 14-2　信用证正副本转递流程图

14.3.2　信用证的特点

1）信用证方式是一种银行信用，由开证行负第一性付款责任。受益人无须也不得直接找进口人付款，而是凭单据直接向信用证上注明的银行要求付款。

2）信用证是独立于贸易合同之外的自足文件，不受贸易合同的约束。信用证开立的依据是贸易合同，但一经开立，银行与受益人之间就以信用证来履行义务和承担责任，而不是根据贸易合同行事。

3）信用证的标的是单据。信用证业务中，各有关当事人处理的是单据，至于单据上所代表的货物是否已装船或灭失，银行都不过问，只要受益人提供的单据与信用证相符，单据之间相符无误，则银行就应付款。即使对于欺诈性的单据，银行不知情则不予负责。因此可以说信用证下银行与受益人是从事一种单据买卖活动。

想一想

信用证的作用。

14.3.3　信用证的分类

1．按 L/C 下的汇票是否随附货运单据

1）跟单 L/C（documentary L/C）。跟单信用证是指开证行凭跟单汇票或仅凭单据付款的信用证，单据是指代表货物或证明货物已交运的单据。

国际贸易所使用的信用证绝大部分是跟单信用证。

2）光票 L/C（clean L/C）。光票信用证是指开证行仅凭不附单据的汇票付款的信用证。有的信用证要求汇票附有非货运单据，如发票、垫款清单等，也属光票信用证。

在采用信用证方式预付货款时，通常是用光票信用证。

2．以开证行所负的责任划分

1）不可撤销 L/C（irrevocable L/C）。不可撤销是指信用证一经开出，在有效期内，未经受益人及有关当事人的同意，开证行不得片面修改和撤销，只要受益人提供的单据符合信用证规定，开证行必须履行付款义务。

2）可撤销 L/C（revocable L/C）。可撤销信用证是指开证行对所开信用证不必征得受益人或有关当事人的同意，有权随时撤销的信用证。

3．按是否有另一家银行加以保兑

1）保兑信用证（confirmed L/C）。保兑信用证是指开证行开出的信用证，由另一银行保证

对符合信用证规定的单据履行付款义务。

对信用证加保兑的银行，称为保兑行，保兑行通常是通知行，有时也可以是出口地的其他银行或第三国银行。

保兑行对信用证加具保兑的做法：①开证行在给通知行的信用证通知中授权另一家银行在信用证上加保。②通知行用加批注的方法，表明保证兑付或保证对符合信用证条款规定的单据履行付款义务并签字。③沉默保兑，指虽然开证行并未授权指定银行对信用证进行保兑，而指定银行加具了它的保兑的情况。这种保兑代表了保兑行和受益人之间的协议，仅对受益人和保兑行有效。

> **注**：信用证中必须明确注明"可转让"字样方可转让，如信用证上注明的是"可分割"、"可让渡"、"可转移"等，银行可以不予理会。

2）不保兑信用证（unconfirmed L/C）。不保兑信用证指开证银行开出的信用证没有经另一家银行保兑。当开证银行资信好和成交金额不大时，一般都使用这种不保兑的信用证。

4．按付款时间划分

1）即期付款 L/C（sight payment L/C）。开证行或付款行收到符合信用证条款的跟单汇票或装运单据后，立即履行付款义务的信用证。

2）远期 L/C（usance L/C）。远期 L/C 是指开证行或其指定付款行收到远期汇票或单据后，在规定的期限内保证付款的信用证。

5．按受益人对 L/C 的权利是否可转让

1）可转让 L/C（transferable credit）。可转让信用证是指开证行授权通知行在信用证的受益人（第一受益人）要求时，将信用证全部或部分转让给一个或数个受益人（第二受益人）使用的信用证。

2）不可转让 L/C（non-transferable credit）。不可转让信用证是指受益人不能将信用证的权利转让给他人的信用证。凡信用证中未注明"可转让"的，就是不可转让信用证。

> **想一想**
> 可转让信用证可转让几次？

6．循环信用证

一种信用证规定该信用证的使用方法是带有条款和条件，使其不需修改信用证，而能够更新或复活。这种信用证就是循环信用证。

在进出口买卖双方订立长期合同，分批交货，而且货物比较大宗单一的情况下，进口方为了节省开证时间和费用，即可开立循环信用证。

7．对开 L/C

对开 L/C（reciprocal credit）中第一张信用证的受益人（出口人）和开证申请人（进口人）就是第二张信用证的开证申请人和受益人，第一张信用证的通知行通常就是第二张信用证的开证行。

8．对背 L/C（back to back credit）或转开 L/C

一个信用证的受益人以这个信用证为保证要求一家银行开立以该银行为开证行，以这个受益人为申请人的一份新的信用证，也称转开信用证。

14.3.4　信用证的流转（图 14-3）

① 买卖双方订立合同，约定以信用证方式进行结算。

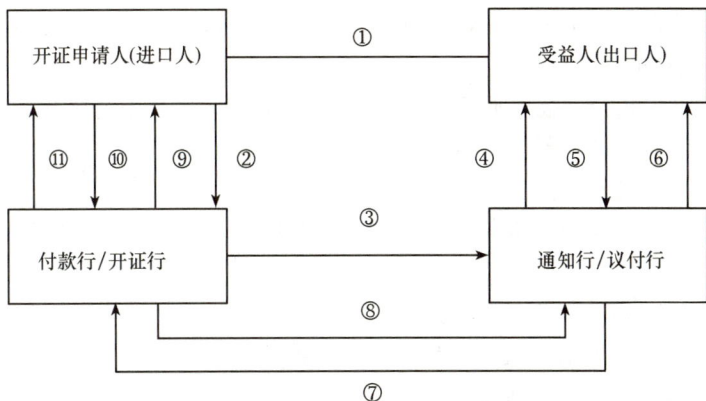

图 14-3　信用证流转图

② 进口人填制开证申请书，交纳押金和手续费，要求开证行开出以出口人为受益人的信用证。

③ 开证行将信用证寄交出口人所在地的分行或代理行（通知行）。

④ 通知行核对印鉴无误后，将信用证转交出口人。

⑤ 出口人审核信用证与合同相符后，按信用证规定装运货物，并备齐各项货运单据，开具汇票，在信用证有效期内与信用证一并送交当地银行（议付行），请求议付。

⑥ 议付行审核单据与信用证无误后，按汇票金额扣除利息和手续费，将货款垫付给出口人。

⑦ 议付行将汇票和货运单据寄交给开证行或其指定的付款行索偿。

⑧ 开证行或其指定付款行审单无误后，向议付行付款。

⑨ 开证行在向议付行办理转账付款的同时，通知进口人付款赎单。

⑩ 进口人审查无误后，付清货款。

⑪ 开证行收款后，将货运单据交给进口人，进口人凭此向承运人提货。

14.3.5　信用证的标准格式及内容

1. 国际商会的信用证标准格式

《标准跟单信用证格式》包括前言与六部分。

第一部分：一般介绍（绪论、印制格式推荐、单独的格式）；

第二部分：对申请人的指导注解和标准格式（对申请人的指导注解、对跟单信用证申请书格式分析）；

第三部分：对银行的指导注解和标准格式（总的观察、跟单信用证和修改书的邮寄，标准跟单信用证开证格式的用途，标准跟单信用证开证格式的填写）；

第四部分：标准跟单信用证联续格式（标准跟单信用证联续格式的用途，标准跟单信用证联续格式的填写）；

第五部分：标准跟单信用证修改格式（航空邮寄信用证修改的用途，标准跟单信用证修改格式的填写）；

第六部分：标准跟单信用证通知格式（标准跟单信用证通知格式的用途）。银行与开证人之间的契约是开证申请书，开证行须按照开证申请书的内容向受益人开立信用证，因

想一想

《UCP500》是指《跟单信用证统一惯例》，它是法律规章还是国际惯例？

此，标准跟单信用证申请书格式与标准跟单信用证开证格式是该出版物的主要内容。

2．跟单信用证的基本内容

根据国际商会发布的出版物所规定的标准信用证格式，其基本内容有 15 项：

1）开证行的名称。

2）开证地点与开证日期。

3）信用证的种类和信用证编号。任何信用证都应有有关文句说明它是什么类别、什么性质的信用证。

4）信用证有关当事人的名称与地址。

5）信用证的金额，应注意大小写的数额相一致。

6）信用证的有效期限和到期地点。

7）受委开证文句，一般是声明受某某指示开立本证。

8）汇票条款，此项至关重要，因为它是用来规定出具什么样的汇票（远期或即期）、出票的根据、汇票的付款人等。

9）跟单条款，此条用以规定应附哪些单据及对有关单据的具体要求和应出具的份数。

10）货物名称、规格、牌号、数量、包装、单价、唛头，有时在此项下还可加注合同号及溢短装之类的文句。

11）装运条款，包括运输方式、装运港（地）、目的港（地）、装运日期和是否可以分批或转运之类的文句。

12）特别条款，有些信用证上的特别条款书写在背面，其内容往往都是一些特殊要求，如规定交单日期或者要求某一特殊单据。

13）保证付款的文句，此条对受益人、议付行及其他有关当事人有重大利害关系。

14）为通知行加注必要字句栏，如果开证行要求通知行加以保兑，而通知行同意时，便在此栏内加上通知行有关保兑字句。

15）遵循国际商会《跟单信用证统一惯例》文句。

14.3.6　信用证的催证、审证、改证

我国的出口业务很多，一般在履行进出口合同时，出口商首先要做的就是催证、审证和改证。

1．催证

在采用信用证结算的情况下，出口人只要收到信用证，收款就基本上有了保证。因信用证是银行开立的对出口人的有条件的付款的保证，其条件就是出口人要按时向银行提交符合信用证要求的各种单据。采用信用证结算，合同中一般都规定有开证时间，进口商应按此规定时间向银行申请开证。但一旦市场情况发生变化，对进口人不利，进口人往往拖延开证。这种情况下，出口人就要提早催促对方尽快请银行将信用证开给出口人，以免影响出口人按期交货。一般催证形式如下。

RE：S/C NO.97HNM-S/T105 OPEN L/C

DEAR SIRS：

PLS OPEN THE L/C AT THE END OF THIS MONTH ACCORDING TO THE S/C TERM SO THAT WE CAN MAKE SHIPMENT ON TIME.

　　BEST RGDS.

　　LI NA

2. 审证

经出口人的催促或未经催促，进口人请银行开立了信用证并经通知行将其转交给出口人，出口人按合同条款的规定，严格审核信用证。通知行不但要着重审核开证行的政治背景、资信能力、付款责任和索汇路线等方面内容，还要重点审核信用证及其单据是否相符，出口人也应进行相应的审证，重点在于：

1）信用证必须是不可撤销的。

2）信用证中须载明开证行保证付款的文句。如信用证中在开证行付款责任方面加列"限制性"或"保留"条款，受益人应特别注意。如来证标明："以领到进口许可证后通知时方可生效"或"另函详"，应在接到生效通知书或信用证详细条款后方可履行交货义务。

3）信用证金额一定要开够，大小写金额要一致。信用证采用的货币应与合同规定一致。

4）信用证有关商品的品名、数量、品质、包装等必须与合同规定相符。

5）信用证中的装运期与合同规定一致，如不一致或信用证来的晚，无法按信用证规定的装运期装运，应及时请对方通知银行展延装运期。信用证的有效期一般与装运期有一定的间隔，以便在装运货物后能有足够的时间办理制单结汇。

6）对信用证中规定的要求受益人提交的单据，也要重点审核，防止有我方无法提交的。

7）要注意审核信用证中的一些"陷阱"条款。这样的条款表面上好像合理，但实际上对受益人很不利。

8）对信用证中规定的特别条款加以审核，如指定货船公司、船籍等一般不应轻易接受。

3. 改证

经审核信用证与合同不符，或对出口人不利，就要请进口人向银行申请改证。开证行开立的信用证修改书必须通过同一家通知行转交给出口人，信用证才被认为是修改了。如只是进口商回电同意修改信用证，未经银行开出正式的信用证修改书，信用证不能认为是已经修改了。通过审核信用证，如发现有不符项，但其对出口人没什么大影响，也可不改证。《UPC500》规定，需改止处最好一次提出，另外出口人对信用证修改书中的内容只能全部接受或拒绝，不能只接受一部分，而拒绝另一部分。一般改证形式如下。

RE：AMENDMENT L/C NO.12345

DEAR SIRS：

HOW ARE YOU! ACCORDING TO THE S/C NO.HTM-S/T105 PLS AMEND SHIPMENT TIME OCTOBER INSTEAD OF SEPTMBER.

BEST RGDS.

LI NA

知识点

选择合适的结算方式

在国际贸易中，选择支付方式应从安全收汇、加速资金周转、扩大贸易往来等方面加以考虑，并灵活的加以运用。在出口业务中，一般应争取采用即期信用证或 TT 方式，这对出口人安全迅速收汇有利。如需要采用远期信用证，对外报价时应将利息加在货价中对外报出。为了促进某些商品出口，可适当采取 D/P 方式，但成交前要调查好客户的资信情况。有时为了处理一些积压货，把死货变成活钱，也可以在充分调查客户信用的情况下，谨慎地采用 D/A 方式。进口业务最好采取对自己有利的远期信用证方式。实际业务中，还要看双方商定的结果。

实训安排

1. 查找资料

➢ 找几份信用证样本。

➢ 罗列常用信用证英文术语。

2. 熟悉以下信用证常用术语

1) revocable L/C/irrevocable L/C 可撤销信用证 / 不可撤销信用证

2) confirmed L/C/unconfirmed L/C 保兑信用证 / 不保兑信用证

3) sight L/C/usance L/C 即期信用证 / 远期信用证

4) transferable/untransferable L/C 可转让信用证 / 不可转让信用证

5) in favour of… 以（某人）为受益人

6) to issued on 以（某人）为付款人

7) amount RMB ￥… 金额：人民币

8) up to an aggregate amount of Hongkong Dollars… 累计金额最高为港币……

9) for a sum（or: sums）not exceeding a total of GBP… 总金额不得超过英镑……

10) for the amount of USD… 金额为美元……

11) available against surrender of the following documents bearing our credit number 凭提交下列注明本证号码的单据付款

12) drafts to be accompanied by the documents marked（×）below 汇票须随附下列注有（×）的单据

13) accompanied against to documents hereinafter 随附下列单据

14) available by drafts at sight 凭即期汇票付款

15) draft (s) to be drawn at 30 days sight 开立 30 天的期票

16) all drafts drawn under this credit must contain the clause "Drafts drawn Under Bank of…credit No.… dated…"本证项下开具的汇票须注明"本汇票系凭……银行……年……月……日第……号信用证下开具"的条款

17) drafts are to be drawn in duplicate to our order bearing the clause "Drawn under United Malayan Banking Corp.Bhd.Irrevocable Letter of Credit No.…dated July 12, 2008" 汇票一式两份，以我行为抬头，并注明"根据马来西亚联合银行 2008 年 7 月 12 日第……号不可撤销信用证项下开立"

18) draft (s) drawn under this credit to be marked: "Drawn under…Bank L/C No.…Dated (issuing date of credit)" 根据本证开出得汇票须注明"凭……银行……年……月……日（按开证日期）第……号不可撤销信用证项下开立"

19) drafts in duplicate at sight bearing the clauses "Drawn under…L/C No.…dated…" 即期汇票一式两份，注明"根据……银行信用证……号，日期……开具"

20) signed commercial invoice 已签署的商业发票

21) full set shipping (company's) clean on board bill (s) of lading marked "Freight Prepaid" to order of shipper endorsed to… Bank, notifying buyers 全套装船（公司的）洁净已装船提单应

注明"运费付讫"，作为以装船人指示为抬头、背书给……银行，通知买方

22）...risks clauses of the P.I.C.C. subject to C.I.C. 根据中国人民保险公司的保险条款投保……险

23）certificate of Chinese origin 中国产地证明书

24）packing list detailing... 详注……的装箱单

25）weight and measurement list 重量和尺码单

26）certificate of inspection certifying quality & quantity in triplicate issued by... 由……出具的品质和数量检验证明书一式三份

27）full tet of forwarding agents' cargo receipt 全套运输行所出具之货物承运收据

28）bills of lading must be dated not later than August 15，2014 提单日期不得迟于 2014 年 8 月 15 日

29）evidencing shipment/despatch on or before... 列明货物在……年……月……日或在该日以前装运 / 发送

30）bills of exchange must be negotiated within 15 days from the date of bills of lading but not later than August 8，2014 汇票须在提单日起 15 天内议付，但不得迟于 2014 年 8 月 8 日

31）the beneficiary is to cable Mr....stating L/C No., quantity shipped name & ETD of vessel within 5 days after shipment, a copy of this cable must accompany the documents for negotiation 受益人应在装船后 5 天内将信用证号码、装船数量、船名和预计开航日期电告……先生，该电报的副本须随同单据一起议付

3. 案例分析

➤ 我某进出口公司收到国外信用证一份，规定：最后装船日 2014 年 8 月 15 日，信用证有效期 2014 年 8 月 30 日，交单期：提单日期后 15 天但必须在信用证的有效期之内。后因为货源允足，该公司将货物提前出运，开船日期为 2014 年 7 月 29 日。8 月 18 日，该公司将准备好的全套单证送银行议付时，遭到银行的拒绝。请问：

1）银行为什么会拒绝议付？

2）该进出口公司将面临怎样风险？

➤ 某出口公司收到一份国外开来的 L/C，出口公司按 L/C 规定将货物装运，但在尚未将单据送交当地银行议付之前，突然接到开证行通知，称开证申请人已经倒闭，因此开证行不再承担付款责任。问：出口公司如何处理？

➤ 我某公司从国外进口一批钢材，货物分两批装运，每批分别由中国银行开立一份 L/C。第一批货物装运后，卖方在有效期内向银行交单议付，议付行审单后，即向外国商人议付货款，然后中国银行对议付行作了偿付。我方收到第一批货物后，发现货物品质与合同不符，因而要求开证行对第二份 L/C 项下的单据拒绝付款，但遭到开证行拒绝。问：开证行这样做是否有道理？

➤ 我某进出口公司出口一批轻纺织品，合同规定以不可撤销的即期信用证为付款方式。买方在合同规定的开证时间内将信用证开抵通知银行，并立即转交给了我进出口公司。我进出口公司审核后发现，有关条款与合同不一致。为争取时间，尽快将信用证修改完毕，以便办理货物的装运，我方立即电告开证银行修改信用证，并要求将信用证修改书直接寄交我公司。问：

1）我方的做法可能会产生什么后果？

2）正确的信用证修改渠道是怎样的？

➢ 中方某公司与美国某公司达成一项出口交易。后我方收到美国花旗银行开来的信用证，证上最大金额为 15 000 美元，但我方在装运出口时，实装不同规格、不同单价的货品的总金额为 15 042 美元，超出了信用证允许的最大金额，议付行不同意接受，而我经办人员以该外商资信较好为由，认为区区小数不会计较，遂出具担保请银行寄单，后果由出口人负责。结果遭到开证行的拒付。请问：在本项交易中我方应吸取什么教训？

4．看图解说

根据下图说明信用证流转过程及相关信用证当事人的工作。

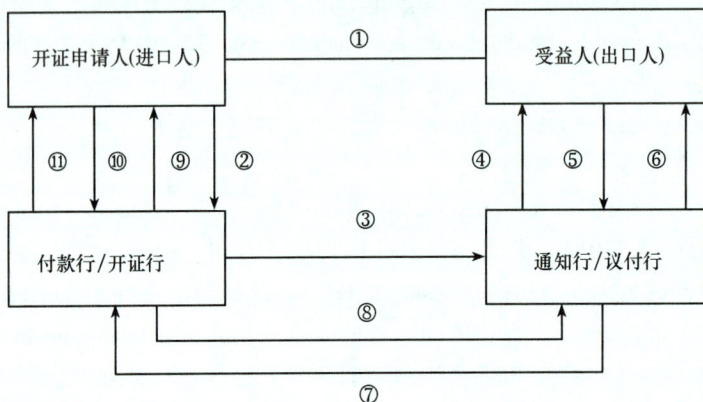

5．模拟信用证流转

各实训小组分别担任进口商、出口商、开证行、通知行、议付行、付款行等角色，由实训教师提供相关背景资料，模拟信用证流转。

6．思考

如何选择合适的国际结算方式？选择结算方式应考虑哪些因素？

实训指导

实训教师指导学生了解和掌握信用证，能够熟悉信用证当事人的权利及义务，清楚信用证的流转过程，可以分析信用证案例，能够看懂英文信用证的基本条款。在实训过程中，实训教师要带领学生多看信用证，熟悉基本的英文单词和语句，让学生自己学会看懂信用证，可以适当修改一些信用证条款，让学生练习修改。实训教师还应模拟几种情境，让学生模拟信用证流转过程。

学生在实训过程中，必须牢牢把握信用证的特点，认识到信用证的重要性。能够掌握不同信用证的不同功能，能够熟练说出信用证当事人的权利义务。分析案例过程中，紧紧围绕信用证是银行开立的对出口人的有条件付款的保证这样的原则，认识到开证行负第一付款责任，把握好信用证的期限及相关条款。

每个实训小组都要担任不同的信用证当事人来模拟信用证流转过程，能够熟练解说信用证流转过程。

作业点评

1) 对信用证的掌握程度。
2) 对信用证相关英文术语的掌握程度。
3) 能否基本看懂信用证。
4) 案例分析能力和表达能力。
5) 模拟信用证流转操作的能力。

业务操作

填制信用证

天津绮华服装有限公司（以下简称绮华，TIANJIN QIHUA GARMENTS CO.,LTD 地址：5 Xinmei road，Huayuan Zone, Nankai District, CHI- Tianjin）是一家具有进出口经营权的纺织品公司（天津），该公司与美国曼哈顿 OTTO 服饰有限公司（以下简称 OTTO，AMERICAN MANHATTAN OTTO　DRESS　CO., LTD 地址：46; 22113 Manhattan 20457 NEW YORK；USA）欲建立合作关系，双方通过交谈与沟通，在经过反复磋商与谈判后，从价格、装卸条款、货款结算、保险以及相关费用等方面达成一致。2014 年 11 月 4 日双方签订了交易合同，约定 2015 年 4 月 20 日前天津绮华服装有限公司将 1700 件晚礼服运送到美国纽约曼哈顿 OTTO 服饰有限公司。签订销售合同之后，OTTO 便开始向澳新银行申请开立信用证。2014 年 11 月 25 日澳新银行开证。请根据相关信息，审核已给定的不可撤销的跟单信用证。

相关信息：

货物名称：女士晚礼服（WOMEN'S EVENING DRESS）

开证行：BANK OF ANZ

通知行：Beijing branch of bank of ANZ

单价：USD260 PER PC　CIF NEW YORK

货物数量：1656 件，207 箱

装运港：新港（XINGANG）

目的港：纽约港 (NEW YORK)

货款支付方式：Irrevocable L/C at sight（一般情况下合同签订 15 天（含开证及邮寄等时间）后出口商可以开始备货，一般情况下订舱周期为两周）

保险条款：按惯例加成 10%，写法为：plus 10% against all risk and war risk as per C.I.C.

信用证编号：0183620610038457

交单有效时间为：装船后 15 天

不允许转船和分批装运

信用证失效日期为：2015.2.24

不可撤销跟单信用证 irrevocable documentary letter of credit

澳新银行 BANK OF ANZ	Irrevocable Documentary Credit Number:
Place and Date of Issue:	Expiry Date and Place for Presentation of Documents Expiry Date: Place for Presentation:
Applicant:	Beneficiary:
Advising Bank:	Amount:
Partial Shipments　☐ allowed 　　　　　　　　　☐ not allowed	Credit available with Bank: ☐ by sight payment ☐ by acceptance ☐ by negotiation ☐ by deferred payment
Transhipment　☐ allowed 　　　　　　　☐ not allowed	
Insurance covered by buyers	
Port of shipment:	Against the documents detailed
Transportation to:	☐ and beneficiary's draft
Latest Date of Shipment:	☐ at sight
Introduce:	
Document to be presented (＿) within　days after the date of shipment but within the validity of the Credit.	
Instructions to the Negotiating Bank:	
Document consists of (　)signed page(s).	
Authorize　Signatures	

小　　结

本项目活动主要围绕信用证展开。信用证是一种银行开立的有条件付款的书面文件，是国际贸易业务中非常重要的支付手段。既能保证出口方安全、顺利凭单取得货款，又能保证进口方按时、按量、按质的收到货物，同时还能起到资金融通的作用，对银行利用资金、增加效益、提升业务量也起到了很好的作用。

信用证凭单据交易，是一种银行信用，同时也是一份自足文件。根据信用证的性质、期限、流通方式等特点，信用证可分为跟单信用证、光票信用证；不可撤销信用证、可撤销信用证；保兑信用证、不保兑信用证；即期信用证、远期信用证等。

信用证的相关当事人很多，包括进出口商、开证行、通知行、议付行、付款行、保兑行等，不同当事人负责的工作不同，在信用证流转过程中，这些当事人起着重要的作用。

思考与练习

一、单项选择题

1. 所谓"信用证严格相符"的原则，是指受益人必须做到（　　）。

　　A．信用证和合同相符　　B．信用证和货物相符　　C．信用证和单据相符

2. 信用证的基础是买卖合同，当使用证与买卖合同规定不一致时，受益人应要求（　　）。

　　A．开证行修改　　　　　B．开证申请人修改　　C．通知行修改

3. 在信用证业务中，银行的责任是（　　）。

　　A．只看单据，不看货物

　　B．既看单据，又看货物

　　C．只管货物，不看单据

4. 信用证上如未明确付款人，则制作汇票时，受票人应为（　　）。

　　A．开始申请人　　　　　　　　　　B．开证银行

　　C．议付行　　　　　　　　　　　　D．任何人

5. 根据国际商会《跟单信用统一惯例》的规定，如果信用上未注明"不可撤销"的字样，该信用证应视为（　　）

　　A．可撤销信用证　　　　　　　　　B．不可撤销信用证

　　C．远期信用证　　　　　　　　　　D．由受益人决定可撤销或不可撤销

6. 在合同规定的有效期，（　　）负有开立信用证的义务。

　　A．卖方　　　　　B．买方　　　　　C．开证行　　　　D．议付行

7. 在交易金额较大，对开证行的资信有不了解时，为保证货款的及时收回，买方最好选择（　　）。

　　A．可撤销信用证　　B．远期信用证　　　C．承兑交单　　　D．保兑信用证

8. 关于信用证的有效期，除特殊规定外，银行将拒绝接受迟于运输单据出单日期（　　）天后提交的单据。

　　A．20　　　　　　B．30　　　　　　C．25　　　　　　D．21

9. 按照《跟单信用证统一惯例》的解释，在信用证中如未注明是可以撤销，则该证为（　　）。

　　A．可撤销信用证　　B．不可撤销信用证　　C．由双方协商决定

10. 某外贸公司的工作人员因为在审证过程中粗心大意，未能发现合同发票上的公司名称与公司印章的名称不一致，合同发票上的是 ABC Corporation，而印章上则是 ABC，仅一词之差，此时又恰逢国际市场价格有变，在这种情况下（　　）。

　　A．外商有权拒绝付款

　　B．责任在外商

　　C．外商应按规定如期付款

11. 海运提单的签发日期是（　　）。

　　A．货物开始装船的日期　　　　　　B．货物装船完毕的日期

　　C．船只到达装运港的日期　　　　　D．船只离开装运港的日期

12．采用信用证与托收相结合的支付方式时，全套货运单据应（　　）。

  A．随托收部分汇票项下　　　　　　　B．随信用证的汇票项下

  C．直接寄往进口商　　　　　　　　　D．留在卖方

13．在下列有关可转让信用证的说明中，错误的说法是（　　）。

  A．该证的第一受益人可将信用证转让给一个或一个以上的人使用

  B．该证的第二受益人不得再次转让

  C．该证转让后由第二受益人对合同履行负责

  D．可以分成若干部分分别转让

14．保兑信用证的保兑行其付款责任是（　　）。

  A．在开证行不履行付款义务时履行付款义务

  B．在开证申请人不履行付款义务时履行付款义务

  C．承担第一性付款义务

  D．付款后对受益人具有追索权

15．买卖双方以 D/P.T/R 条件签订合同，货到目的港后，买方凭 T/R 向代收行借单提货，事后收不回货款（　　）。

  A．代收行应负责向卖方偿付　　　　　B．由卖方自行负担货款损失

  C．由卖方与代收行协商共同负担损失　D．由买方自行负担货款损失

16．在一笔出口业务中，付款方式采用信用证和 D/P 即划各半，为收汇安全，应在合同中规定（　　）。

  A．开两张汇票，各随附一套等价的货运单价

  B．开两张汇票，信用证项下采用光票；托收项下采用跟单汇票

  C．开两张汇票，信用证项下采用跟单汇票；托收项下采用光票

  D．开两张汇票，信用证项下和托收项均采用光票

二、多项选择题

1．下列关于可转让信用证的表述正确的为（　　）。

  A．只有信用证上明确书明可转让字样，受益人才有权要求银行将信用证的全部和一部分一次转让给一个或者数个本国或者外国的第三者，由第二受益人在其所在地交单议付

  B．信用证转让时，只能按原条款转让，但其中的金额、单价可以减低，有效期和装货期可以缩短，保险加保比例可以增加

  C．信用证转让后，第一受益人仍应对交货承担合同义务

  D．信用证的修改必须得到第一受益人与第二受益人的同意

2．对背信用证主要用于（　　）。

  A．中间商转售他人货物　　B．转口贸易　　C．一般贸易　　D．进料加工

3．对开信用证经常用于（　　）。

  A．易货贸易　　　　　　　B．一般贸易　　C．加工贸易　　　D．进料加工

4．某公司分别以 D/P at 90 days after sight 和 D/A at 90 days after sight 两种支付条件对外出口了两批，这两笔业务具有（　　）特点。

  A．前者是进口人在到期日付清货款才可以取得货运单据，后者是进口人在见票时承

　　　兑后即可取得货运单据

　　B．前者没有遭进口人拒付的风险，而后者存在这种风险

　　C．前者的风险比后者大

　　D．后者的风险比前者大

5．下列说法正确的是（　　）。

　　A．根据《UCP500》规定，信用证如未规定有效期，则该证可视为无效

　　B．国外开来信用证规定货物数量为 3000 箱，6/7/8 月，每月平均装运。我出口公司于 6 月份装运 1000 箱，并收妥款项。7 月份由于货未备妥，未能装运。8 月份装运 2000 箱。根据《UCP500》规定，银行不得拒付

　　C．在信用证支付方式下，受益人只要在信用证规定的有效期内向银行提交符合信用证规定的全部单据，银行就必须履行付款义务

　　D．如果受益人要求开证申请人将信用证的有效期延长一个月，在信用证未规定装运期的情况下，同一信用证上的装运期也可顺延一个月

三、判断题

1．国外来证规定汇票付款人为开证申请人，货物装船后受益人已获得已装船清洁提单，但尚未送银行议付，获悉开证申请人破财倒闭，受益人无法从开证银行得到货款。　（　　）

2．买卖合同规定买方需开立"可转让信用证"，卖方在收到的信用证中虽无"可转让"字样，仍可视为可转让信用证。　（　　）

3．只要在 L/C 有效期内，不论受益人何时向银行提交符合 L/C 要求的单据，开证行一律不得拒收单据和拒付货款。　（　　）

4．《信用证统一惯例》规定，凡信用证上未注明可撤销字样，则视为不可撤销。　（　　）

四、简答题

1．为什么说托收是一种商业信用？

2．信用证有哪些作用？

3．简述信用证流转过程。

4．分析各种国际结算方式的特点。

五、案例分析题

1．我某公司收到国外开来的不可撤销的信用证，由设在我国的某外资银行通知并加以保兑。我方在货物装运后，正拟将有关单据交银行议付时，忽接外资银行通知，由于开证行拟宣布破产，该行不再承担对信用证的付款责任。问：我方应如何处理？

2．某出口公司收到一份国外开来的信用证，出口公司按信用证规定将货物装出，但在尚未将单据送交当地银行议付之前，突然接到开证行通知，称开证申请人已经倒闭，因此开证行不再承担付款责任。问：出口公司如何处理？

3．我国某公司从国外进口一批钢材，货物分两批装运，每批分别由中国银行开立一份信用证。第一批货物装运后，卖方在有效期内向银行交单议付，议付行审单后，即向外国商人议付货款，然后中国银行对议付行作了偿付。我方收到第一批货物后，发现货物品质与合同不符，因此要求开证行对第二份信用证项下的单据拒绝付款，但遭到开证行拒绝。问：开证行这样做是否有理？

项目 *15*

制 单 结 汇

学习目标

　　熟悉国际贸易结汇方法、结汇流程，了解国际贸易业务操作需要哪些单据，对于主要的几种单据，如海运提单、装箱单、保险单等如何缮制。

任务 15.1　了解制单结汇

情境导入

　　请学习以下资料，并谈谈感想。

　　在出口业务中，由于种种原因造成单据不符，即单据存在不符点，而受益人又因时间条件的限制，无法在规定期限内更正，则有下列处理方法：

　　凭保议付。受益人出具保证书承认单据瑕疵，声明如开证行拒付，由受益人偿还议付行所垫付款项和费用，同时电请开证人授权开证行付款。

　　表提。议付行把不符点开列在寄单函上，征求开证行意见，由开证行接洽申请人是否同意付款。接到肯定答复后议付行即行议付。如申请人不予接受，开证行退单，议付行照样退单给受益人。

　　电提。议付行暂不向开证行寄单，而是用电传通知开证行单据不符点。如开证行同意付款，再行议付并寄单，若不同意，受益人可及早收回单据，设法改正。

　　有证托收。单据有严重不符点，或信用证有效期已过，已无法利用手上的信用证，只能委托银行在向开证行寄单函中注明"信用证项下单据作托收处理"，作为区别，称为"有证托收"。而一般的托收，则称为"无证托收"。由于申请人已因单证不符而不同意接受，故有证托收往往遭到拒付，实是一种不得已而为之的方式。

　　出口企业在货物装运后，应立即按照信用证的要求，正确缮制各种单据，并在信用证规定的有效期和交单期内，将单据及有关证件送交银行，通过银行收取外汇，并将所得外汇出售给银行换取人民币的过程即为出口结汇。结汇在不同的支付方式下，其程序有所差异。信用证支付方式下的结汇，出口企业只需将符合信用证要求的所有单证交给议付行，后续工作均由银行负责。

15.1.1　结汇的做法

　　目前，我国的银行采取的出口结汇方式有三种：

1. 收妥结汇

　　收妥结汇又称"先收后付"，是指议付行收到出口公司的出口单据后，经审查无误，将单据寄交国外付款行索取货款，待收到付款行将货款拨入议付行账户通知书时，即按当时外汇牌价，折成人民币拨给出口公司。目前，我国银行一般采用收妥结汇方式，尤其是对可以电报索汇的信用证业务，因为在电报索汇时，收汇较快，一般都短于规定的押汇时间。

2. 定期结汇

　　定期结汇是指议付行根据向国外付款行索偿所需时间，预先确定一个固定的结汇期限（7到14天不等），到期后主动将票款金额折成人民币拨交出口企业。

3. 出口押汇

　　出口押汇也称"买单结汇"或"议付"，是指议付行在审单无误的情况下，按信用证条款买入受益人（出口公司）的汇票和单据，从票面金额中扣除从议付日到估计收到票款之日的利息，将余款按议付日牌价，折成人民币拨给出口公司。议付行向受益人垫付资金，买入跟单汇票后，即成为汇票持有人，可凭票向付款行索取票款。银行同意做出口押汇，是为了对出口公司提供资金融通，有利于出口公司的资金周转。

　　出口押汇方式下，出口地银行买入跟单汇票后，面临开证行自身的原因或单据的挑剔而拒付的风险。因此，目前我国银行只对符合以下条件的出口信用证业务作押汇。

　　1）开证行资信良好。

　　2）单证相符的单据。

　　3）可由议付行执行议付、付款或承兑的信用证。

　　4）开证行不属于外汇短缺或有严重政治、经济危机的国家和地区。

15.1.2　对结汇单据的要求

　　目前国际贸易大多采用凭单交货、凭单付款方式。因此，在出口业务中做好制单工作，对及时安全收汇，意义重大。由于各国对外贸易管制的措施不同，各国贸易的惯例不同以及各种商品性能、用途的差异，因此，各国银行开来的信用证内，对单据的要求也不完全一致。在信用证支付方式下，通常要求卖方提供的单据有

想一想
不同的运输方式下应提交的单据是否一样？

汇票、发票、提单、保险单、装箱单或重量单、检验检疫证书、产地证等。每种单据都有它特定的用途，其内容、项目及缮制方法也不完全一致。因此，要根据不同的要求分别缮制。

对于结汇单据，要求做到正确、完整、及时、简明、整洁。

1. 正确

制作单据只有做到内容正确，才能保证及时收汇，单据应做到两个一致，即："单证一致"（指单据与信用证一致）、"单单一致"（指单据与单据一致）。此外，还应注意单据对货物的描述与实际装运货物是否相一致。这样，单据才能真实地代表货物。

2. 完整

单据的完整是指信用证规定的各项单据必须齐全，不能短缺，单据的份数和单据本身的项目等都必须完整。

3. 及时

制作单据必须及时，并应在信用证规定的交单期和《UCP500》规定的交单有效期内将各项单据送交指定的银行办理议付、付款或承兑手续。如有可能，最好在货物装运前，先将有关单据送交银行预审，以便有较充裕的时间来检查单据，及早发现其中的差错并进行改正。如有必要，也可及早联系国外买方办理修改信用证事项，以免在货物出运后不能收汇。

4. 简明

单据内容应按信用证规定和有关的国际惯例填写，力求简洁明了，切勿加列不必要的内容，以免画蛇添足。

5. 整洁

单据的布局要美观大方，缮写或打印的字迹要清楚，单据表面要整洁，更改的地方要加盖校对图章。有些单据，如提单、汇票以及其他一些重要单据的主要项目，如金额、件数、数量、重量等，不宜更改。

15.1.3　结汇流程

在货物出运以后，出口商应根据合同要求，凭整套结汇单据通过银行向进口商收取货款。具体流程如下：

1）出口商将整套出口结汇单据（包括外销发票、海运提单、保险单、商检证书、出口货物原产地证等）发送给出口地银行。

2）出口地银行将该整套单据发送给进口地银行。

3）进口地银行在单据符合信用证要求的情况下，通过出口地银行向出口商付款（在托收方式下，则有进口商付款后，进口地银行才向出口商付款）。

4）进口地银行向进口商发送整套单据，并由进口商向其付款。

5）进口商向进口地银行付款。

6）出口地银行收到货款后，向出口商发送结汇流水单。

实训安排

1. 查找资料

➢ 进出口业务中的单据有什么作用？

> ➤ 单据都包括哪些种类？具体有哪些？
> ➤ 单据的具体制作要求有哪些？

2. 分析说明

国际贸易实践中，如出现单据不符该如何处理？

3. 绘图

根据所学制单结汇流程，绘制流程图。

实训指导

实训教师指导学生了解制单结汇的基本知识。教师要求学生查找相关资料，了解单据的种类及作用，结汇的方式及结汇流程。

学生实训的重点放在对单据的了解和结汇流程的掌握上。能够说出在不同的运输环境下不同种类的货品都需要提交哪些单证（这些情境由实训教师提供）。

作业点评

1）各小组将查询资料并整理成 PPT 文档，演示说明。

2）绘制的结汇流程图是否全面合理，能否解释说明。

3）是否熟悉国际贸易中需要制作的那些单据。

任务 15.2 认识汇票

情境导入

2014 年 9 月 20 日江西天元公司从河北开源公司购买了一批五金材料，价值 51 780 元，当日天元公司向开源公司开具一张银行承兑汇票，由天元的开户行中国银行南昌分行见票后 60 天付款交单。那么你知道什么是银行承兑汇票，它又是如何填写的吗？

知识点

票 据

国际贸易结算，基本上是非现金结算。使用以支付金钱为目的并且可以流通转让的债权凭证——票据为主要的结算工具。是由一人向另一人签发的书面无条件支付命令，要求对方（接受命令的人）即期或定期或在可以确定的将来时间，向某人或指定人或持票人支付一定金额。

各国都对票据进行了立法。我国于 1995 年 5 月 10 日通过了《中华人民共和国票据法》，并于 1996 年 1 月 1 日起施行。票据可分为汇票、本票和支票。国际贸易结算中以使用汇票为主。

15.2.1 汇票的定义

汇票（bill of exchange，draft）是出票人签发的，委托付款人在见票时或者在指定日期无条件支付确定的金额给收款人或者持票人的票据。

从以上定义可知，汇票是一种无条件支付的委托，有三个当事人：出票人、付款人和收款人。

汇票是随着国际贸易的发展而产生的。国际贸易的买卖双方相距遥远，所用货币各异，不能像国内贸易那样方便地进行结算。从出口方发运货物到进口方收到货物，中间有一个较长的过程。在这段时间一定有一方向另一方提供信用，不是进口商提供货款，就是出口商赊销货物。若没有强有力的中介人担保，进口商怕付了款收不到货，出口商怕发了货收不到款，这样国际贸易就难以顺利进行。后来银行参与国际贸易，作为进出口双方的中介人，开出信用证，一方面向出口商担保，货物运出口，开出以银行为付款人的汇票，发到银行，银行保证付款，同时又向进口商担保，能及时收到他们所进口的货物单据，到港口提货。

15.2.2　汇票的种类

1. 按出票人的不同——银行汇票、商业汇票

1）银行汇票（banker's draft）是出票人和付款人均为银行的汇票。

2）商业汇票（commercial draft）是出票人为企业法人、公司、商号或者个人，付款人为其他商号、个人或者银行的汇票。

2. 按有无附属单据——光票汇票、跟单汇票

1）光票（clean bill）汇票本身不附带货运单据，银行汇票多为光票。

2）跟单汇票（documentary bill）又称信用汇票、押汇汇票，是需要附带提单、仓单、保险单、装箱单、商业发票等单据，才能进行付款的汇票，商业汇票多为跟单汇票，在国际贸易中经常使用。

3. 按付款时间——即期汇票、远期汇票

1）即期汇票（sight bill，demand bill）指持票人向付款人提示后对方立即付款，又称见票即付汇票。

2）远期汇票（time bill，usance bill）是在出票一定期限后或特定日期付款。在远期汇票中，记载一定的日期为到期日，于到期日付款的，为定期汇票；记载于出票日后一定期间付款的，为即期汇票；记载于见票后一定期间付款的，为远期汇票；将票面金额划为几份，并分别指定到期日的，为分期付款汇票。

4. 按承兑人——商业承兑汇票、银行承兑汇票

1）商业承兑汇票（commercial acceptance bill）是以银行以外的任何商号或个人为承兑人的远期汇票。

2）银行承兑汇票（banker's acceptance bill）承兑人是银行的远期汇票。

5. 按流通地域——国内汇票、国际汇票

（略）

15.2.3　票据行为

汇票使用过程中的各种行为，都由票据法加以规范。主要行为有出票、提示、承兑和付款。如需转让，通常应经过背书行为。如汇票遭拒付，还需做成拒绝证书和行使追索权。

汇票的票据行为简图如图 15-1 所示。

图 15-1　票据行为

1）出票（issue）。出票人签发汇票并交付给收款人的行为。出票后，出票人即承担保证汇票得到承兑和付款的责任。如汇票遭到拒付，出票人应接受持票人的追索，清偿汇票金额、利息和有关费用。

2）提示（presentation）。提示是持票人将汇票提交付款人要求承兑或付款的行为，是持票人要求取得票据权利的必要程序。提示又分付款提示和承兑提示。

3）承兑（acceptance）。指付款人在持票人向其提示远期汇票时，在汇票上签名，承诺于汇票到期时付款的行为。具体做法是付款人在汇票正面写明"承兑（Accepted）"字样，注明承兑日期，于签章后交还持票人。付款人一旦对汇票作出承兑，即成为承兑人以主债务人的地位承担汇票到期时付款的法律责任。

4）付款（payment）。付款人在汇票到期日，向提示汇票的合法持票人足额付款。持票人将汇票注销后交给付款人作为付款证明。汇票所代表的债务债权关系即告终止。

5）背书（endorsement）。票据包括汇票是可流通转让的证券。根据我国《票据法》规定，除非出票人在汇票上记载"不得转让"外，汇票的收款人可以以记名背书的方式转让汇票权利。即在汇票背面签上自己的名字，并记载被背书人的名称，然后把汇票交给被背书人即受让人，受让人成为持票人，是票据的债权人。受让人有权以背书方式再行转让汇票的权利。在汇票经过不止一次转让时，背书必须连续，即被背书人和背书人名字前后一致。对受让人来说，所有以前的背书人和出票人都是他的"前手"，对背书人来说，所有权转让以后的受让人都是他的"后手"，前手对后手承担汇票得到承兑和付款的责任。在金融市场上，最常见的背书转让为汇票的贴现，即远期汇票经承兑后，尚未到期，持票人背书后，由银行或贴现公司作为受让人。银行或贴现公司从票面金额中扣减按贴现率结算的贴息后，将余款付给持票人。

6）拒付和追索（dishonour & recourse）。持票人向付款人提示，付款人拒绝付款或拒绝承兑，均称拒付。另外，付款人逃匿、死亡或宣告破产，以致持票人无法实现提示，也称拒付。出现拒付，持票人有追索权，即有权向其前手（背书人、出票人）要求偿付汇票金额、利息和其他费用的权利。在追索前必须按规定做成拒绝证书和发出拒付通知。拒绝证书，用以证明持票已进行提示而未获结果，由付款地公证机构出具，也可由付款人自行出具退票理由书，或有关的司法文书。拒付通知，用以通知前手关于拒付的事实，使其准备偿付并进行再追索。

15.2.4　汇票填制方法

在信用证中，汇票主要是起一个付款凭证的作用。汇票一般开具一式两份，其中一份付讫，另一份即自动失效，也就是通常所说的"付一不付二"，"付二不付一"。

汇票（图 15-2）的填制方法如下。

1）出票依据（Drawn Under）——如为信用证支付方式，应填写开证行的名称。如为托收方式，应填 D/P 或 D/A。

2）信用证或购买证号码（L/C No.or A/P No.）——有时也可接受来证不要求填写此栏的要求。

3）开证日期（Date of Issuance）——此栏应正确填上信用证开立的日期。

4）年息（Payable with Interest）——这一栏由结汇银行填写，用以清算企业与银行间利息费用。

5）号码（No.）——一般填商业发票的号码，以核对发票与汇票中相同相关内容，或者填汇票本身的顺序编号。

6）小写金额（Amount in Figures）——由货币符号和阿拉伯数字组成，例如，美元一千零

```
                          BILL OF EXCHANGE

   Drawn under         1)                  L/C  or A/P  No.      2)
   Dated       3)                  Payable with interest @         4)          % Per annum
   No.      5)          Exchange for        6)        Huzhou，China       7)
   At      8)                      sight of this FIRST of Exchange（Second of the same tenor and
   date unpaid ）pay to the order of        9)
   the sum of         10)
   To              11)
                                                   12)
```

图 15-2　汇票

五元三十美分，写为：USD1,005.30。

填写时应注意以下几点：①信用证没有特别规定，其金额应与发票金额一致。无证托收的汇票金额和发票金额一般均应一致。②如信用证金额规定汇票金额为发票金额的百分之几，例如，97%，那么发票金额应为100%，汇票金额为97%，其差额3%一般理解为佣金。③如信用证规定部分以《贷记通知单》（Credit Note）扣应付佣金，那么发票金额开100%，而汇票金额应是发票金额减去《贷记通知单》金额后的余额。④如信用证规定部分信用证付款，部分托收，应各分做两套汇票：信用证下付款的按信用证允许的金额支取；以银行为付款人，托收部分的以买方为付款人，发票金额是两套汇票相加的和。

7）汇票交单日期和地点（Date and Address）——一般是提交议付行的日期，该日期往往由议付行填写。该日期不能迟于信用证的有效期，也不得早于各单据的出单日期。

8）汇票期限（At…Sight）——如为即期汇票，在 At 与 Sight 之间打下"……"符号，如为远期汇票，则应按信用证上规定的时间填制在此。例如：

"60 days after"，见票后六十天付款。

"30 days after"，出票日后三十天付款。

"45 days after"，提单日后四十五天付款。

计算汇票的时间，不包括见票日、出票日等，即常说的"算尾不算头"。

9）受款人（Pay to the Order of …）——在信用证方式下，通常都是填由受益人或出口人所委托的某家银行（议付行）的指示作为受款人。例如，通过中国银行议付的就填"Bank of China"。

10）汇票金额的大写（Amount in Words）——汇票上的金额小写和大写必须一致。由货币名称和英文文字组成，习惯上在大写数字前加"say"和大写数字后加"only"字样。例如：

- Say U.S.Dollars one Thousand and Five and Cents Thirty Only.
- Say U.S.Dollars one Thousand and Five and 30/100 Only.
- Say U.S.Dollars one Thousand and Five and Point Thirty Only.

11）付款人（Payer）——付款人即为受票人，一般用"To"表示。根据信用证汇票条款中所规定的付款人填写，如信用证规定：DRAFT DRAWN ON US，则这里付款人应填开证行的名称及地址；如信用证规定：DRAFT DRAWN ON APPLECANT，则这里付款人应填开证申请人的名称及地址；在托收方式下应填写进口商。

12）出票人（Drawer）——汇票右下方应由出票人签字盖章。在信用证方式下，出票人一般是信用证上指定的受益人，并应与发票上的签署人相一致。

在制作汇票时要仔细认真，不能有涂改，不能加盖校对图章。也就是说，不能有丝毫差错，否则将会遭到付款人的拒付。

1. 分析

实训安排

汇票填写应注意哪些问题？

2. 填票比赛

各学习小组熟悉票据的填写，能清楚说明填写时必须记载的事项。教师随机取出各小组所填票据，集体评定，选出最优。

实训指导

实训教师指导学生认识汇票，并提供几种情境让学生练习填写汇票。

学生实训过程中应多次练习，并能够找出自己和他人在票据填写中的不足。

作业点评

1）学生能否独立阐述汇票必须记载的事项。

2）对于汇票的填写，学生是否掌握填写方法及注意事项，填写结果需要学生以文本形式交予教师，教师点评。

3）小组讨论需要各小组给出分析题目的结果，以文档或 PPT 形式交予教师，教师点评。

任务 15.3　认识商业发票

情境 导入

2014 年 10 月，上海翼龙有限公司与 ABC 公司签订一份销售合同（图 15-3），请填写一份商业发票。

合同：

SHANGHAI YILONG CO., LTD

NO.91 NANING ROAD SHANGHAI,CHINA

Tel: 0086-021-63561050　　　　Fax: 0086-021-63561051

To: ABC COMPANY　　　　　　　　　S/C No.YL12101

　1-3 MACHI KU STREET　　　　　　DATE: Oct. 01,2014

　OSAKA, JAPAN　　　　　　　　　　SIGNED AT: Shanghai, China

Dear Sirs,

We hereby confirm having sold to you the following goods on terms and conditions as specified below:

MARKS & NO.	DESCRIPTION OF GOODS	QUANTITY	U/PRICE	AMOUNT
ABC OSAKA NOS.1-60	CARDBOARD BOX YL-256 YL-286	1550PCS 1450PCS 3000PCS	CIF OSAKA USD4.50/PC USD3.90/PC	USD 6975.00 USD 5655.00 USD 12,630.00

Packing: In cartons of 50 pcs each

Port of loading: Shanghai

Port of destination: Osaka

Partial shipment: Prohibited

Transhipment: Prohibited

Insurance: Is to be Covered by the sellers for 110 percent of the invoice value covering All risks and War risk as per CIC

Payment: By L/C at sight.

The buyer	The seller
ABC COMPANY	SHANGHAI YILONG CO., LTD

图 15-3　合同样本

商业发票（图 15-4）简称发票，它是出口商对进口商开立的发货价目清单，是买卖双方交接货物和结算货款的主要依据，也是全套出口单据的核心，其他单据均应参照它制作。

1)
ZHENGCHANG TRADING CO., LTD.
NO. 168 XUSHI ROAD HUZHOU ZHEJIANG

2) Commercial Invoice

To：　　　　　　　　　　　5) Date：

3)　　　　　　　　　　　　4) Invoice No.：

　　　　　　　　　　　　　6) Contract No.：

7) From：	8) To:	9) Letter of credit No.：		
10) Issued by ：				
11) Marks & Numbers	12) Quantities and Descriptions	13) Quantity	14) Unit Price	Amount

15) ZHENGCHANG TRADING CO., LTD.

图 15-4　商业发票样本

商业发票的制作要点如下：

1）发票无统一格式，但它的内容既要符合合同的规定，其文字描述又必须和信用证完全一致。缮制发票是一项复杂而细致的工作，缮制时要求符合规范，保证质量，做到正确无误、排列合理、缮打清楚、整洁美观。制作要求如下：出口公司的名称和详细地址（Name and address of seller）——必须与信用证上的受益人相一致。

2）发票的名称（Name of Invoice）——一般为"Commercial Invoice"或"Invoice"字样。

3）发票抬头人（To）——必须做成以开证申请人的名称为抬头（可转让信用证除外）。如果信用证上有指定抬头人，则按来证规定制单。

4）发票号码（Invoice No.）——发票号码由出口商统一编制，一般采用顺序号，便于查对。

5）发票日期（Invoice Date）——通常是指发票签发的日期，发票出单日期不能迟于信用证有效期。

6）合同号码（Contract No.）——填写相关交易的合同号码。

7）启运地（From）——信用证上规定的装货港、收货地或接受监管地。要写明具体港名，重名的港口根据来证规定加打国名。

8）目的地（To）——信用证规定的货物的卸货港、交货地或最终目的地。重名港口也应加打国名。

9）信用证号码（L/C No.）——填写信用证的号码。

10）开证行名称（Issued by）——填写开证行名称。

11）唛头及件号（Marks & Numbers）——凡是来证有指定唛头的，必须逐字按照规定制唛。如无指定，出口商可自行设计唛头，唛头一般以简明、易于识别为原则。唛头内容包括客户名称的缩写、合同号或发票号、目的港、件号等几部分。如货物运至目的港后还要转运到内陆城市，可在目的港下面加打"IN TRANSIT TO××"或"IN TRANSIT"字样。若没有唛头，则此栏可打"N/M"。

12）货物描述（Description of Goods）——商业发票的货物描述要和信用证货物描述完全一致。如果信用证上列明的商品较多，又冠有统称，制单时在具体品名上面按照来证打上统称。要是来证只列明具体品名，没有统称，制单时只打具体品名，不加统称。有些来证跟随附件，作为信用证的一部分，货名应参照附件规定的内容缮制。

13）商品的数量（Quantity）——货物的重量或数量必须在发票中表明，并与其他单据相一致。凡"约"、"大概"、"大约"或类似的词语，用于信用证数量时，应理解为有关数量不超过10%的增减幅度。

14）单价和总金额（Unit Price，Amount）——单价和总金额是发票的主要项目，必须准确计算，正确缮打，并认真复核，特别要注意小数点的位置是否正确，金额和数量的横乘、竖加是否有矛盾。凡"大约"、"大概"或类似的词语，用于信用证金额、单价时，应理解为有关金额或单价有不超过10%的增减幅度。如来证规定的数量已装完，而发票金额还有一些多余，在议付行表示接受的情况下，可采取"扣除"、"放弃"的办法处理，即在总额下面减除差额零头，减除后的发票总金额不超过信用证所允许的金额。

15）签署（Signature）——此栏应填制出口公司的名称及负责人签字或盖章。此外，国外来证有时要求在发票上加注各种费用金额、特定号码、有关证明字句，一般可将这些内容打在发票商品栏以下的空白处。

其他说明：

签署——根据《UCP500》第三十七条的规定，商业发票无须签署，但如果信用证要求提交签署的发票"SIGNED COMMERCIAL INVOICE…"或手签的发票"MANUALLY SIGNED…"，则发票必须签署，且后者还必须由发票授权签字人手签。

金额扣佣——如信用证规定发票金额要扣除相应佣金的，例如信用证条款规定"5% COMMISSION TO BE DEDUCTED FROM INVOICE VALUE"或有其他类似的条款规定的话，商业发票总金额应按规定扣除佣金，同时在扣除后计算净额。另外，有的信用证并没有明确规定这样的扣佣条款，但信用证总金额中已经扣除了佣金，则商业发票仍要计算扣除佣金。

发票扣佣的表示方法：

```
QTY.            Unit Price              Amount
                CIFC5 NEW YORK
100pcs          US $100                 US $10,000.00
                Less 5% Commission:     US $500.00
                CIF NET VALUE:          US $9,500.00
```

机构认证——有时信用证要求商业发票或其他单据要由中国贸促会等某些权威机构认证，则受益人在制单后必须及时向有关部门进行认证以免延误交单期。

加列证明文句——信用证条款中有时要求受益人在其提交的商业发票上打上特定的证明文句，例如：

- The commercial invoices should bear the following clause:"We hereby certify that the contents of invoice herein are true and correct."
- The commercial invoice must certify that the goods are of Chinese origin.
- The invoice shall certify that each piece/packing unit of goods carries a stamp/label indicating the name of the country of origin in a non-detachable or non-alterable way.

实训安排

1. 资料查询

本票、支票（文字解释及图片）。

2. 填票

根据情境导入中的合同样本（图15-3），填写商业发票。

实训指导

实训教师带领学生看懂合同，并了解商业发票，能够多模拟几种情境让学生练习填写商业发票。

各种票据的填写方法有相同之处也有不同的地方，学生们要理解票据的注意事项，并熟练记忆票据的主要内容，做到举一反三。

作业点评

1）学生能否举一反三的学会票据的填写。
2）学生能否看懂合同。

任务 15.4 缮制装箱单

情境 导入

上海美乐国际货运代理有限公司在 11 月 19 日接到青大进出口有限公司（代码 QDIE，英文名称 QINGDA IM&EX LTD.）的出运委托书（编号是 QDIE200911009），委托书称其在 2014 年 11 月 25 日有 1 个 40 英尺超高箱的"童车"准备从上海运至香港（HONGKONG）的收货人（NEX GLOBAL LTD.）。此批货物共有 150BAGS，25000KGS，58 个立方的货物，运输条款是：CFS-CFS，运费条款是：FREIGHT COLLECT。

经过比较又将此批货物委托给了 P&O NEDLLOYED（铁行渣华船务有限公司）船公司承运。货代公司进行信息处理后向 P&O 进行订舱（编号是 FD 200911061）。

P&O 确定订舱后，安排在 ANNE QUEEN 的 3033 航次上。在安排装箱过程中，由于工厂原因，实际装箱的童车只有 140BAGS，21000KGS，51 个立方。箱号是 YMLU4813553，铅封号 01200312。

在箱子上船后，P&O 签发了 PQ201211123 号的提单。其中根据客户的要求"通知人"与收货人保持一致。

货代公司拿到提单后支付了海运费 155USD，将提单交给客户后收取了海运费 200USD，包干费 1500RMB。

请根据资料填写装箱单。

15.4.1 装箱单简介

装箱单（图 15-5）是商业发票的补充单据，它列明了信用证（或合同）中买卖双方约定的有关包装事宜的细节，便于国外买方在货物到达目的港时供海关检查和核对货物，通常可以将其有关内容加列在商业发票上，但是在信用证有明确要求时，就必须严格按信用证约定制作。

江海贸易有限公司

JIANGHAI TRADING CO., LTD.

Room 334 HUAIYANG BUILDING NINGBO P.R.CHINA

TEL：010-12345678 FAX：010-87654321

1）装箱单

PACKING LIST

TO：收货人的信息

2）INVOICE No.：发票编号

3）S/C No.：销售确认书编号

DATE：日期

FROM：起运港　　　　TO：目的港

4）唛头号码 MARKS & No.	5）箱号 CASE No.	6）货号 COMMODITY	7）货品名称 DESCRIPTIONS	8）数量 QTY	11）体积 MEAS	10）净重 N.W.	9）毛重 G.W.
12）TOTAL AMOUNT:							

13）JIANGHAI TRADING CO., LTD.

***

图 15-5　装箱单样本

15.4.2　装箱单的具体缮制内容

1）装箱单名称（Packing List）。其应按照信用证规定使用。通常用"Packing List"、"Packing Specification"、"Detailed Packing List"。如果来证要求用中性包装单（Neutral Packing List），则包装单名称打"Packing List"，但包装单内不打卖方名称，不能签章。

2）编号（No.）。编号与发票号码一致。

3）合同号或销售确认书号（Contract No./Sales Confirmation No.）。注此批货的合同号或者销售合同书号。

4）唛头（Shipping Mark）。唛头应与发票一致，有的注实际唛头，有时也可以只注"as per invoice No. ×××"。唛头的具体写法请参见发票制单第七点。

5）箱号（Case No.），又称包装件号码。在单位包装货量或品种不固定的情况下，需注明每个包装件内的包装情况，因此包装件应编号。

例如，Carton No.1-5 …

　　　　Carton No.6-10 …

有的来证要求此处注明"CASENO.1-UP"，UP 是指总箱数。

6）货号（Name of Commodity）。按照发票，其应与发票内容一致。

7）货描（Description & Specification）。要求与发票一致。

货名如有总称，应先注总称，然后逐项列明详细货名。与前 5）、6）项栏对应逐一注明每一包装件的货名、规格、品种。

8）数量（Quantity）。应注明此箱内每件货物的包装件数。

例如，"bag 10"、"drum 20"、"bale 50"，合同栏同时注明合计件数。

9）毛重（Gr. Weight）。注明每个包装件的毛重和此包装件内不同规格、品种、花色货物各自的总毛重，最后在合计栏处注总货量。信用证或合同未要求，不注亦可。如为"Detailed Packing List"，则此处应逐项列明。

10）净重（Net Weight）。注明每个包装件的净重和此包装件内不同规格、品种、花色货物各自的总净重，最后在合计栏处注总货量。信用证或合同未要求，不注亦可。如为"Detailed Packing List"，则此处应逐项列明。

11）箱外尺寸（Measurement）。注明每个包装件的尺寸。

12）合计（Total）。此栏对 5）、8）、9）、10）栏合计。

13）出票人签章（Signature）。其应与发票相同，如信用证规定包装单为"Neutral Packing List"或"Plain Paper"等，则在包装单内不应出现受益人名称，不能签章。

实训安排

1. 查找资料
装箱单样本。

2. 绘制
在电脑上绘制装箱单。

3. 填制装箱单
根据情境导入中的资料，填写装箱单。

_____ CO., LTD.
_____

PACKING LIST

Date:
Invoice No.:
Contract No.:

Marks & Numbers	Descriptions	Quantity	Weight		Measurement
			Net	Gross	

_____ CO.，LTD.

实训指导

实训老师带领学生认识和了解装箱单，并能够提供资料让学生练习填制装箱单，练习过程中应分别练习填制纸质装箱单和电子装箱单。

实训学生在填制装箱单的过程中应注意以下几个问题：

1）有的出口公司将两种单据的名称印在一起，当来证仅要求出具其中一种时，应将另外一种单据的名称删去。单据的名称，必须与来证要求相符。如信用证规定为"Weight Memo"，则单据名称不能用"Weight List"。

2）两种单据的各项内容，应与发票和其他单据的内容一致。如装箱单上的总件数和重量单上的总重量，应与发票、提单上的总件数或总数量相一致。

3）包装单所列的情况，应与货物的包装内容完全相符，例如，货物用纸箱装，每箱200盒，每盒4打。

4）如来证要求这两种单据分别开列时，应按来证办理，提供两套单据。

5）如来证要求在这两种单据（或其中一种）上要求注明总尺码时，应照办，此单据上的尺码，应与提单上注明的尺码一致。

6）如来证要求提供"中性包装清单"（Neutral Packing List）时，应由第三方填制，不要注明受益人的名称。这是由于进口商在转让单据时，不愿将原始出口暴露给其买主，故才要求出口商出具中性单据。如来证要求用"空白纸张"（Plain Paper）填制这两种单据时，在单据内一般不要表现出受益人及开证行名称，也不要加盖任何签章。

作业点评

1）绘制的装箱单样本是否符合要求。

2）对装箱单的认识。

3）填制装箱单是否正确（纸质和电子版分别评定）。

任务 15.5　缮制海运提单

情境 导入

上海飞达物流公司与上海顶天电脑有限公司签署多项目合作协议，为其提供了货代与运输服务。

飞达公司在 2014 年 6 月 10 日接到上海顶天电脑有限公司（代码 DTPC，简称：顶天电脑，英文名称 SHANGHAI DINGTIAN TRADE LTD.）的出运委托书（编号是 DTPC234），委托书称其在 2014 年 6 月 21 日有 1 个 40 英尺普通箱的"电脑"准备从上海运至芝加哥的收货人（CAT-KING LTD.）。此批货物共有 120 BAGS，23000KGS，31 个立方的货物，运输条款是：CY-CY，运费条款是：FREIGHT PREPAID。

飞达公司将此批货物委托给了 COSCO 船公司承运，订舱编号是 BK12345。

COSCO 确定订舱后，安排在 MARRY ANNA 的 1211 航次上，箱号是 YMLU4813553，铅封号 3434。

飞达公司派出一辆自编号是 FD223（主车牌号是沪 Y-22222，挂车牌号是沪 Z-3333 挂）的 40 英尺集卡。正副驾驶员是张飞（工号 FD123）和关羽（工号 FD456），于 2014 年 6 月 15 日上午 9:35 到金桥加工区装箱，并于当天送到洋山港。途中花费 340 元的路桥费，行程共 145 千米，其中空车 61 千米，重车 84 千米。

在箱子上船后，COSCO 签发了 COSCO25 号的提单。其中"通知人"是飞达公司的国外代理（DEAT FAST LOGISTICS LTD.）。

飞达公司向 COSCO 支付了 $ 3300 的海运费，DTPC 向飞达公司支付了 $ 3700 的海运费。

请根据资料填写海运提单。

海运提单（ocean bill of lading，B/L）（图 15-6），是承运人收到货物后出具的货物收据，也是承运人所签署的运输契约的证明，提单还代表所载货物的所有权，是一种具有物权特性的凭证。

15.5.1　海运提单的性质和作用

在国际海洋货运中，不论采取哪一种运输方式，托运人与承运人之间均需订立运输合同和签发提单来作为承运人和托运人之间处理运输中双方权利和义务的依据。虽然它一般不是由双方共同签字的一项契约，但就构成契约的主要项目，如船名、开航日期、航线、靠港以及其他有关货运项目，是众所周知的，其运价和运输条件，承运人也是事先规定的。法律上和商业上提单代表货物，占有提单就意味着占有货物的所有权。提单有以下性质和作用：

1）提单是承运人或其代理人应托运人要求所签发的货物收据，证明已收到或接管提单所列货物。

2）提单是物权凭证，即一种货物所有权凭证。谁持有提单，谁就可以提货，也可凭此向银行押汇，还可以在载货船舶到达目的港交货之前进行转让。

BILL OF LADING						
1) SHIPPER			10) B/L NO.			
2) CONSIGNEE			CARRIER:			
3) NOTIFY PARTY			COSCO 中国远洋运输（集团）总公司 CHINA OCEAN SHIPPING（GROUP）CO. ORIGINAL			
4) PLACE OF RECEIPT	5) OCEAN VESSEL					
6) VOYAGE NO.	7) PORT OF LOADING					
8) PORT OF DISCHARGE	9) PLACE OF DELIVERY		COMBINED TRANSPORT BILL OF LADING			
11) MARKS 12) NOS. & KINGS OF PKGS. 13) DESCRIPTION OF GOODS 14) G.W. 15) MEAS（M3）						
16)						
17) TOTAL NUMBER OF CONTAINERS OR PACKAGES（IN WORDS）						
FREIGHT & CHARGES	REVENUE TONS	RATE	PER	PREPAID		COLLECT
PREPAID AT	PAYABLE AT			21）PLACE AND DATE OF ISSUE		
TOTAL PREPAID	18）NUMBER OF ORIGINAL B（S）L					
LOADING ON BOARD THE VESSEL 19）DATE 20）BY				22)		

图 15-6　提单样本

3）提单是承运人与托运人之间运输合同的证明。提单是运输合同的证明，而不是运输合同本身。一般而言，承运人在签发提单以前，运输合同已经成立，否则承运人不会承担货物运输。

除此之外，提单还在业务联系、费用结算、对外索赔、进口换单、出口更改舱单等方面都有着重要作用。

15.5.2　提单的分类

按不同的分类标准，提单可以划分为许多种类：

1. 按提单收货人的抬头划分

1）记名提单（straight B/L）又称收货人抬头提单，是指提单上的收货人栏中已具体填写收货人名称的提单。提单所记载的货物只能由提单上特定的收货人提取，或者说承运人在卸货港只能把货物交给提单上所指定的收货人。如果承运人将货物交给提单指定的以外的人，即使该人占有提单，承运人也应负责。这种提单失去了代表货物可转让流通的便利，但同时也可以避免在转让过程中可能带来的风险。

2）指示提单（order B/L）是指在提单正面"收货人"一栏内填上"凭指示"（To order）或"凭某人指示"（order of...）字样的提单。这种提单按照表示指示人的方法不同，指示提单又分为托运人指示提单、记名指示人提单和选择指示人提单。如果在收货人栏内只填记"指示"字样，则称为托运人指示提单。这种提单在托运人未指定收货人或受让人之前，货物所有权仍属于卖方。

指示提单可转让。提单的持有人可以通过背书的方式把它转让给第三者，而不须经过承运人认可，所以这种提单为买方所欢迎。而不记名指示（托运人指示）提单与记名指示提单不同，它没有经提单指定的人背书才能转让的限制，所以其流通性更大。指示提单在国际海运业务中使用较广泛。

3）不记名提单（Bearer B/L，or Open B/L，or Blank B/L）是指提单上收货人一栏内没有指明任何收货人，而注明"提单持有人"（Bearer）字样或将这一栏空白，不填写任何人的名称的提单。这种提单不需要任何背书手续即可转让，或提取货物，极为简便。承运人应将货物交给提单持有人，谁持有提单，谁就可以提货，承运人交付货物只凭单，不凭人。

2．按货物是否已装船划分

1）已装船提单（Shipped B/L，or on Board B/L）是指货物装船后由承运人或其授权代理人根据大副收据签发给托运人的提单。如果承运人签发了已装船提单，就是确认他已将货物装在船上。这种提单除载明一般事项外，通常还必须注明装载货物的船舶名称和装船日期，即是提单项下货物的装船日期。

注：实际业务中银行只接受已装船提单。

2）收货待运提单（Received for Shipment B/L）又称备运提单、待装提单，或简称待运提单。它是承运人在收到托运人交来的货物但还没有装船时，应托运人的要求而签发的提单。签发这种提单时，说明承运人确认货物已交由承运人保管并存在其所控制的仓库或场地，但还未装船。

3．按提单上有无批注划分

1）清洁提单（Clean B/L）是指在装船时，货物外表状况良好，承运人在签发提单时，未在提单上加注任何有关货物残损、包装不良、件数、重量和体积，或其他妨碍结汇的批注的提单称为清洁提单。一般银行只接受清洁提单。

2）不清洁提单（Unclean B/L or Foul B/L）是指在货物装船时，承运人若发现货物包装不牢、破残、渗漏、玷污、标志不清等现象时，大副将在收货单上对此加以批注，并将此批注转移到提单上，这种提单称为不清洁提单。

想一想

如果货物包装良好，内在质量有问题，能否开到清洁提单？

4．根据运输方式的不同划分

1）直达提单（Direct B/L）又称直运提单，是指货物从装货港装船后，中途不经转船，直接运至目的港卸船交与收货人的提单。直达提单上不得有"允许转船"或"在某港转船"的批注。凡信用证规定不准转船者，必须使用这种直达提单。如果提单背面条款印有承运人有权转船的"自由转船"条款者，则不影响该提单成为直达提单的性质。

注：实际业务中银行只接受清洁提单。

2）转船提单（Transshipment B/L）是指货物从起运港装载的船舶不直接驶往目的港，需要在中途港口换装其他船舶转运至目的港卸货，承运人签发这种提单称为转船提单。在提单上注明"转运"或在"某某港转船"字样，转船提单往往由第一程船的承运人签发。由于货物中途转船，增加了转船费用和风险，并影响到货时间，故一般信用证内均规定不允许转船，但直达船少或没有直达船的港口，买方也只好同意可以转船。

3）联运提单（Through B/L）是指货物运输需经两段或两段以上的运输方式来完成，如海陆、海空或海海等联合运输所使用的提单。船船（海海）联运在航运界也称为转运，包括海船将货物送到一个港口后再由驳船从港口经内河运往内河目的港。

4）多式联运提单（Multimodal Transport B/L or Intermodal Transport B/L）主要用于集装箱运输。是指一批货物需要经过两种以上不同运输方式，其中一种是海上运输方式，由一个承运人负责全程运输，负责将货物从接收地运至目的地交付收货人，并收取全程运费所签发的提单。提单内的项目不仅包括起运港和目的港，而且列明一程二程等运输路线，以及收货地和交货地。

5．按提单内容的简繁划分

1）全式提单（Long form B/L）是指提单除正面印就的提单格式所记载的事项，背面列有关于承运人与托运人及收货人之间权利、义务等详细条款的提单，由于条款繁多，所以又称繁式提单。在海运的实际业务中大量使用的大都是这种全式提单。

2）简式提单（Short form B/L, or Simple B/L）又称短式提单、略式提单，是相对于全式提单而言的，是指提单背面没有关于承运人与托运人及收货人之间的权利义务等详细条款的提单。

6．按签发提单的时间划分

1）倒签提单（Anti-dated B/L）是指承运人或其代理人应托运人的要求，在货物装船完毕后，以早于货物实际装船日期为签发日期的提单。当货物实际装船日期晚于信用证规定的装船日期，若仍按实际装船日期签发提单，托运人就无法结汇。为了使签发提单的日期与信用证规定的装运日期相符，以利结汇，承运人应托运人的要求，在提单上仍以信用证的装运日期填写签发日期，以免违约。

2）预借提单（Advanced B/L）是指货物尚未装船或尚未装船完毕的情况下，信用证规定的结汇期（即信用证的有效期）即将届满，托运人为了能及时结汇，而要求承运人或其代理人提前签发的已装船清洁提单，即托运人为了能及时结汇而从承运人那里借用的已装船清洁提单。

3）过期提单（Stale B/L）有两种含义，一是指出口商在装船后延滞过久才交到银行议付的提单。按国际商会 500 号出版物《跟单信用证统　惯例》规定："如信用证无特殊规定，银行将拒受在运输单据签发日期后超过 21 天才提交的单据。在任何情况下，交单不得晚于信用证到期日。"二是指提单晚于货物到达目的港，这种提单也称过期提单。因此，近洋国家的贸易合同一般都规定有"过期提单也可接受"的条款。

7．按收费方式划分

1）运费预付提单（Freight Prepaid B/L）。成交 CIF、CFR 价格条件为运费预付，按规定货物托运时，必须预付运费，在运费预付情况下出具的提单称为运费预付提单。这种提单正面载明"运费预付"字样，运费付后才能取得提单；付费后，若货物灭失，运费不退。

2）运费到付提单（Freight to Collect B/L）。以 FOB 条件成交的货物，不论是买方订舱还是买方委托卖方订舱，运费均为到付（freight payable at destination），并在提单上载明"运费到付"字样，这种提单称为运费到付提单。货物运到目的港后，只有付清运费，收货人才能提货。

3）最低运费提单（Minimum B/L）是指对每一提单上的货物按起码收费标准收取运费所签发的提单。如果托运人托运的货物批量过少，按其数量计算的运费额低于运价表规定的起码收费标准时，承运人均按起码收费标准收取运费，为这批物所签发的提单就是最低运费提单，也可称为起码收费提单。

15.5.3　提单的填写方法

1）托运人（Shipper）——一般即为出口企业，也就是信用证中的受益人，如果开证人为了贸易上的需要，要求做第三者提单（Third Party's B/L）也可照办，"UCP500"允许银行接受第三者提单。

2）收货人（Consignee）——这是提单中的重要栏目，应严格按照信用证规定填制，一般分为两种：

记名提单。直接写明收货人名称，例如，Consigned To ×××，它的特点是收货人已经确定，不得转让。

指示提单。即在收货人栏内有指示（Order）字样的，意即承运人凭指示付货，它可以通过指示人的背书而进行转让。

指示提单又可分为记名指示和不记名指示两种，记名指示就是指定该提单的指示人是谁，常见的如：

- 由托运人指示：Order of Shipper；
- 由开证人指示：Order of Applicant；
- 由开证行指示：Order of Issuing Bank。

根据以上三种做法，提单转让时分别由托运人、开证人和开证行背书。不记名指示提单在收货人栏内只打 ORDER 一字即可，转让时须由托运人背书。

3）被通知人（Notify Party）——要按信用证规定，一般就是货物的进口人或其代理，被通知人的地址一定要详细，有的港口还一定要加上邮政信箱号，地址不详，无法通知，有时会造成延迟提货，发生严重损失。

如果是记名提单或收货人指示提单且收货人又有详细地址的，此栏可以不填。

如果信用证没有规定，则正本提单可以不填，但副本提单仍要将收货人的详细地址填明，以便承运人通知。

4）收货地（Place of Receipt）——填船公司或承运人的收货地。

5）、6）船名、航次（Ocean Vessel, Voyage No.）——按配舱回单上的船名、航次填写。

7）装货港（Port of Loading）——要填具体的装货港口。如上海、天津，而不能笼统的填中国港口。

8）卸货港（Port of Discharge）——应填写货物实际卸下的港口名称。如是同名港口须加注国名。如属选择卸货港提单，如伦敦/鹿特丹/汉堡选卸，则在卸货港栏中填上"OPTION LONDON/ROTTERDAM/HAMBURG"，收货人必须在船舶到达第一卸货港船公司规定时间内通知船方卸货港，否则，船方可任意选择其中任何港口卸货。选择港最多不得超过三个，且应在同一航线上的。

9）交货地（Place of Delivery）——填船公司或承运人的交货地。

10）提单号码（B/L No.）——一般列在提单右上角。这个号码与装货单、大副收据或场站收据的号码是一致的。

11）唛头（Marks）——提单上的唛头必须与其他单据上的相一致。如信用证规定有唛头，则应按信用证上的规定制作。如无唛头，散装货应注明"N/M"或"IN BULK"字样。

12）货物包装及件数（Nos.& Kinds of Packages）——按货物装船的实际情况填写包装情况及总外包装件数。木箱（Wooden Case）、纸箱（Carton）、袋装（Bag）、纸板箱（Cardboard Box）等，不可笼统填为件（Packages）。一张提单有几种不同包装也应分别列明，在总数及大写部分则可以使用 Packages。托盘及集装箱也可作为包装填列，裸装有捆（Bundle）、件（Package）；散装有（In Bulk）。

13）货物描述（Description）——"UCP500"允许使用货物的统称，但须与信用证用字相符。

凡危险品必须写明化学名称，注明国际海上危险品运输规则号码（Imco Codepage）、联合国危规号码（Un Code No.）、危险品等级（Class No.）。冷藏货物注明所要求的温度。

14）、15）货物毛重及尺码（Gross Weight/Measurement）——同装箱单上货物的总毛重和总尺码要一致。除信用证另有规定者外一般以公吨为重量单位，以立方米为体积单位，小数要保留三位。

16）提单要按信用证规定加注运费条款。即"FREIGHT PREPAID"或"FREIGHT TO COLLECT"，并且注意与所用贸易术语的一致性。

17）货物总包装件数的大写（Total Number of Containers or Packages (in Words)——此栏的内容要与第 12）栏一致。

18）正本提单份数（Number of Orginal B（S）L）——正本提单份数应按信用证规定签发，一般是 1～3 份，并用大写数字如 ONE、TWO、THREE 填写，如 L/C 仅规定 Full Set 可按习惯做两份正本，"UCP500"施行后，一份正本亦可视为 Full Set。正本提单都要提交银行作为议付单据。

19）、20）装船批注的日期和签署（Date，By）——根据《UCP500》规定，如果提单上没有预先印就"已装船"（SHIPPED ON BOARD）字样的，则必须在提单上加注装船批注（ON BOARD NOTATION），装船批注中所显示的日期即视为货物的装运日期。

21）提单的签发地点和签发日期（Place and Date of Issue）——除备运提单外均为装货完毕日期，装货日期不得迟于信用证规定的装运期，提单的签发地点应按装货地点填列。

这些都是应该避免出现错误的，因为其后果可能会造成巨大的经济损失。

22）提单签署——根据《UCP500》规定，提单必须由下列四类人员签署证实。即承运人或承运人的具名代理人或船长或船长的具名代理人。

几种特殊情况的处理办法：

- 货运目的港需经内陆转运的，或陆运至邻国的，则除在卸货港处填入境港口名称外，另在货物品名栏下方加列 IN TRANSIT 或 IN TRANSIT TO ×××。
- 装托盘货物提单上须记载托盘数量和货物数量。
- 印度、斯里兰卡、黎巴嫩、巴林及阿根廷等同港口虽然信用证未规定提单必须手签，但由于当地海关规定，因此仍须手签。
- 运到巴林岛的货物必须加注出产国，即在货物品名栏下加注 MADE IN CHINA。
- 信用证规定提单需贸促会证明的，可在提单正面加盖贸促会图章。
- 如信用证规定提单需装货人签章，可在提单正面左下方由装货人签名盖章。

实训安排

1. 查找资料
除了介绍的几种提单，还有没有其他特殊提单？
提单的背面条款有哪些？

2. 分析说明
倒签提单和预借提单有哪些风险？

3. 填制提单
根据情境导入中的资料，填写以下海运提单。

BILL OF LADING					
1) SHIPPER			10) B/L NO.		
2) CONSIGNEE			CARRIER:		
3) NOTIFY PARTY			COSCO		
4) PLACE OF RECEIPT	5) OCEAN VESSEL		CHINA OCEAN SHIPPING（GROUP）CO. ORIGINAL		
6) VOYAGE NO.	7) PORT OF LOADING				
8) PORT OF DISCHARGE	9) PLACE OF DELIVERY		COMBINED TRANSPORT BILL OF LADING		
11) MARKS 12) NOS. & KINGS OF PKGS. 13) DESCRIPTION OF GOODS 14) G.W. 15) MEAS（M3）					
16)					
17) TOTAL NUMBER OF CONTAINERS OR PACKAGES（IN WORDS）					
FREIGHT & CHARGES	REVENUE TONS	RATE	PER	PREPAID	COLLECT
PREPAID AT	PAYABLE AT			21) PLACE AND DATE OF ISSUE	
TOTAL PREPAID	18) NUMBER OF ORIGINAL B（S）L				
LOADING ON BOARD THE VESSEL 19) DATE 20) BY				22)	

实训指导

实训教师带领学生认识海运提单，能够说明海运提单的作用，了解海运提单的内容。实训过程中教师可多提供模拟练习，让学生多次练习填制海运提单的纸质版和电子版。

学生实训过程中重点了解提单的作用和如何填写提单。

作业点评

1）资料查询是否充分。

2）分析问题是否透彻。

3）提单填制是否准确、全面（纸质和电子版）。

任务 15.6 认识保险单

情境导入

北京利源贸易有限公司拟出口多种产品，请以小组为单位通过上网查找资料，根据货物的性质和贸易国别确定保险的险别，并以该公司制单员身份利用给定资料填制保险单。

资料：
1）标记：AS PER INVOICE NO.90h288134。
2）数量：100 个纸箱。
3）投保加成：一成。
4）运输方式和路线：海运，由上海到伦敦，在新加坡转船。
5）航名及航次：MINHAIIV.27。
6）保险单号：SH02/31002011。
7）保险单签发日期和地点：2014 年 6 月 7 日于上海。
8）保险勘查代理人：Aitken Spence Insurance（PIE）Ltd.Vaux Hallstreet2，Skilank A
P.O.Box5315，London，U.K。

保险单简称为保单（图 15-7），是保险人与被保险人订立保险合同的正式书面证明。保险单必须完整地记载保险合同双方当事人的权利义务及责任。保险单记载的内容是合同双方履行合同的依据，保险单是保险合同成立的证明。

15.6.1 保险单据的分类

1）保险单（Insurance Policy）：俗称大保单，是一种正规的保险合同，除载明被保险人（投保人）的名称、被保险货物（标的物）的名称、数量或重量、唛头、运输工具、保险的起讫地点、承保险别、保险金额、出单日期等项目外，还在保险单的背面列有保险人的责任范围，以及保险人与被保险人各自的权利、义务等方面的详细条款，它是最完整的保险单据。保险单可由被保险人背书，随物权的转移而转让，它是一份独立的保险单据。

2）保险凭证（Insurance Certificate）：俗称小保单，它有保险单正面的基本内容，但它没有保险单反面的保险条款，是一种简化的保险合同。

3）联合保险凭证（Combined Insurance Certificate）：俗称承保证明（risk Note），它是我国保险公司特别使用的一种更为简化的保险单据，由保险公司在出口公司提交的发票上加上保险编号、承保险别、保险金额、装载船只、开船日期等，并加盖保险公司印章即可，这种单据不能转让。

4）预约保险单（Open Policy/open Coner）：它是一种长期性的货物保险合同。预约保险单上载明保险货物的范围、险别、保险费率、每批运输货物的最高保险金额以及保险费的结付、赔款处理等项目，凡属于此保险单范围内的进出口货物，一经起运，即自动按保险单所列条件承保。但被保险人在获悉每批保险货物起运时，应立即将货物装船详细情况包括货物名称、数量、保险金额、运输工具种类和名称、航程起讫地点、开船日期等情况通知保险公司和进口商。这种保险单据目前在我国一般适用于以 FOB 或 CIF 价格条件成交的进口货物以及出口展览品和小卖品。

15.6.2 保险单的填制要点

1）被保险人（Tthe Insured）——在 CIF 条件下，除信用证另有规定外，保险单上被保险人必须是信用证上的受益人，被保险人取得保险单后必须进行背书，才能转让。

2）唛头（Marks & Nos.）——应与发票和提单上的同项内容一致。如唛头比较复杂也可以简单填写为"AS PER INVOICE NO.×××"。

中 国 人 民 保 险 公 司
THE PEOPLE'S INSURANCE COMPANY OF CHINA

总公司设于北京　　　　　1949 年创立

Head office：BEIJING　　　Established in 1949

发票号码　　　　　　　　　保 险 单　　　　　　　保险单号次

INVOICE NO.　　　　　**INSURANCE POLICY**　　　POLICY NO.

中国人民保险公司（以下简称本公司）根据 _____（以下简称为被保险人）的要求由被保险人向本公司缴付约定的保险费，按照本保险单承保险别和背后所载条款与下列特款承保下述货物运输保险，特立本保险单。

THIS POLICY OF INSURANCE WITNESSES THAT THE PEOPLE'S INSURANCE COMPANY OF CHINA (HERIN-AFTER CALLED "THE COMPANY")AT THE REQUEST OF (HEREINAFTER CALLED "THE INSURED")AND IN CONSID-ERATION OF THE AGREED PREMIUM BEING TO THE COMPANY BY THE INSURED, UNDERTAKES TO INSURE THE UNDERMENTIONED GOODS IN TRANSPORTATION SUBJECT TO THE CONDITIONS OF THE POLICY AS PER THE CLAUSES PRINTED OVERLEAF AND OTHER SPECIAL CLAUSES ATTACHED HEREON.

标　记 MARKS & NOS.	包 装 及 数 量 QUANTITY	保 险 货 物 项 目 DESCRIPTION	保 险 金 额 AMOUNT INSURED

总保险金额

TOTAL AMOUNT INSURED：

保费　　　　　　　　　　费率　　　　　　　　　　装载工具

PREMIUM AS ARRANGED　　RATE AS ARRANGED　　PER CONVEYANCE S.S.

开航日期　　　　　　　　　　　自　　　　　　　　　　　至

SLG. ON OR ABT._____　FROM _____　TO _____

承保险别

CONDITIONS：

所保货物，如遇风险，本公司凭本保险单及其有关证件给付赔款。所保货物，如发生保险单项下负责赔偿的损失或事故，应立即通知本公司下述代理人查勘。

CLAIMS, IF ANY PAYABLE OF SURRENDER OF THIS POLICY TOGETHER WITH OTHER RELEVANT DOCUMENTS.IN THE EVENT OF ACCIDENT WHEREBY LOSS OR DAMAGE MAY RESSULT IN A CLAIM UNDER THIS POLICY IMMEDIATE NOTICE APPLYING FOR SURVEY MUST BE GIVEN TO THE COMPANY'S AGENT AS MENTIONED HEREUNDER：

中国人民保险公司
THE PIOPLE'S INSURANCE CO.OF CHINA

赔款偿付地点_____

CLAIM PAYABLE AT/IN _____　　　　　GENERAL MANAGER

出单公司地址　　　　　　　　　　　　　　　日期

ADDRESS OF ISSUING OFFICE _____　DATE _____

图 15-7　保险单样本

3）包装及数量（Quantity）——本栏填写商品外包装的数量及种类。必须与发票、提单等一致。

4）保险货物项目（Description of Goods）——本栏填写商品的名称，可以用统称，必须与发票、提单等一致。

5）保险金额（Amount Insured）——按信用证规定的金额及加成率投保。如信用证未做具体规定，则按 CIF 或 CIP 或发票金额的 110% 投保。保单上的保险金额的填法应该是"进一取整"，例如：如果保险金额经过计算得出为 US$12345.23，则在保险单上应填"US$12346"。

6）总保险金额（Total Amount Insured）——本栏只需填入保险金额的大写即可。

7）、8）"保费"和"费率"（Premium as arranged，Rate as arranged）—— 一般打"AS ARRANGED"，除非信用证要求标明。

9）装载运输工具（Per Conveyance SS.）——海运保险应根据配舱回单填写相应的承运船只及航次。

10）开航日期（SLG.on or ABT.As Per Bill of Lading）—— 一般填写提单签发日期，或只填"AS PER B/L"。

11）、12）起讫地点（From...to...）——此栏目填写货物的起运地和目的地（如有转运，应予注明）。

13）承保险别（Conditions）——按合同、信用证规定的承保险别，包括险别和相应的保险条款等。

14）保险代理（Insurance Agent）——应填写保险公司在目的地或附近地区代理人的名称、详细地址，以便收货人在出险后索赔。

15）赔款偿付地点及赔款币种——赔款偿付地点一般填运输目的地。币种采用信用证或汇票所用货币的币种。

16）保单日期——保单上签发日期应早于提单日期，最迟应与提单日期同一天，但一般应晚于发票日期。否则开证行或进口商有权拒付。

此外，出口人在交单时应将保单作背书转让，以便进口商在发生由承保风险引起的损失时能取得保险公司的赔付。背书应按信用证的有关条款执行，如无特殊规定，则应做成空白背书。保单的背书方法同提单基本相似。

记名背书：Endorsed to DEF Co. Pay to DEF Co.

ZC Co.（签章）

April 20，2014

空白背书：

ZC Co.（签章）

April 20，2014

实训安排

1. 查找资料

查找保险单样本。

2. 分析说明

填制保险单时应注意哪些问题？

3. 模拟练习填制保险单

请根据情境导入资料填制保险单。

实训指导

实训教师带领学生了解保险单，认识保险的意义，能够正确翻译保险单英文。教师可以多提供情境资料，让学生多加练习（电子版和纸质版）。

学生实训过程中必须彻底掌握保险单的内容，除去中文翻译，应能基本看懂保险单的条款，并可以根据资料填写保单。

作业点评

1）对保单的了解程度。

2）可否看懂保险单（除去中文）。

3）保险单填写是否正确。

任务 15.7　认识产地证书

情境 导入

请学习以下资料。

出口到不同国家需要的不同产地证

1）出口到比利时、丹麦、英国、德国、法国、爱尔兰、意大利、卢森堡、荷兰、希腊、葡萄牙、西班牙、奥地利、芬兰、瑞典、波兰、捷克、斯洛伐克、拉脱维亚、爱沙尼亚、立陶宛、匈牙利、马耳他、塞浦路斯、斯洛文尼亚、保加利亚、罗马尼亚、挪威、瑞士、土耳其、俄罗斯、白俄罗斯、乌克兰、哈萨克斯坦、日本、加拿大、澳大利亚和新西兰等国家，可以办理普惠制原产地证 FORM A，供客户享受普惠制关税优惠待遇。

2）出口到文莱、柬埔寨、印尼、老挝、马来西亚、缅甸、菲律宾、新加坡、泰国、越南等东盟十国，可以办理 FORM E 证书，大部分产品可享受零关税优惠待遇。

3）出口到智利，这是一个特殊国，有专门的产地证：中国-智利自贸区原产地证简称 FORM F，智利客户凭此证享有自贸区协议优惠待遇。

4）出口到韩国、印度、斯里兰卡、孟加拉国等国，可办理亚太产地证，凭此证进口国可享受曼谷协定项下的优惠待遇。

5）出口到巴基斯坦，可办理中巴证书，也可简称为 FTA，巴基斯坦进口商凭此证可享受中巴自贸区协定项下的优惠待遇。

6）出口到秘鲁，可办理中国-秘鲁自贸区产地证，此为 2010 年 3 月份开始签发的，从而为中国进军秘鲁市场打开了一扇大门。

7）出口到新加坡和新西兰，同样可以签发中新证书，享受协定项下的优惠待遇。

8）不管出口到哪个国家，任何产品都可以办理一般原产地证 CO。

原产地证书或产地证是证明出口商品的原产地，即商品的生产地或制造地的具有法律效力的书面文件。它是进口国对进口货物确定关税待遇，进行贸易统计，实行数量限制和控制从特定国家进口的主要依据。原产地证书包括普惠制原产地证书、一般原产地证书、区域性经济集团国家原产地证书和专用原产地证书。使用较多的主要有普惠制原产地证书和一般原产地证书。其中，普惠制原产地证书是当商品出口到给予我国普惠制待遇的国家时所应提供的原产地证书。该证书是供进口商在办理进口报关、申请关税减免时使用的。在我国普惠制原产地证书是由出入境检验检疫机构签发的。一般原产地证书是由各国根据本国的原产地规则签发的，它是进口国批准进口许可、验关放行、征收差别关税等的依据。它是由各地的出入境检验检疫机构或中国国际贸易促进委员会（CCPTT，贸促会）各分会签发的。

15.7.1　普惠制原产地证书

1. 普惠制原产地证书

普惠制原产地证书（Generalised System of Preference Certificate of Origin）如图 15-8 所示。

GSP FORM A

1) Goods consigned from (Export's business，address, country)	Reference No. **GENERALIZED SYSTEM OF PREFERENCES** **CERTIFICATE OF ORIGIN** **(Combined declaration and certificate)** **FORM A** **Issued in　THE PEOPLE'S REPUBLIC OF CHINA** **(country)** **See Notes overleaf**
2）Goods consigned to（Consignee's name, address, country)	
3) Means of transport and route (as far as known)	4) For official use

5) Item number	6) Marks and number of packages	7) Number and Kind of packages; description of goods	8) Origin criterion (see Notes overleaf)	9) Gross weight or other quantity	10) Number and date of invoices

11) Certification	12) Declaration by the exporter
It is hereby certified, on the basis of control carried out, that the declaration by the exporter is correct	The undersigned hereby declares that the above details and statements are correct; that all the goods were produced in _____ (country)and that they comply with origin requirements specified for those goods in the Generalized System of Preferences for goods exported to_____ (importing country)
Place and date，signature and stamp of 　　　　　　certifying authority	Place and date. Signature of authorized signatory.

图 15-8　普惠制原产地证书样本

普惠制是普遍优惠制的简称，是发达国家给予发展中国家出口的制成品和半制成品（包括初级产品）的普遍的、非歧视的、非互惠的关税优惠待遇。

申请普惠制产地证的单位必须预先持有审批机关批准其经营出口业务的批件、营业执照及其他有关文件，向当地检验检疫机构注册登记，填写"申请签发普惠制原产地证明书（Form A）注册登记表"。从事"三来一补"业务的单位，还得提交有关协议、合同副本及产品成本明细表等。申请单位的印章和证书手签人员的名单、签字手迹必须在注册时向签证机构备案。手签人员应是申请单位的法人代表或其指定的人员，并经检验检疫机构培训、考核合格者。证书申领人员应经检验检疫机构培训、考核合格，持有申领员证。

凡逐批申请签证的，申请单位应至少在货物出运前 5 天，向检验检疫机构申请签发，同时提交：①普惠制产地证申请书一份。②缮制正确、清楚并经申请单位手签人员签字和加盖公章的普惠制产地证（格式 A）一式三份。③出口商的商业发票副本一份。④含有进口成分的产品还得提交产品成本明细单一式二份。此外，复出口去日本的来料加工产品或进料加工产品还得提交《从日本进口原料证明书》以及签证机构所需的其他有关文件。

原产地证格式 A 一般应在货物出运前签发。但在个别情况下，由于非故意的疏忽或其他特殊原因，货物出运前未能及时申请，申请单位也可在货物出发后申请签发"后发证书"。凡申请签发"后发证书"时，申请单位除应提交上述单据外，还应提交该批货物的提单或运单副本。签证机构经审核后，可予以签发"后发证书"，并在证书第四栏中加盖"后发"（英文为 ISSUED RETROSPECTIVELY）印章。普惠制原产地证书共有 12 栏（不包括产地证标题栏）。

2. 普惠制原产地证书的填写方法

产地证标题栏（右上角）填上签证当局所编的证书号，在证头横线上方填上"在中华人民共和国签发"，国名外文（ISSUED IN THE PEOPLE'S REPUBLIC OF CHINA）必须填外文全称，不得简化。

1）出口商的业务名称、地址、国别（Exporter's Business Name，Address ountry）——此栏带有强制性的，应填明在中国境内的出口商的详细地址、包括街道名、门牌号码等。注意要和信用证的有关写法一致。

2）收货人的名称、地址、国别（Consignee's Name，Address Country）—— 一般应填给惠国最终收货人名称（即信用证上规定的提单通知人或特别声明的收货人），注意要和信用证的有关写法一致。如最终收货人不明确，可填发票抬头人，但不要填中间转口商的名称。在特殊情况下，欧盟国家的进口商要求将此栏留空，也可以接受。

3）运输方式及路线（Means of Transport and Route）—— 一般应填写装货、到货地点（始发港、目的港）及运输方式（如海运、陆运、空运、陆海联运等）。如系转运商品，应加上转运港，如"VIA HONG KONG"。

4）官方使用栏（For Official Use）——此栏由签证当局填具，出口公司应将此栏留空。商检机构根据需要，如是"后发"，加盖"ISSURD RETROSPECTIVELY"红色印章，如是签发"复本"，应在此栏注明原发证书的编号和签证日期并声明原发证书作废，其文字是："THIS CERTIFICATE IS IN REPLACEMENT OF CERTIFICATE OF OREGIN NO. … Date … WHICH IS CANCELLED ."并加盖"DUPLICATE"红色印章。正常情况下，此栏空白。

5）顺序号（Item Number）——在收货人、运输条件相同的情况下，如同批出口货物有不同品种，则可按不同品种、发票号等分别填"1"、"2"、"3"等。单项商品，此栏可不填。

6）唛头及包装号（Marks and Numbers of Packages）——按发票上唛头填具完整的图案文字标记及包装号。如货物无唛头，应填"N/M"。如唛头过多，此栏不够，可填打在第7）、8）、9）、10）栏的空白处。如还不够，则另加附页，并在第6）栏中填上"见附件"（SEE ATTACHMENT），打上原证号，附件页用纸应小于证书尺寸，裁减整齐后贴在证书背面中间，由签证机构授权签证人手签，加盖骑缝章。唛头如系复杂图案或几何图形，也可复印下来贴在背面。

7）包件数量及种类、商品说明（Number and Kind of Packages，Description of Goods）——填写商品外包装的数量及种类，并在包装数量的阿拉伯数字后用括号加上大写的英文数字。商品名称应具体填明，其详细程度应能在 H.S. 的四位数字中准确归类。不能笼统填"MACHINE"、"GARMENT"等。但商品的商标、牌名、货号也可不填，商品名称等项列完后，应在末行加上表示结束的符号"＊＊＊＊＊＊＊＊＊＊"，以防止外商加填伪造内容。国外信用证有时要求填具合同、信用证号码等，可加在此栏结束符号下方的空白处。

8）原产地标准（Origin Criterion）——此栏用字最少，但却是国外海关审证的核心项目。对含有进口成分的商品，因情况复杂，国外要求严格，极易弄错而造成退证。具体规定如下：

- 完全原产，无进口成分，填"P"；
- 含进口成分，但符合原产地标准，如经过进口国充分加工的产品输往欧盟15国及瑞士、挪威和日本时填"W"，并在其下面加注出口产品在海关合作理事会税则目录（Customs Cooperation Council Nomenclature—CCCN）的税目号；
- 出口加拿大的商品，如果其所含的进口成分占产品出厂价的40%以下，则填"F"；
- 货物运往加拿大，含有进口成分，实施全球性原产地累计条款的，填"G"；
- 货物运往独联体国家和东欧国家，在字母下面标上进口成分占产品离岸价的百分比例。
- 货物运往独联体国家和东欧国家，实施全球性累计的，填"PK"；
- 出口到澳大利亚或新西兰的产品，此栏可空白。

9）毛重或其他数量（Gross Weight or Other Quantity）——此栏应以商品的正常计量单位填，如"只"、"件"、"匹"、"双"等。以重量计算的则填毛重，只有净重的，填净重亦可，但要标上 N.W. 。

10）发票号及日期（Number and Date of Invoices）——此栏不得留空，必须照正式商业发票填具。为避免月份、日期的误解，月份一律用英文缩写 JAN.FEB.MAR. 等表示。发票内容必须与证书所列内容和货物完全相符。

11）签证当局的证明（Certification）——填签署地点、日期及授权签证人手签、商检机构印章。签证当局只签一份正本，不签署副本。此栏签发日期不得早于发票日期（第10）栏）、申报日期（第12）栏）但不迟于提单日期，手签人的字迹必须清楚。手签与签证章在证面上位置不得重合。

12）出口商申明（Declaration by the Exporter）——生产国的横线上应填"中国 CHINA"。进口国横线上的国名一定要填正确。进口国（给惠国）一般与最终收货人或目的港的国别一致。如果难于确定，以第3）栏目的港国别为准。凡货物输往欧盟范围内，进口国不明确时，可填 E.U.。申请单位的手签人员应在此栏签字，加盖中英文对照的印章，填上申报地点、时间。该日期不能早于发票日期（一般与发票日期相同），同时不能迟于第11）栏签证机关的日期。

15.7.2 一般原产地证书

1. 一般原产地证书介绍

一般原产地证书（Certificate of Origin of the People's Republic of China）如图 15-9 所示。

ORIGINAL				
1) Exporter（full name and address）		Certificate No. CERTIFICATE OF ORIGIN OF THE PEOPLE'S REPUBLIC OF CHINA		
2) Consignee（full name，address，country）				
3) Means of transport and route		5) For certifying authority use only		
4) Destination port				
6) Marks and Numbers of package	7) Description of goods: number and kind of package	8) H.S. Code	9) Quantity or weight	10) Number and date of invoice
11) Declaration by the exporter 　　The undersigned hereby declares that the above details and statements are correct: that all the goods were produced in China and that they comply with the Rules of Origin of the People's of China. 　　Place and date. Signature and stamp of authorized signatory		12) Certification 　　It is hereby certified that the declaration by the exporter is correct. Place and date，signature and stamp of certifying authority		

图 15-9　一般原产地证书样本

一般原产地证，简称产地证（C.O.），系指中华人民共和国出口货物原产地证明书。它是证明中国出口货物符合"中华人民共和国出口货物原产地规则"，货物确系中华人民共和国原产的证明文件，是进口国海关据此对该进口商品使用何种税率的依据。该文件具有法律效力，也是通关、结关、进行贸易统计的重要证明文件。各地商检机构和贸促会均可签发此种原产地证。

申请单位应持营业执照、主管部门批准的对外经济贸易经营权证明文件及证明货物符合出口货物原产地标准的有关资料，向所在地签证机构办理注册手续。申请单位的印章和申领人员的姓名在申请单位注册时应进行登记。证书申领人员应经检验检疫机构培训、考核，持有申领员证。

申请单位应至少在货物出运前 3 天，向检验检疫机构申请签证，同时应提交：①一般原产地申请书一份。②缮制正确、清楚并经申请单位手签人员签字和加盖公章的一般原产地证一式四份。③出口商的商业发票一份。④含有进口成分的产品还得提交产品成本明细单。申请"后发证书"时，申请单位除应提交上述单据外，还应提交解释迟交申请书原因的函件，该批货物的提单 / 航空提单 / 邮政收据。

凡进口商要求我官方机构签发一般原产地证书的，申请单位应向检验检疫机构申请办理；凡进口商要求我民间机构签发一般原产地证书的，申请单位应向贸促会申请办理；未明确要求的，可向检验检疫机构或贸促会申请办理。

货物如在中国进行的制造工序不足，未能取得中国原产地证，可以申领"加工装配证明书"；经中国转口的外国货物，不能取得中国原产地证，可以申领"转口证明书"。

2. 一般原产地证书的填制方法

中国原产地证明书共有 12 栏（不包括右上角证书名称和证书号码栏）。首先应在证书右上角填上证书编号。

1) 出口商名称、地址、国别（Exporter Full Name，Address，Country）——出口方名称是指出口申报方名称，一般为信用证的受益人，此栏必须填打，不得留空。公司名称一定要打全称。地址要填明详细地址，包括街道名称、门牌号码。若经其他国家或地区需填写转口商名称时，可在出口商后面加填英文 VIA，然后再填转口商名称、地址和国家。

2) 收货人名称、地址、国别（Consignee Full Name，Address，Country）——此栏一般应填明最终收货人名称、地址、国家，一般是开证申请人或信用证上规定的提单通知人，但往往由于贸易的需要，不知道最终收货人是谁，或者由于信用证规定所有单证收货人一栏留空，则为了方便外贸的需要此栏可打上 TO ORDER 或 TO WHOM IT MAY CONCERN（致有关人）。

3) 运输方式及路线（Means of Transport and Route）——此栏应填明装货港、到货港及运输方式，如需转运也应注明转运地。

4) 目的港（Destination Port）——填货物最终运抵港，注意不要填中间商国家的名称。一般与最终收货人或最终目的地国别一致。

5) 签证机构使用栏（For Certifying Authority Only）——出口申报单位应将此栏留空，签证机构根据需要加注内容。例如：后发证书、证书更改、证书丢失、重新补发、声明 ××× 号证书作废等情况。

6) 唛头及包装号码（Marks and Number of Packages）——此栏按照发票或提单上所列唛头填具完整的图案、文字标记或包件号码。货物如系散装或无唛头，则应填"N/M"。如唛头多此栏填不下，可填打在第 7)、8)、9)、10) 栏空白处。如还填不下，则可另加附页，并在第 6) 栏中填上"见附件"（SEE ATTACHMENT），打上原证号，附件页用纸应小于证书尺寸，裁减整齐后贴在证书背面中间，由签证机构授权签证人手签，加盖骑缝章。唛头如系复杂图案或几何图形，也可复印下来贴在背面。

7) 商品说明，包件数量及种类（Description of Goods，Number and Kind of Packages）——商品名称应是具体名称，不得用概括性词语表达，要同发票、提单上品名相一致。包件数量及种类要求填明多少包、桶、袋等，并在包装数量的阿拉伯数字后用括号加上大写的英文数字。如货物系散装，填写的商品名称后要加注"散装"（IN BULK），商品名称等项列完后，应在末行加上表示结束的符号"＊＊＊＊＊＊＊＊＊＊＊"，以防止外商加填伪造内容。国外信用证有时要求填具合同、信用证号码等，可加在此栏结束符号下方的空白处。

8) HS 编码（H.S.Code）——此栏应按照商品在《商品名称和编码协调制度》《Harmonized

Commodity Description & Coding System》中的四位数编码填写，应与报关单中的商品编码一致。

9）毛重或其他数量（Gross Weight or Other Quantity）——此栏应以商品的正常计量单位填，如"只"、"件"、"匹"、"双"等。以重量计算的则填毛重，只有净重的，填净重亦可，但要标上 N.W.。

10）发票号及日期（Number and Date of Invoices）——此栏不得留空，必须照正式商业发票填具。该栏日期应早于或同于实际出口日期，为避免月份、日期的误解，月份一律用英文缩写 JAN.FEB.MAR. 等表示。发票内容必须与证书所列内容和货物完全相符。

11）出口商申明（Declaration by The Exporter）——申请单位的手签人员应在此栏签字，加盖中英文对照的印章，填上申报地点、时间。该日期不能早于发票日期（一般与发票日期相同），同时不能迟于第 12 栏签证机关的日期。

12）签证机构证明（Certification）——填签署地点、日期及授权签证人手签、商检机构印章。此栏签发日期不得早于发票日期（第 10 栏）、申报日期（第 11 栏）但不迟于提单日期，手签人的字迹必须清楚。手签与签证章在证面上位置不得重合。

中国原产地证明书一律用打字机缮制，正面要保持清洁、整齐。缮制证书一般使用英文，如信用证有特殊要求必须使用其他文种的，也可接受。

实训安排

填制产地证书
根据以下资料填制两种产地证书（样本见图 15-8 和图 15-9）。

实训指导

实训教师带领学生熟悉两种类型的产地证书，并能够给出几种教学情境或企业资料让学生尝试填制证书。

学生实训过程中要注重了解产地证书，并多次练习缮制证书。

作业点评

1）产地证书了解程度。
2）单据填制是否正确。

资料

ENPSN CO, LTD.		
Mercedes-Benz USA, LLC Customer Assistance Center 3 Mercedes Drive Montvale, NJ 07645 USA		
COMMERCIAL INVOICE		
CONSIGNEE:	INVOICE NO.	BL04060643

续表

ENPSN CO, LTD. Mercedes-Benz USA, LLC Customer Assistance Center 3 Mercedes Drive Montvale, NJ 07645 USA		CONTRACT NO.		ENPSN -1001
SHIPPER:				
ABC (SHANGHAI) CO, LTD NO.XX NANJING ROAD, SHANGHAI, CHINA DATE: 14/08/22 REFERENCE NO.: EA133222 SHIPMENT FROM SHANGHAI TO NEWYORK CHINA VIA HONGKONG				
SHIPPING MARKS	**DESCRIPTION**	**QTY**	**UNIT PRICE**	**AMOUNT**
N/M	WTNE CASE 1-50	500kg 100CASES	15	CFR SHANGHAI US $7500.00
TOTAL:		500kg 100CASES		US $7500.00

任务 15.8 认识商检证书

情境 导入

客户：我们公司从新疆发葡萄出口到白俄罗斯，在新疆做的商检，商检证书通过宅急送快递，从乌鲁木齐到山东省沂水县，快递寄出后六天没有收到，打服务电话，一开始说快了，后来说到了，但是我们始终没有收到。我们多次投诉未果，因为货物马上到达客户口岸，我们要求宅急送给我们出个证明，说商检证书已经丢失，我们拿这个证明到商检局重新办理，他们的服务人员拒绝协助我们，从新疆发沂水的快递，丢失后，一周没有回复，因为快递的是商检证书，要到商检局重新办理需要丢失证明，宅急送竟然不协助客户办理，还理直气壮地说，哪家快递公司不丢失文件，说这是非常正常的。我有该段录音。希望在邮政监管上播放一下，这还叫快递公司吗，丢失文件成了很正常的事情！天下奇谈，希望录音可以让所有发宅急送快递的人明白，丢了是很正常的道理！难道中国的快递公司就是这种服务观念！

这种快递公司为什么可以堂而皇之的诈骗客户，怎么可以让这种害群之马存在！要求管理部门协助我们处理这个事情。

宅急送快运有限公司客服部：你好！宅急送快运有限公司客服部回复处理结果：货物最终确认丢失。客户要求提供商检证书丢失证明，宅急送公司已明确告知由于所发物品为资料，无法证明内物为商检证书，所以未能提供商检证书丢失证明，收件人要求赔偿间接损失500美金。宅急送公司经与收件人多次协商，最终提出按免除本次服务费，另按邮费的五倍进行赔偿，共计108元，并向客户表示歉意。新疆邮政管理局回访你，你对处理结果表示不满意。建议你通过其他途径解决。谢谢。

请就以上客户与快递公司的纠纷予以评论。

15.8.1　商检证书介绍

出入境检验检疫机构对进出口商品实施检验或鉴定后，根据受验货物的实际检验结果，结合对外贸易合同、信用证的要求，对外签发的证件称为检验证书。它是出入境检验检疫机构作为官方机构对外签发的具有法律效力的证明文件，直接关系到对外贸易、运输、保险契约各方的合法权益和争议各方的利益。

检验证书在国际贸易中起着公证性的证明作用，它是证明货物运输、装卸的实际情况，明确责任归属的依据；是报关验放的有效凭证；是证明履行公约、交接货物、结算货款的主要依据；也是对外办理索赔和理赔的有效凭证。

15.8.2　商检证书填制要点

1）日期——商检证书日期不能迟于装运日期（即提单日）。

2）发货人——一般为出口人，即信用证的受益人。

3）受货人——一般为进口人，即信用证开证申请人。也可只打"TO WHOM IT MAY CONCERN"（致有关当事人）。

商品的品名、数量、重量及唛头应与信用证及其他单据一致。

此外，检验项目及内容应符合信用证的要求，见图15-10。

中华人民共和国上海出入境检验检疫局
SHANGHAI IMPORT & EXPORT COMMODITY INSPECTION BUREAU　正本
OF THE PEOPLE'S REPUBLIC OF CHINA　ORIGINAL
No. (13051)
日期 Date：

地址：上海市中山东一路13号　　检 验 证 书
Address: 13.Zhongshan Road　INSPECTTON CERTIFICATE
(E.I.),Shanghai　OF QUALITY
电报：上海 2914
Cable: 2914, SHANGHAI
电话：Tel: 63211285

发货人：
Consignor:

受货人：
Consignee:

品名：　　　　　　　　　　标记及号码：
Commodity　　　　　　　**Marks & No.**

报验数量／重量：
Quantity/Weight
Declared
检验结果：
RESULTS OF INSPECTION:

主任检验员
Chief Inspector

图 15-10　商检证书样本

实训安排

1. 查找资料

其他国家商检证书样本。

2. 分析说明

商检证书有什么作用？

实训指导

实训教师带领学生学习商检证书，并能够看懂商检证书。

学生实训过程中，多了解商检证书，可以查询相关资料，看看其他国家商检证书样本是什么样的。

作业点评

1）学生可否看懂商检证书。

2）学生对商检证书的认识。

业务操作

根据资料填写装箱单、提单。

资料 1：

ABC 上海有限公司位于上海外高桥保税区，海关注册编号为 310124××××，所申报商品位列 B31084400153 号登记手册备案料件第 13 项，法定计量单位为千克，货物于 2014 年 6 月 15 日运抵口岸，当日向外港海关（关区代码为 2225）办理进口申报手续。

预录入号：222520080601 海关编号：222520080601 废物进口许可证号：SEPAZ2006031771，付汇核销单：29/3772345。

资料 2：

ABC (SHANGHAI) CO, LTD NO.XX NANJING ROAD, SHANGHAI, CHINA			
COMMERCIAL INVOICE			
CONSIGNEE:	INVOICE NO.		BL04060643
ABC (SHANGHAI)CO, LTD NO.XX NANJING ROAD, SHANGHAI, CHINA	CONTRACT NO.		ABC-1001
SHIPPER:			

ABC (HONGKONG)LTD.

ROOM XXX, SHATINGALLERIA

MEISTREET, FOTAN, N.T, HONGKONG

DATE: 14/06/04

REFERENCE NO.: HB184004

SHIPMENT FROM KUNSAN, KOREA TO SHANGHAI CHINA VIA HONGKONG

SHIPPING MARKS	DESCRIPTION	QTY	UNIT PRICE	AMOUNT
N/M	"HI-QBRAND" ART PAPER 039-44	16314kg 16ROLLS	0.8040	CFR SHANGHAI US $ 13116.45
TOTAL:		16314kg 16ROLLS		US $ 13116.45

制单 1：装箱单

COMPANY

PACKING LIST

INVOICE NO.:　　　CONTRACT NO.:　　　B/L NO.:　　　DATE:

NAME OF VESSEL:　　　FROM:　　　TO:

SOLD TO MESSRS:

MARKS & NOS	COMMODITY	QUANTITY	NW	GW	MEASUREMENT

制单 2：提单

ABC 上海有限公司

ABC（SHANGHAI）CO., LTD

NO.XX NANJING ROAD, SHANGHAI, CHINA

提单

BILL OF LADING

托运人		提单号：_____
收货人或指示		海运提单
		请注意以下几点：
通知人		1．填制请用黑色毛笔、钢笔或签字笔。
		2．请严格按照相关资料信息填制。
前段船只	收货地点	3．所有填制信息以资料为准。
海运船只	装货港	4．请将单据填写完整。

续表

卸货港	交货地点	运费支付地	正本提单份数
唛头	件数和 包装种类	货物描述	毛重 （千克）　净重 （千克）　尺码 （立方米）

运费和费用	签单地点和日期
	代表承运人签字
	代理

小　结

本项目活动主要围绕国际贸易业务中的制单结汇展开。贸易合同签订后，将货物从出口商手中运到进口商手中的整个过程中，每一个环节都需要单证的缮制、处理、交接和传递，以满足商业、运输、银行、保险、商检、海关等多方面的需要。国际单证种类繁多、用途各异，格式和内容也各不相同，而且要求缮制正确、合格、合法、齐全、及时，稍有差错，就会对贸易造成影响。本项目仅介绍了几种重要的单证，如海运提单、装箱单、保险单等，实际业务中视运输情况等要素的不同所需单据也有不同。随着市场的细化，越来越多的贸易人在处理货物运输业务过程中，往往都寻求与货运代理的合作，这些细节均由货运代理代为处理。

一般的贸易单据包括汇票、运输单据、保险单据、商业发票和其他单据等。总体来说，单据代表交易货物，是出口方履行货物买卖合同的证明，也是贸易结算的凭证。在国际贸易中，要求制单必须做到"单证一致"、"单单一致"、"单货一致"。我们不仅仅要掌握各种票据，还要对运输单据（如提单、航空运单、铁路运单、多式联运单等）、其他单据（如保单、产地证书、商检证书等）都要有正确的了解和认识。

思考与练习

一、不定项选择题

1. 议付又可称为（　　）。
    A. 收妥结汇　　B. 定期结汇　　C. 出口押汇
2. 对结汇单据的要求（　　）。
    A. 正确　　B. 完整　　C. 及时　　D. 简明　　E. 整洁
3. 汇票按出票人不同分为（　　）。
    A. 银行汇票　　B. 商业汇票　　C. 光票　　D. 本票
4. Commercial Invoice 是指（　　）。
    A. 汇票　　B. 发票　　C. 商业发票　　D. 信用证

5．装箱单是指（　　）。

A．packing list　　　　B．bill of lading　　　C．letter of credit　　　D．invoice

6．按提单收货人的抬头提单可分（　　）。

A．记名提单　　　　B．直达提单　　　　C．不记名提单　　　　D．指示提单

7．银行不接受（　　）提单。

A．清洁提单　　　　B．已装船提单　　　　C．备运提单　　　　D．不清洁提单

8．保险单据有（　　）。

A．保险单　　　　B．保险凭证　　　　C．联合保险凭证　　　　D．预约保险单

二、判断题

1．我国银行一般采用收妥结汇方式，尤其是对可以电报索汇的信用证业务，因为在电汇索汇时，收汇较快，一般都短于规定的押汇时间。　　　　　　　　　　（　　）

2．对于结汇单据，要求做到正确、完整、及时、简明、整洁。　　　　　（　　）

3．汇票是一种无条件支付的委托，有三个当事人：出票人、付款人和收款人。

（　　）

4．海运提单不能做抵押。　　　　　　　　　　　　　　　　　　　　　（　　）

5．提单是船公司签发的。　　　　　　　　　　　　　　　　　　　　　（　　）

三、简答题

1．简述出口结汇流程。

2．简述提单的性质和作用。

3．什么是倒签提单？

4．什么是预借提单？

项 目 *16*

核销与退税

○ 学习**目标**

通过实训学习，了解出口收汇核销的操作程序及注意事项，能够填写出口收汇核销单，了解出口退税程序，能说明出口退税所需单据，了解出口退税政策。

任务 16.1　学习出口收汇核销

情境 导入

2014 年 3 月 5 日，河南轻工业品进出口公司（单位代码 16995348-0）向美国出口儿童玩具 100 箱，价值 5 万美元。通过合同可见，该公司与买方采用信用证结算，预计于 2014 年 4 月收款。2014 年 3 月 15 日，河南轻工业进出口公司向海关进行出口报关，报关编号为：460120090779201234。

请问：该公司如何办理出口核销手续，如何填制出口收汇核销单？

16.1.1　出口收汇核销

出口收汇核销是指外汇管理部门根据国家外汇管制的要求，通过海关对出口货物的监管，对出口单位的收汇是否符合国家的行为而进行监督的一种管理制度。

出口收汇对我国发展经济有重大意义。它不仅能保证出口商品所创外汇即时收回、增加外汇储备、满足我国进口用汇，而且还能稳定人民币币值，提高我国在国际上的经济地位。同时可以加强我国对外经贸工作的管理，防止逃汇现象，减少外汇流失。

16.1.2　出口收汇核销的操作程序

1. 开户

出口单位先凭以下材料到外汇局办理开户登记：

1）单位介绍信、申请书。

2）外经贸部门批准经营进出口业务批件正本及复印件。

3）工商营业执照副本及复印件。

4）企业法人代码证书及复印件。

5）海关注册登记证明书复印件。

6）出口合同复印件。

外汇局对上述材料审核无误后为出口单位办理登记手续。

2. 领单

出口单位在开展出口业务前，凭单位介绍信、出口核销员证（现为开户单位印鉴卡）来外汇局领取核销单。向外汇局申领核销单时，应当场在每张核销单的"出口单位"栏内填写单位名称或者加盖单位名称章。核销单正式使用前加盖单位公章。

核销单自领单之日起两个月以内报关有效。出口单位应当在失效之日起一个月内将未用的核销单退回外汇局注销。

出口单位填写的核销单应与出口货物报关单上记载的有关内容一致。

3. 报关

出口单位持在有效期内、加盖出口单位公章的核销单和相关单据办理报关手续。

4. 送交存根

出口单位办理报关后，应当自报关之日起 60 天内，凭核销单及海关出具的贴有防伪标签、加盖海关"验讫章"的出口报关单、外贸发票到外汇局办理送交存根手续。

5. 核销

出口单位应当在收到外汇之日起 30 天内凭核销单、银行出具的"出口收汇核销专用联"到外汇局办理出口收汇核销。

6. 核销单遗失及补办

出口单位遗失核销单后，应当在 15 天之内向外汇局书面说明情况（加盖公章，法人签字），申请挂失，外汇局核实后，统一登报声明作废。

对于空白核销单，外汇局予以注销；

对于已报关的核销单，则凭有关出口凭证办理核销；

对于要求补办出口退税专用联的，在办理出口核销手续后，出口单位应当凭税务部门签发的与该核销单对应的出口未退税证明，向外汇局书面申请，经批准后，外汇局出具"出口收汇核销单退税联补办证明"。

7. 报关单补办事宜

出口单位遗失报关单的，应当凭外汇局签发的未核销证明，向海关补办。

想一想
出口单位丢失核销单该怎么办？

8. 退赔事宜

若出口项下发生退赔，出口单位应向外汇局提供有关凭证，外汇局按下列情况审核退赔外汇的真实性：

1）已出口报关且已办理核销的，外汇局凭以下有效单据进行审核：①出口合同。②退赔协议及有关证明材料。③出口收汇核销单（退税专用联）。④外汇局要求的其他材料。

2）已交单未办理核销的，外汇局凭外汇指定银行结汇水单（或收账通知）及第一款所列单据进行审核。

3）已报关出口未交单的，外汇局凭第一款及以下有效单据进行审核：①出口货物报关单。②商业发票。③汇票副本。④外汇指定银行结汇水单（或收账通知）。

4）出口货物未报关但已预收全部或部分货款后因故终止执行合同，出口单位需向进口商支付退赔外汇的，外汇局凭出口合同正本、终止执行合同证明、外汇指定银行结汇水单（或收账通知）、进口方付款通知进行审核。

外汇局审核出口单位所提供的上述凭证无误后，出具"已冲减出口收汇核销证明"。银行凭此证明为出口单位办理退赔外汇的售付。

16.1.3 出口收汇核销单的内容及填制方法

出口收汇核销单如图 16-1 所示。

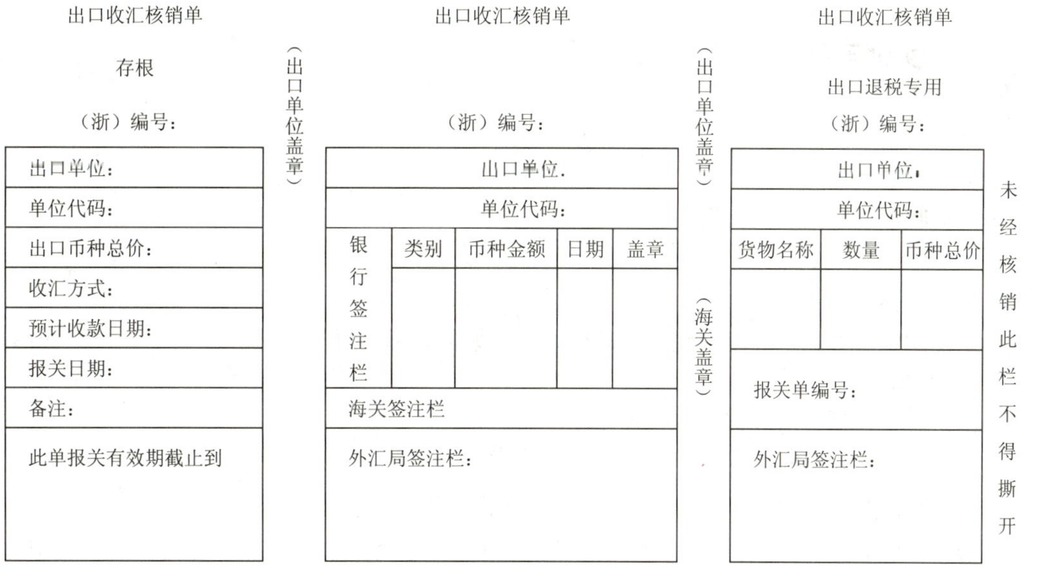

图 16-1 出口收汇核销单

1）出口单位名称——填对外签订并执行合同的有出口经营权的外贸单位（包括外商投资企业）的全称。委托报关时，填委托单位名称；委托出口并以代理出口单位名义签订出口合同并负责收汇时，填代理出口单位名称；两个或两个以上单位联合出口时，填负责报关的出口单位名称。

2）出口币种总价——按应收外汇的原币种填写，为该笔出口货物的应收汇总额。

3）收汇方式——按合同要求从信用证、托收、自寄单据（一般仅限于鲜活商品、易腐商品、出境展销商品、出口金额在 10 万美元及以下的商品、预收货款项下的出口商品，其他商品如采用这种方式收汇须预先经外汇管理部门批准）三种收汇方式中选填一种，并列明即期或远期收汇，还须列明相应的远期收汇天数。如为分期付款，则须列明每次付款日期和付款金额。

4）预计收款日期——应根据合同规定的付款日期或根据合同推算的付款日期填写。即期信用证（或托收）项下的货物，属近洋的，从寄单日起按 25 天结算；属远洋的，从寄单日起按 35 天结算。远期信用证（或托收）项下的货物，属近洋的，从汇票规定付款日期起按 35 天结算；属远洋的按 45 天结算。如为分期付款，应列明每次收款日期及金额。寄售项下的最迟收款日期不得超过自报关之日起 360 天。自寄单据项下的出口货款，须自报关之日起 50 天内结汇或收账。

5）报关日期——填海关放行日期。

6）报关单位备注：

- 如委托出口使用代理出口单位的核销单时，代理出口单位须在此栏注明委托单位名称，并加盖代理单位公章；
- 如两个或两个以上单位联合出口时，应由报关单位在此栏加注联合出口单位名址和各单位的出口金额，并加盖报关单位公章；
- 填写出口货物的发票编号、合同号等核销过程中须附加说明的内容。原出口商品调整或部分退款、部分更换的，还应填写原出口商品核销单的编号等情况。

实训安排

1. 查找资料
出口收汇核销的有关规定。

2. 说明
进口付汇。

请说明情境导入中的河南轻工业进出口公司如何办理出口收汇核销。

3. 绘制流程图
出口收汇核销业务的理论操作程序：

1）出口单位领核销单。

2）出口单位向海关交验核销单，海关审验后，退回给出口单位。

3）货物出口后，将有关单据及附有核销单编号的发票交银行收汇，同时，将核销单存根及有关单据送还签发核销单的外汇局。

4）银行收妥货款后，将结汇水单退出口单位。

5）出口单位将银行确认货款已经收回的结汇水单和由海关退回的原核销单送外汇局，核销该笔收汇。

4. 填写出口收汇核销单
根据情境导入资料填写出口收汇核销单（图 16-1）。

实训指导

　　实训教师带领学生熟悉出口收汇核销及其操作，根据实际情况，模拟几种企业出口情境让学生练习说明出口收汇操作程序及怎样填制出口收汇核销单，亦可以安排学生分角色扮演外汇局、出口企业、海关、银行等来模拟出口收汇程序。

　　学生实训过程中重点掌握出口收汇的操作及单据填制，可在教师指导下完成操作程序的角色模拟。

作业点评

　　1）各小组将查询资料整理成 PPT 文档，演示说明。

　　2）对于出口收汇核销程序的掌握。

　　3）出口收汇核销单填制是否正确。

任务 16.2　了解出口退税

情境导入

　　某外贸企业（一般纳税人）向 A 公司购进商品一批，数量 1000 只，单价 100 元，已验收入库，货款未支付，取得准予抵扣的增值税专用发票一份，注明的金额 10 万元，注明的税额 1.7 万元。该企业以一般贸易方式出口上述商品给美国的 M 公司，以 FOB 方式成交，出口单价 20 美元，离岸价 20 000 美元，假设当日美元兑人民币汇率为 1:7，未收到外汇货款，该商品的出口退税率为 11%。

　　请问：该商品出口退税是多少？

　　出口货物退免税，简称出口退税（Export Rebates），其基本含义是指对出口货物退还其在国内生产和流通环节实际缴纳的产品税、增值税、营业税和特别消费税。出口退税主要是通过退还出口货物的国内已纳税款来平衡国内产品的税收负担，使本国产品以不含税成本进入国际市场，与国外产品在同等条件下进行竞争，从而增强竞争能力，扩大出口创汇。

16.2.1　出口退税条件

　　1）必须是增值税、消费税征收范围内的货物。增值税、消费税的征收范围包括除直接向农业生产者收购的免税农产品以外的所有增值税应税货物，以及烟、酒、化妆品等 11 类列举征收消费税的消费品。

　　2）必须是报关离境出口的货物。所谓出口，即输出关口，它包括自营出口和委托代理出口两种形式。区别货物是否报关离境出口，是确定货物是否属于退税范围的主要标准之一。凡在国内销售、不报关离境的货物，除另有规定者外，不论出口企业是以外汇还是以人民币结算，也不论出口企业在财务上如何处理，均不得视为出口货物予以退税。

对在境内销售收取外汇的货物，如宾馆、饭店等收取外汇的货物等，因其不符合离境出口条件，均不能给予退税。

3）必须是在财务上做出口销售处理的货物。出口货物只有在财务上做出口销售处理后，才能办理退税。也就是说，出口退税的规定只适用于贸易性的出口货物，而对非贸易性的出口货物，如捐赠的礼品、在国内个人购买并自带出境的货物（另有规定者除外）、样品、展品、邮寄品等，因其一般在财务上不作销售处理，故按照现行规定不能退税。

4）必须是已收汇并经核销的货物。按照现行规定，出口企业申请办理退税的出口货物，必须是已收外汇并经外汇管理部门核销的货物。

一般情况下，出口企业向税务机关申请办理退税的货物，必须同时具备以上 4 个条件。但是，生产企业（包括有进出口经营权的生产企业、委托外贸企业代理出口的生产企业、外商投资企业，下同）申请办理出口货物退税时必须增加一个条件，即申请退税的货物必须是生产企业的自产货物（外商投资企业经省级外经贸主管部门批准收购出口的货物除外）。

16.2.2　出口退税的特点

我国的出口货物退税制度是参考国际上的通行做法，在多年实践基础上形成的、自成体系的专项税收制度。这项新的税收制度与其他税收制度比较，有以下几个主要特点：

1）它是一种收入退付行为。税收是国家为满足社会公共需要，按照法律规定，参与国民收入中剩余产品分配的一种形式。出口货物退税作为一项具体的税收制度，其目的与其他税收制度不同。它是在货物出口后，国家将出口货物已在国内征收的流转税退还给企业的一种收入退付或减免税收的行为，这与其他税收制度筹集财政资金的目的显然是不同的。

2）它具有调节职能的单一性。我国对出口货物实行退税，意在使企业的出口货物以不含税的价格参与国际市场竞争。这是提高企业产品竞争力的一项政策性措施。与其他税收制度鼓励与限制并存、收入与减免并存的双向调节职能比较，出口货物退税具有调节职能单一性的特点。

3）它属间接税范畴内的一种国际惯例。世界上有很多国家实行间接税制度，虽然其具体的间接税政策各不相同，但就间接税制度中对出口货物实行"零税率"而言，各国都是一致的。为奉行出口货物间接税的"零税率"原则，有的国家实行免税制度，有的国家实行退税制度，有的国家则退、免税制度同时并行，其目的都是对出口货物退还或免征间接税，以使企业的出口产品能以不含间接税的价格参与国际市场的竞争。出口货物退税政策与各国的征税制度是密切相关的，脱离了征税制度，出口货物退税便将失去具体的依据。

16.2.3　出口退税计算公式

$$退税额＝增值税发票金额／（1＋增值税率）×出口退税率$$

例如，货值 100 万元人民币，增值税率为 17%，退税率为 13%，则

$$1\,000\,000／1.17×0.13＝111\,111.11（元人民币）$$

16.2.4　出口退税登记的一般程序

1）有关证件的送验及登记表的领取。企业在取得有关部门批准其经营出口产品业务的文件

和工商行政管理部门核发的工商登记证明后，应于 30 日内办理出口企业退税登记。

2）退税登记的申报和受理。企业领到"出口企业退税登记表"后，即按登记表及有关要求填写，加盖企业公章和有关人员印章后，连同出口产品经营权批准文件、工商登记证明等证明资料一起报送税务机关，税务机关经审核无误后，即受理登记。

3）填发出口退税登记证。税务机关接到企业的正式申请，经审核无误并按规定的程序批准后，核发给企业"出口退税登记证"。

4）出口退税登记的变更或注销。当企业经营状况发生变化或某些退税政策发生变动时，应根据实际需要变更或注销退税登记证。

16.2.5　出口退税附送材料

1）报关单。报关单是货物进口或出口时进出口企业向海关办理申报手续，以便海关凭此查验和验放而填具的单据。

2）出口销售发票。这是出口企业根据与出口购货方签订的销售合同填开的单证，是外商购货的主要凭证，也是出口企业财会部门凭此记账做出口产品销售收入的依据。

3）进货发票。提供进货发票主要是为了确定出口产品的供货单位、产品名称、计量单位、数量，是否是生产企业的销售价格，以便划分和计算确定其进货费用等。

4）结汇水单或收汇通知书。

5）属于生产企业直接出口或委托出口自制产品的，凡以到岸价 CIF 结算的，还应附送出口货物运单和出口保险单。

6）有进料加工复出口产品业务的企业，还应向税务机关报送进口料、件的合同编号、日期、进口料件名称、数量、复出口产品名称，进料成本金额和实纳各种税金额等。

7）产品征税证明。

8）出口收汇已核销证明。

9）与出口退税有关的其他材料。

实训安排

1. 查找资料
➢ 出口退税的范围。
➢ 我国目前的出口退税政策。
2. 绘图说明
出口退税程序。

实训指导

实训教师可以自行设置情境让学生进行出口退税程序的模拟，进而了解出口退税的流程和注意事项。

学生应通过实训熟悉出口退税流程，学会计算出口退税，能够说明当前国家的退税政策。

作业点评

1）各小组将查询资料整理成 PPT 文档，演示说明。

2）模拟出口退税的过程是否正确。

3）教师把握各小组对知识的掌握程度，查询资料的详细程度以及分析问题的角度，表达问题的清晰度。

小　　结

本项目活动主要围绕出口收汇核销和出口退税展开。出口收汇核销是国家为了监管我国的外汇收入，增加外汇储备，调整外汇平衡度，稳定人民币币值，加强外汇管理而采取的出口监管措施。出口退税则是国家为了帮助出口企业提高其产品竞争力，降低成本而实施的鼓励措施。国家将获准出口到国外的产品在此之前缴纳的税款，全部或按一定比例再退还给生产和出口此种产品的企业。在办理出口退税中一定要注意退税率和退税时间，充分享受国家给予的优惠政策。

思考与练习

简答题

1．出口收汇核销的作用。

2．出口收汇核销的程序。

3．出口退税的程序是什么？

4．出口退税需要哪些单据？

项 目 **17**

学习目标

了解和认识索赔、不可抗力及仲裁，能够说出索赔的类型及各类型下索赔应注意的问题，了解索赔程序，熟悉索赔书、理赔书的写作，掌握不可抗力的特点及条件。能够说明解决国际纠纷的方法。

任务 17.1 掌握进出口货物的索赔

情境 导入

我方售货给加拿大的甲商，甲商又将货物转售给英国的乙商。货物抵达加拿大后，甲商已经发现货物存在质量问题，但仍将原货物运往英国。乙商收到货物后，除发现货物有质量问题外，还发现有 80 包货物外包装破损，货物短少严重，因而向甲商索赔，甲商又向我方提出索赔。问：我方是否应该赔偿，为什么？

在对外贸易合同的履行过程中，买卖双方往往会因彼此的权利和义务问题引起争议，从而向对方提出索赔；或者由于货物在运输过程中遭遇风险，致使货物灭失或残损；或由于第三者的责任使货物受到损失，受损害的一方向有关责任方提出索赔要求。

17.1.1 索赔的含义

索赔是指遭受损害的一方向违约方提出赔偿的要求。

1）属于卖方责任而引起买方索赔的主要有：卖方所交货物的品质、数量、包装和合同不符；卖方未按期交货；卖方其他违反合同或法定义务的行为。

2）属于买方责任而引起卖方索赔的有：买方未按期付款；未及时办理运输手续；未及时开立信用证；买方其他违反合同或法定义务的行为。

17.1.2　国际贸易业务中的索赔类型

1. 贸易索赔

贸易索赔的前提条件是合同一方当事人没有履行或没有完全履行合同规定的义务，使一方受到损失，而提起的索赔。索赔时要注意：

1）索赔期限：受到违约损害的一方提出索赔要求是有期限的，这个期限即索赔期，在此期限内索赔是有效的。过期则无效，违约方可不予受理。索赔期的确定通常依双方在合同中的约定，也可根据货物特性而做出不同的规定。如双方未在合同中约定索赔期，按国际惯例最长不超过 2 年。

2）索赔依据：索赔时应提交足够的证明，否则会遭到对方的拒赔。索赔依据必须是双方约定的证据及出证的机构。商品检验证书以哪方提供的为准，通常依合同规定来确定。对所需索赔的商品，尽量保持原状，或拍照存查或保存提取的货样，以便作为证据。

3）索赔范围的确定：交易中因一方违约给另一方造成损失时，受损害方应及时将这一事实通知违约方，以使违约方能及时采取措施减少损失或采取其他补救办法。

2. 运输索赔

国际贸易中，通常要通过运输来交付货物，这种运输受时间长、风险大、周转多等因素影响，货物在途中可能遭受损失。但这种损失并非都能找保险公司索赔，也可能是由于承运人在照料货物过程中，因不可推卸的过错造成的损失，因而货物的索赔就由承运人承担。索赔时应注意：

1）承运人承担责任的期间：承运人的责任期间指其对货物保管负责的期限，在此期限内承运人须对货物的安全负责。如因承运人的责任造成的货损，承运人应负赔偿责任。承运人的责任期间各种运输规则和公约都对不同的运输方式做了规定。即使在承运责任期间，并非所有的货损都有承运人承担，如战乱、管船过失、货物的物理特性等引起的货损，一般免责。但因责任人的责任使船只不适航或不合理绕航在先，就不能免责。

2）索赔期限：当收货人收到货物后，应及时发出书面通知，让承运人了解货损的实际情况，以便确定其索赔责任。何时通知，各规则和公约对此有不同规定，例如，《海牙规则》规定：货物移交收货人监管前或当时（损害不明显，可在 3 天之内）用书面通知；《汉堡规则》规定：不迟于接受货物的下一个工作日，将损害通知书送交承运人（损害不明显的，15 日内提出）。

3）索赔依据：收货人提出损害索赔时，应提供必要的、充分的证据。例如，运输单据、货损、货差证明及检验证、商业发票、装箱单、重量单、商检证书、费用证明单、索赔清单，其他要求提供的证明。

4）索赔金额：运输方式不同，依据的公约或惯例不同，索赔金额也不同；即承运人的赔偿有限度，超过此限度，则不赔。例如，《汉堡规则》规定：每件不超过 835 个特别提款权或毛重不超过每千克 2.5 个特别提款权；我国在《海商法》中规定：赔偿金额依法院地法的规定；因此赔偿限额按不同航运公司的提单规定进行。

3. 保险索赔

对外贸易中货物的数量一般较多，金额也较大，加之距离远，受自然灾害、意外事故和外来风险的侵袭而遭到损失。为了保障货物一旦发生损失，能够从经济上得到补偿，买方或卖方通常都要向保险公司投保，一旦发生损害，就可向保险公司索赔。

1）索赔条件：索赔与保险标的有利益关系，同时必须确定属于保险公司承保范围内的保险责任，保险公司才赔付。

2）索赔期限：被保险人在保险事故发生后，对保险人提出索赔是有时间限制的，即索赔时效。索赔时效，各国对此有不同的规定，一般为半年到一年。

3）索赔依据：是否发生后，要提供有效的证明文件为索赔依据。如保险合同及缴纳保费的凭证；必要的证明和证据（如货物残损单、货物溢短单、运输单据、货物单据、货物检验报告）等；相关账册和清单；索赔金额等。

17.1.3 进出口保险索赔办理程序

1. 提出索赔申请

保险索赔可分为以下两种情况：

1）属于出口货物遭受损失，对方（进口方）向保险单所载明的国外理赔代理人提出索赔申请。中国人民保险公司在世界各主要港口和城市，均设有委托国外检验代理人和理赔代理人两种机构，前者负责检验货物损失。收货人取得检验报告后，附同其他单证，自行向出单公司索赔，后者可在授权的一定金额内，直接处理赔案，就地给付赔款。

进口方在向我国外理赔代理人提出索赔时，要同时提供下列单证：

①保险单或保险凭证正本。②运输契约。③发票。④装箱单。⑤向承运人等第三者责任方请求补偿的函电或其他单证，以及证明被保险人已经履行应办的追偿手续等文件。⑥由国外保险代理人或由国外第三者公证机构出具的检验报告。⑦海事报告。海事造成的货物损失，一般均由保险公司赔付，船方不承担责任。⑧货损货差证明。⑨索赔清单，等等。

2）属于进口货物遭受损失，我国进口方向保险公司提出索赔申请。当进口货物运抵我国港口、机场或内地后发现有残损短缺时，应立即通知当地保险公司，会同当地国家商检部门联合进行检验。若经确定属于保险责任范围的损失，则由当地保险公司出具《进口货物残短检验报告》。同时，凡对于涉及国外发货人、承运人、港务局、铁路或其他第三者所造成的货损事故责任，只要由收货人办妥向上述责任方的追偿手续，保险公司即予赔款。但对于属于国外发货人的有关质量、规格责任问题，根据保险公司条款规定，保险公司不负赔偿责任，而应由收货人请国家商检机构出具公证检验书，然后由收货单位通过外贸公司向发货人提出索赔。

进口货物收货人向保险公司提出索赔时，要提交下列单证：

①进口发票。②提单或进出口货物到货通知书、运单。③在最后目的地卸货记录及磅码单。

若损失涉及发货人责任，须提供订货合同。如有发货人保函和船方批注，也应一并提供。若损失涉及船方责任，须提供卸货港口理货签证。如有船方批注，也一并提供。凡涉及发货人或船方责任，还需由国家商检部门进行鉴定出证。若损失涉及港口装卸及内陆、内河或铁路运输方责任，须提供责任方出具的货运记录（商务记录）及联检报告等。

收货人向保险公司办理索赔，可按下列途径进行：海运进口货物的损失，向卸货港保险公司索赔；空运进口货物的损失，向国际运单上注明的目的地保险公司索赔；邮运进口货物的损失，向国际包裹单上注明的目的地保险公司索赔；陆运进口货物的损失，向国际铁路运单上注明的目的地保险公司索赔。

2. 审定责任，予以赔付

被保险人在办妥上述有关索赔手续和提供齐全的单证后，即可等待保险公司审定责任，给付赔款。在我国，保险公司赔款方式有两种：一是直接赔付给收货单位；二是集中赔付给各有关外贸公司，再由各外贸公司与各订货单位进行结算。

17.1.4 索赔书的写作方法

1）标题：由索赔事由和文种组成。标题要能突出主旨，如儿童玩具品质索赔书。

2）编号：由企业代字、年度、顺序组成，索赔书写编号是为了方便联系和备查。

3）受书者：受书者即受理索赔者的全称。

4）正文：索赔书正文由开头、主体和结尾三部分组成。正文的开头主要简述引起争议的事项及原因，或者转述对方来函的要点。开头是为主体部分做分析、议道理、提要求而奠定基础的。正文的主体要展开陈述辩驳，具体地指出合同项下的违约事实，提出坚实的依据，要抓住关键，合理合法地阐述。正文的结尾，要明确提出索赔的要求和意见。有的在这部分也可以提建议，或表示继续发展往来的愿望或顺及通知对方有关事宜。

5）附件：为解决争议提供具体材料和依据，要附上说明材料、证明性材料、有关的来往函等。

6）签署：写明索赔者所在国的国名，企业名称的全称及致书日期。

索赔书的写作要做到：以客观事实为依据，充分加以说明；分清是非，观点明确；要坚持原则，但又必须讲究策略。

知 识 点

镀锌铁皮品质索赔书

×× 字【20××】第 ×× 号

×× 国 ×× 公司：

由 ×× 轮装运的 ×××（型号）镀锌铁皮，于 20×× 年 × 月 × 日抵达我 ×× 港，计 ×××吨。我商品检验局按章抽取 20% 件数，逐张检查，发现每张镀锌铁皮板的底面、顺着轧制方向，有贯通整张板面的划痕 10 ~ 20 条，继续划痕 50 ~ 60 条，深度 2 ~ 6 微米。有的还见穿孔、露铁、破边和镀块黏结。

从检验结果看，该批镀锌铁皮的缺陷，实系生产因素造成，于发货之前就存在，这样的货物品质，与合同中所规定的标准不符。经我方认真核实，应贬值 ××%，合 DM（德国马克）××××，商检费 DM××××，共计应赔偿 DM××××。

候复

附件：商检证书（21）第 × 号正副本各 1 份。

中国 ×× 进出口公司

20×× 年 × 月 × 日

实训安排

1. 查找资料

什么叫索赔与理赔？国际上如何划分违约情况？违约方在不同情况下各有什么责任？

2. 案例分析

某公司以 FOB 大连港外销美国一批货物，货物出口时已由商检机构检验并出具检验证书，在大连港装船时情况良好，但在纽约港卸货时却发现包装破裂，产品散失，同时部分货物由于包装破裂而风化，此时卖方是否应负责赔偿？

中国某公司与欧洲某进口商签订一份皮具合同，以 CIF 鹿特丹成交，向保险公司投保一切险，用信用证支付。货到鹿特丹后，检验结果表明：全部货物潮湿、发霉、变色，损失价值 10 万美元。据分析，货物损失的主要原因是由于生产厂家在生产的最后一道工序中，未将皮具湿度降到合理程度。

问：1）进口商对受损货物是否支付价款？

　　2）进口商应向谁索赔？

某贸易公司以 FOB 价向国内某厂订购一批货物，在买卖合同中订明如工厂未能于今年七月底以前交货，则工厂应赔付货款 5% 的违约金。后因工厂交货延迟五天，已知贸易商被其买方索赔为货款的 3%。问：贸易商是否可以以约定向工厂索赔，索赔 5%，还是 3% ？

3. 撰写索赔书

我国某出口企业以 CIF 纽约于美国某公司订立了 200 套家具的出口合同。合同规定 12 月交货。11 月底，我企业出口商品仓库发生雷击火灾，致使一半左右的出口家具烧毁。我企业以发生不可抗力事故为由，要求免除交货责任，美方不同意，坚持要求我方按时交货。我方经过多方努力，最后无奈之下于次年 1 月初交货，美方要求索赔。

试分析：1）我方要求免除责任的要求是否合理？为什么？

　　　　2）美方的索赔要求是否合理？为什么？

　　　　3）请以美方立场写一封索赔信。

　　　　4）请以我方出口企业立场写回一封理赔信。

实训指导

实训教师带领学生熟悉索赔，并可以进一步了解理赔。对于索赔和理赔的相关程序和注意问题要掌握。实训教师可以提供几种交易情境让学生练习索赔书与理赔书。

学生在实训过程中应掌握索赔类型及时限、金额等细节，牢牢掌握处理索赔时应注意的几个问题：注意调查研究，要重事实、重证据；注意分清责任，是属于贸易索赔、运输索赔还是保险索赔；注意商业信誉和道德；注意研究国际贸易惯例、规则及有关法律的规定。

作业点评

1）各小组将查询资料整理成 PPT 文档，演示说明。

2）案例分析是否正确，表达清晰与否。

3）索赔信、理赔信格式是否正确，内容是否正确。

任务 17.2　了解不可抗力与仲裁

情境导入

国内某出口商与外商签订农产品合同，签约日为 9 月 1 日，合同规定装运日期为 10～12 月。但 9 月中旬以后国内市场上该商品的价格上涨，该公司因亏损过高不能出口。经查发现国内市场产品涨价的原因是 7 月中旬产地发生过严重水灾，货源受损所致。请问：我方能否用不可抗力条款免除责任？我方应吸取什么教训？

17.2.1　不可抗力

1. 不可抗力概念

不可抗力是指在货物买卖合同签订以后，不是由于订约者任何一方当事人的过失或疏忽，而是由于发生了当事人既不能预见和预防，又无法避免和克服的意外事故，以致不能履行或不能如期履行合同，遭受意外事故的一方可以免除履行合同的责任或延期履行合同。

2. 引起不可抗力事故的原因：

1）自然力量：如水灾、地震等。

2）社会力量：如政府颁布禁令、调整政策制度等。

3. 不可抗力事故的特点

1）意外事故必须发生在合同签订以后。

2）意外事故不是因为合同当事人自身的过失或疏忽导致。

3）意外事故是合同当事人不能控制、不能预见、无法避免。

注意：区分商业风险和不可抗力事故。根据国际贸易惯例的解释：货价的变动、运价的变动、汇率的变动等不属于不可抗力，是正常的商业风险。

4. 合同中的不可抗力条款

1）不可抗力事故的范围：我国进出口合同中的不可抗力条款，按对不可抗力事件范围规定的不同，主要有以下三种方式：

- 概括规定，即对不可抗力事件作笼统的提示，如"由于不可抗力的原因，而不能履行合同或延迟履行合同的一方可不负有违约责任。但应立即以电传或传真通知对方，并在 ×× 天内以航空挂号信向对方提供中国国际贸易促进委员会出具的证明书"。

- 具体规定，即逐一订明不可抗力事件的种类。如"由于战争、地震、水灾、火灾、暴风雪的原因而不能履行合同或延迟履行合同的一方不负有违约责任……"。

- 综合规定，即将概括式和列举式合并在一起，如"由于战争、地震、水灾、火灾、暴风雪或其他不可抗力原因而不能履行合同的一方不负有违约责任……"。综合式是最为常用的一种方式。

2）不可抗力事故的后果：不可抗力引起的后果主要有两种：解除合同；延期履行。

至于在什么情况下解除合同，在什么情况下只能延迟履行要根据不可抗力对履行合同造成的影响程度而定，也可以由双方当事人在合同中作具体规定。合同设规定时，一般的解释是：不可抗力的含义及其后果解释不一，因此，当事人就在合同中拟定来可抗力条款，以避免不可抗力及其后果的不确定性。

- 全部不履行。一般来说，如果不可抗力事件对合同履行的影响巨大，使合同的履行成为不可能，或者履行合同会给一方或双方当事人带来巨大损失，当事人即可解除合同，即全部不履行合同，并免除该当事人全部不履行的违约责任。
- 部分不履行。一个不可抗力事件对履行合同的影响不是绝对的，大多数情况下只影响到合同的部分履行。此时，该合同当事人即可部分履行合同，并可免除其部分不履行的违约责任。
- 不能按期履行。作为不可抗力事件影响的结果，可能只是造成一项合同暂不能履行，即不可抗力只是暂时影响了合同的履行。此时，当事人可以延期履行合同，并可免除延期履行的违约责任。

需要指出的是，如果是不可抗力和违约当事人的过错共同造成不能履行合同的，当事人应在其不可免责的范围内承担与其过错相适应的违约责任。但是，当事人迟延履行后发生不可抗力的，不能免除责任。这是因为，当事人对迟延履行义务有过错，当事人对其过错行为应当负责。

3）发生事故后通知对方的期限和方式：应明确规定发生不可抗力后通知对方的期限和方式，发生不可抗力时，遭受不可抗力的一方应及时通知另一方，使对方及时采取一些相应措施，如查明不可抗力的事实真相，对履行合同的影响程度等。

4）证明文件及出具证明的机构：不可抗力条款是一种免责条款，只有确实发生不可抗力，当事人一方才可免责。因此，发生不可抗力时，一方面，当事人一方要查明事实的真相，另一方面，也要遭遇不可抗力后一方提供有效的证明文件，遭受损失的一方自己查明事实真相可能十分困难，这时，有关机构的证明就非常重要。在我国，可通过中国国际贸易促进委员会出具。

不可抗力条款的规定方法例：在出口合同中规定：不可抗力：如因战争、地震、水灾、火灾、暴风雨、雪灾或其他不可抗力的原因，致使卖方不能部分或全部装船或延迟装船，卖方对于这种不能装运、延迟装运或不能履行合同的情形均不负有责任。但卖方须用电报（或电传）通知买方，并以航空信件向后者提出由中国国际贸易促进委员会出具的证明书。

17.2.2 仲裁

1. 仲裁的概念

仲裁又称公断，是指买卖双方在争议发生之前或发生之后，签订书面协议自愿将争议提交双方所同意的第三者予以裁决，以解决争议的一种方式。仲裁依照法律所允许的仲裁程序裁决争议，因而仲裁裁决具有法律约束力，双方当事人必须遵照执行。

解决国际贸易争议的方法：友好协商；调解；仲裁；诉讼。

1）调解（Conciliation）。由双方当事人自愿将争议提交选定的调解机构（法院，仲裁机构或专门的调解机构），由该机构按调解程序进行调解。若调解成功，双方应签订和解协议，作为一种新的契约予以执行，若调解意见不为双方或其中一方接受，则该意见对当事人无约束力，调解即告失败。

我国在诉讼和仲裁中，均采用了先行调解的程序。

2）仲裁（Arbitration）。双方当事人达成书面协议，自愿把争议提交给双方同意的仲裁机构，仲裁机构做出的裁决是终局的，对双方都有约束力。

仲裁方式具有解决争议时间短、费用低、能为当事人保密、裁决有权威性、异国执行方便等优点。

3）诉讼（Litigation）。一方当事人向法院起诉，控告合同的另一方，一般要求法院判令另一方当事人以赔偿经济损失或支付违约金的方式承担违约责任，也有要求对方实际履行合同义务的。

诉讼是当事人单方面的行为，只要法院受理，另一方就必须应诉。但诉讼方式的缺点在于立案时间长，诉讼费用高，异国法院的判决未必是公正的，各国司法程序不同，当事人在异国诉讼比较复杂。

综观上述三种解决争议的方式，在国际贸易实践中，仲裁是最被广泛采用的一种方式。

2．仲裁方式的特点

1）仲裁是双方自愿的。当事人双方应在争议发生之前或之后订立仲裁协议，任何仲裁机构不受理没有仲裁协议的案件。

2）仲裁的立案时间快。一般在1周之内即可开庭，处理案件时间较短。

3）仲裁的费用较低。一般按争议价值的一定百分比收取费用。

4）仲裁时当事人双方可以选择仲裁员。

5）仲裁裁决一般是终局裁决，对双方都有约束力。

6）仲裁程序保密，有利于保护当事人的商业秘密和声誉。

7）仲裁气氛缓和，当事人双方感情上有回旋余地。

3．合同中的仲裁条款

1）仲裁地点：仲裁地点是仲裁条款的核心，因为它与仲裁所适用的程序法以及合同所适用的实体法密切相关。

我国进出口业务中常见的规定方法有：在我国仲裁；在被诉方所在国仲裁；在第三国仲裁。

2）仲裁机构：包括常设的仲裁机构和临时仲裁庭。国际上常设的仲裁机构主要有：国际商会仲裁院、英国伦敦仲裁院、美国仲裁协会、日本国际商事仲裁协会等。

我国的涉外仲裁机构是中国国际经济贸易仲裁委员会、海事仲裁委员会。

3）仲裁规则：按照国际惯例的解释，原则上采用仲裁地的仲裁规则。但是某些仲裁机构也允许根据双方当事人的约定，采用仲裁地以外的其他仲裁机构的仲裁规则。

4）仲裁效力：是指由仲裁庭做出的裁决，对双方当事人是否具有约束力，是否为终局性，能否向法院起诉变更裁决。

在中国，由中国国际经济贸易仲裁委员会做出的裁决都是终局性的，对双方当事人都有约束力，任何一方都不许向法院起诉要求变更。

5）仲裁费用的负担：一般规定由败诉方承担，也可以规定由仲裁庭酌情处理。

4．仲裁条款的规定方法

（1）在我国仲裁的条款格式

仲裁："凡因本合同引起的或与本合同有关的任何争议，双方应通过友好协商的办法解决；如果协商不能解决，均应提交中国国际经济贸易仲裁委员会，按照申请仲裁时该会现行有效的仲裁程序规则进行仲裁。仲裁裁决是终局的，对双方都有约束力。"

（2）在被申请人所在国仲裁的条款格式

仲裁："凡因本合同引起的或与本合同有关的任何争议，双方应通过友好协商的办法解决；如果协商不能解决，应提交仲裁，仲裁在被申请人所在国进行。在中国，由中国国际经济贸易仲裁委员会根据申请仲裁时该会现行有效的仲裁程序规则进行仲裁。如在××国，由××国××仲裁机构根据该仲裁机构的仲裁程序规则进行仲裁。仲裁裁决是终局的，对双方都有约束力。"

（3）在第三国仲裁的条款格式

仲裁："凡因本合同引起的或与本合同有关的任何争议，双方应通过友好协商的办法解决；

如果协商不能解决，应按 ×× 国 ×× 仲裁机构根据该仲裁机构现行有效的仲裁程序规则进行仲裁。仲裁裁决是终局的，对双方都有约束力。"

实训安排

1. 分析说明

不可抗力的法律后果是什么？

国际贸易中解决争议的方法有哪几种？

2. 案例分析

甲方与乙方签订了出口某货物的合同一份，合同中的仲裁条款规定："凡因执行本合同发生的一切争议，双方同意提交仲裁，仲裁在被诉方国家进行。仲裁裁决是终局的，对双方都有约束力。"合同履行过程中，双方因品质问题发生争议，于是将争议提交甲国仲裁。经仲裁庭调查审理，认为乙方的举证不实，裁决乙方败诉。事后甲方因乙方不执行裁决向本国法院提出申请，要求法院强制执行，乙方不服。

问：乙方可否向本国法院提请上诉？为什么？

有一份合同，印度 A 公司向美国 B 公司出口一批黄麻。在合同履行的过程中，印度政府宣布对黄麻实行出口许可证和配额制度。A 公司因无法取得出口许可证而无法向美国 B 公司出口黄麻，遂以不可抗力为由主张解除合同。问：印度公司能否主张这种权利？为什么？

3. 填表

项目	仲裁	诉讼
组织性质	民间	国家机构
解决争议的前提		无需对方当事人同意
选择解决纠纷人员的权限		国家指定
解决依据		
时效		
费用		
形式	不公开	公开

实训指导

实训教师带领学生学习了解不可抗力和仲裁条款。

学生实训过程中要把握不可抗力的界定及事故处理，仲裁的解决程序。

作业点评

1）各小组将讨论结果以 PPT 形式或文档形式提交。

2）各小组对自己的分析结果进行演示说明。

　　3）案例分析是否正确。

　　4）图表填写是否正确。

■■■ 业务操作

　　我国 A 公司以 CIF 汉堡出口食品 1000 箱，即期信用证付款。货物装运后，A 公司凭已装船清洁提单和已投保一切险及战争险的保险单，向银行收妥货款，货到目的港后经进口人复验发现下列情况：

　　1）该批货物共有 10 个批号，抽查 20 箱，发现其中 2 个批号涉及 200 箱食品细菌含量超过进口国标准；

　　2）收货人只实收 995 箱，缺少 5 箱；

　　3）有 10 箱货物外表状况良好，但箱内货物共缺少 60 千克。

　　操作：1）试分析上述情况，进口人应分别向谁索赔？

　　　　　2）请帮助进口人撰写索赔书。

小　结

　　本项目活动主要围绕索赔、不可抗力与仲裁展开。买卖双方交易的商品一般都要进行检验，如果检验结果有异，其中任何一方有违约的情况，受害方都有权提出索赔。合同签订后，若发生人力不可抗拒事件，致使合同不能履行或不能如期履行，可按合同中关于不可抗力条款的规定，免除合同当事人的责任。买卖双方在履行合同过程中，如果产生争议，难以解决，可采取仲裁方式解决。

思考与练习

一、单项选择题

1. 以仲裁方式解决贸易争议的必要条件是（　　）。
   - A．双方当事人订有仲裁协议
   - B．双方当事人订有合同
   - C．双方当事人无法以协商解决
   - D．一方因诉讼无果而提出

2. "离岸重量、到岸品质"是指（　　）。
   - A．装运港检验
   - B．目的港检验
   - C．出口国检验、进口国复验
   - D．装运港检验重量、目的港检验品质

3. 在众多检验商品品质的方法中，最常用的是（　　）。
   - A．装运港检验
   - B．目的港检验
   - C．出口国检验、进口国复验
   - D．装运港检验重量、目的港检验品质

4. 短交在多数情况下，应该向谁索赔（　　）。
   - A．保险公司　　　　B．买方　　　　C．卖方　　　　D．承运人

5. 我国某公司与新加坡一家公司以 CIF 新加坡的条件出口一批土特产品，订约时，我国公

司已知道该批货物要转销美国。该货物到新加坡后，立即转运美国。其后新加坡的买主凭美国商检机构签发的在美国检验的证明书，向我提出索赔。问，美国的检验证书是否有效（　　）。

  A．有效

  B．无效，应要求新加坡商检机构出具证明

  C．无效，应由合理第三国商检机构出具证明

  D．其他

  6．我某粮油食品进出口公司与美国田纳西州某公司签订进口美国小麦合同，数量为100万公吨。麦收前田纳西州暴雨成灾，到10月份卖方应交货时小麦价格上涨。美方未交货。合同订有不可抗力条款，天灾属于该条款的范围，美方据此要求免责。此时，我方应（　　）。

  A．不可抗力，予以免责，并解除合同

  B．未构成不可抗力，坚持美方应按合同规定交货

  C．构成不可抗力，可以解除合同，但要求损害赔偿

  D．成不可抗力，但不要求损害赔偿，亦不解除合同，而要求推迟到下年度交货

  7．下列关于仲裁裁决的效力描述不正确的是（　　）。

  A．凡由中国国际经济贸易仲裁委员会做出的裁决一般是终局性的，对双方都有约束力

  B．在裁决中败诉的一方不执行裁决，仲裁机构可以强制执行

  C．若败诉方不执行裁决，胜诉方有权向有关法院起诉，请求法院强制执行

  D．我国现在已经加入了《承认与执行外国仲裁裁决公约》，但做出了两项保留

  8．发生（　　），违约方可援引不可抗力条款要求免责。

  A．战争   B．世界市场价格上涨

  C．生产制作过程中的过失   D．货币贬值

  9．在国际货物买卖中，较常采用的不可抗力事故范围的规定方法是（　　）。

  A．概括规定 B．不规定 C．具体规定 D．综合规定

二、多项选择题

  1．合同的商品检验一般规定买方在接受货物之前享有对所购买的货物进行检验的权利。但在一定条件下，买方对货物的检验权丧失。这些条件是（　　）。

  A．买卖双方另有约定

  B．买方没有利用合理的机会检验货物

  C．合同规定以卖方的检验为准

  D．卖方已经检验了货物

  2．商检证书的作用有（　　）。

  A．证明卖方所交货物符合合同规定的依据 B．是海关放行的依据

  C．卖方办理货款结算的依据   D．是办理索赔和理赔的依据

  3．某出口商按合同规定交了货，并向进口商提交了清洁提单，进口商收到货后发现，因外包装受损而导致包装内商品损坏。请问进口商应向（　　）索赔。

  A．船公司 B．保险公司 C．卖方 D．买方

  4．罚金条款一般适用于（　　）。

  A．卖方延期交货   B．买方延迟开立信用证

  C．买方延期接运货物   D．一般商品买卖

5. 构成不可抗力事件的要件有（   ）。

A. 事件发生在合同签订后

B. 不是由于当事人的故意或过失所造成的

C. 事件的发生及其造成的后果是当事人无法预见、控制、避免或克服的

D. 不可抗力是免责条款

6. 仲裁的特点主要有（   ）。

A. 当事人意思自治

B. 非公开审理

C. 解决国际商事争议的最主要的方法

D. 程序简便、结案较快、费用开支较少

7. 仲裁协议是仲裁机构受理争议案件的必要依据。以下（   ）是正确的。

A. 仲裁协议可以在争议发生之前达成

B. 仲裁协议可以在争议发生之后达成

C. 若仲裁协议事前与事后达成协议内容不同，应以事前达成为准

D. 按照我国法律，仲裁协议必须是书面的

8. 我国 C 公司与日本 D 公司签订了一份销售合同，其中仲裁条款规定在被诉人所在国仲裁。在履约过程中发生争议，日方为申诉人，可以在（   ）进行仲裁。

A. 北京   B. 深圳   C. 上海   D. 青岛

9. 在国际贸易中，解决争议的方法主要有（   ）。

A. 友好协商   B. 调解   C. 仲裁   D. 诉讼

10. 在对外索赔与理赔工作中，（   ）是很关键的问题。

A. 保护好受损货物   B. 想法核实对方的财产

C. 收集好索赔的依据   D. 掌握好索赔的期限

三、判断题

1. 援引不可抗力条款的法律后果是撤销合同或推迟合同的履行。   （   ）

2. 从西欧某商进口在当地通常可以买到的某化工产品，在约定交货前，该商所属生产上述产品的工厂之一因爆炸被毁，该商要求援引不可抗力免责条款解除交货责任。对此，我方应予同意。   （   ）

3. 买卖双方为解决争议而提请仲裁时，必须向仲裁机构递交仲裁协议，否则，仲裁机构不予受理。   （   ）

4. 仲裁协议必须由合同当事人在争议发生之前达成，否则不能提请仲裁。   （   ）

5. 根据我国现行做法，对外订立仲裁条款时应争取在我国仲裁，如对方不同意，也可接受在被告国仲裁。   （   ）

6. 若合同中无规定索赔条款，买方便无权提出索赔。   （   ）

7. 只要支付了罚金，即可不履行合同。   （   ）

四、简答题

1. 在国际贸易中，产生争议的原因有哪些？

2. 订立违约金条款时应注意哪些问题？

3．合同中的不可抗力条款包括哪些内容？

4．诉讼与仲裁有何异同？

五、案例分析题

1．我国某出口企业以 CIF 纽约条件与美国某公司订立了 200 套家具的出口合同。合同规定 2009 年 12 月交货。11 月底，我方企业出口商品仓库发生雷击火灾，致使一半左右的出口家具烧毁。我方企业以发生了不可抗力事故为由，要求免除交货责任，美方不同意，坚持要求我方按时交货。我方无奈经多次努力，于 2010 年 1 月初交货，美方要求索赔。试问：（1）我方要求免除交货责任的要求是否合理？为什么？ （2）美方的索赔要求是否合理？为什么？

2．我国某公司与新加坡一家公司以 CIF 新加坡的条件出口一批土产品，订约时，我国公司已知道该批货物要转销美国。该货物到新加坡后，立即转运美国。其后新加坡的买主凭美国商检机构签发的在美国检验的证明书，向我提出索赔。问：我国公司应如何对待美国的检验证书？为什么？

3．国 A 外贸公司向国外 B 公司进口普通豆饼 2 万公吨，8 月份交货。在 4 月份，B 商豆饼收购地发生洪灾，收购计划落空。B 致电我 A 公司要求按不可抗力时间处理，免除其交货责任。问：这一要求是否合理？为什么？

参 考 文 献

陈霜华，查贵勇．2008．国际贸易习题与案例．上海：复旦大学出版社．

顾民．2001．外贸制单与结汇．北京：对外经济贸易大学出版社．

雷震，雷跃先，等．1999．国际贸易实务操作模拟教程．郑州：中原农民出版社．

莫沙．2008．国际贸易实务学习指导与练习．大连：东北财经大学出版社．

孟祥年．2005．国际贸易实务操作教程．北京：对外经济贸易大学出版社．

魏彩慧．2009．国际贸易案例精选（第2版）．北京：中国纺织出版社．

袁建新．2006．国际贸易实务．上海：复旦大学出版社．

余世明．2005．国际贸易实务——21世纪国际商务教材辅导系列．广州：暨南大学出版社．

仲鑫．2008．国际贸易实务案例精选．北京：机械工业出版社．

张亚芬．2005．国际贸易实务与案例．北京：高等教育出版社．

http://www.docin.com/ 豆丁网

http://www.1798.cn/index.shtml 国际贸易网

http://www.51test.net/bgy/

各项目思考与练习参考答案

项目1

一、不定项选择题

1. B　　2. C　　3. B　　4. ABC　　5. ABC

二、简答题

1. 对外贸易与国际贸易都是指越过国界所进行的商品交换活动。从这一点说，两者是一致的。但是它们也有明显的区别，前者是着眼于某个国家，即一个国家（地区）同其他国家（地区）之间的商品交换；后者是着眼于世界范围，即世界上所有国家（地区）之间的商品交换。

2. 国际贸易在交易环境、交易条件、贸易做法等方面所涉及的问题，都远比国内贸易复杂，其主要特点表现如下：国际贸易属跨国交易，情况错综复杂；国际贸易线长面广，中间环节多；国际贸易风险大，具有不稳定性；国际市场商战不止，竞争激烈。

3. （1）产品以低于正常价值或公平价值的价格销售，正常价值和公平价值通常是指出口国或原产地国的国内市场销售价格。

（2）这种低价的销售行为对进口国相同产品的整个产业所造成损害。

（3）倾销与损害存在内在的因果关系。

三、分析题

（略）

项目2

一、不定项选择题

1. B　　2. A　　3. ABC　　4. ACD　　5. A　　6. ABCD　　7. ABCD
8. ABCD

二、判断题

1. T　　2. F　　3. T　　4. T　　5. F　　6. T　　7. T　　8. T　　9. T

三、案例分析题

1. A公司没有做好沙特阿拉伯的市场调查，盲目选择寄售方式，虽然寄售人努力推销，但沙特市场接受能力较差，只能面对失败。

2. 物资采购的国际招标，通常应将规格和价格合在一起采用一次开标的方法。

3．选择独家经销商，最重要的是考察经销商的经销能力。A 公司未考察好 B 公司的经销能力就直接授予其独家经销权，导致蒙受损失。

4．补偿贸易的特点是用投入设备产出的产品来抵偿设备款，本案中是用积存外汇的形式，不属于补偿贸易，自然不能享受优惠。

5．此条件我方不能接受。因为补偿贸易就是要用产品来抵偿设备款，如果由外商代销，万一外商外销受阻，我方要承受巨大损失。

6．在订立独家经销协议时，一定要明确独家经销期限。

7．拍卖行必须保证其拍卖品与其描述一致。

项目 3

一、填空题

1．凭实物　凭说明

2．凭说明

3．回样

4．看货买卖　凭样品买卖

5．公定回潮率

6．11%

7．允许溢装或短装的比率　实际交货时由谁决定溢短装部分价格如何计算　溢短装部分价格如何计算

8．公制　美制　英制　国际单位制

9．中性包装

10．无牌中性包装　定牌中性包装

11．定牌

12．收货人或买方名称的英文缩写字母或简称　参考号　目的地　件数号码

二、判断题

1．F　　2．F　　3．F　　4．F　　5．T　　6．T　　7．F　　8．F
9．F　　10．F　　11．T　　12．F　　13．F　　14．F

三、不定项选择题

1．A　　2．B　　3．B　　4．ABC

四、问答题

1．（1）内容必须明确、具体、避免空泛、笼统的规定。

（2）根据需要与可能约定成交商品的名称条款中规定的品名，必须是卖方能够供应而买方所需要的商品，避免盲目成交，给履约带来困难。

（3）合理描述成交商品。

（4）正确使用成交商品名称。

（5）应注意单证间、单货间品名的一致。

2．合同中品质条款一般包括品名、品质描述、品质幅度。

3．合同中数量条款一般包括度量衡、计量单位、数量、溢短装等。

4．中性包装指既不标明生产国别、地名和厂家名称，也不标明商标或牌号的包装。某些情况下，某些小型企业因无力宣传自己的品牌或品牌销售不力，为了企业的延续能力，就会替别的品牌进行生产和加工，挂别的品牌，就出现了中性包装。

5．（1）在定牌生产的商品和／或包装上，只用外商所指定的商标或牌号，而不标明生产国别和出口厂商名称，这属于采用定牌中性包装的做法。

（2）在定牌生产的商品和／或包装上，标明我国的商标或牌号，同时也加注国外商号名称或表示其商号的标记。

（3）在定牌生产的商品和／或包装上，有采用买方所指定的商标或牌号的同时，在其商标或牌号下标示"中国制造"字样。

6．买卖合同中的包装条款主要包括：包装材料、包装方式、包装规格、包装标志和包装费用等内容。应注意的问题是：

（1）对包装的要求应具体明确。

（2）应订明包装费用由何方负担。

（3）明确何方提供运输标示。

（4）明确包装不良应负的责任。

五、案例分析题

1．评析：本案中，合同与信用证上都明确规定须待买方认可回样后方能装运，所以，尽管买方开来信用证，但因信用证上有此限制条款，我方也无法利用，回样得不到买方认可而延迟装运的责任非我方单方面所致，对方以此为由要求赔偿，我方应予以拒绝。

我方在订立合同时，如将条款改为"回样认可后买方应在××天内将信用证开抵卖方"，则会主动一些。如果对方故意拖延开证，我方还可向其索赔。

2．评析：根据国际惯例，由"约"、"大约"或类似意义的词语用于信用证金额、数量和单价时，当解释为允许其金额数量或单价有不超过10%的增减差额。据此，我方多装2吨是可以的，不过来证的金额前并无类似"约"或"大约"的词语，所以如持22吨的发票和8800美元的汇票向银行办理议付，肯定不行。所以，在签约时若数量前冠以"约"，则来证的金额也应有相应规定，否则，不能多装。

3．买方要求合理，因为卖方没有按规定包装，且唛头也不对。

4．买方要求合理，因所用包装与合同规定不符。卖方可以事先请示买方意见，待买方同意卖方再在包装上做更改。

六、计算题

解：因为：

公量＝商品的实际重量×（1＋标准回潮率）/（1＋实际回潮率）

所以：

商品的实际重量＝公量×（1＋实际回潮率）/（1＋标准回潮率）＝100×（1＋21%）/（1＋10%）＝110（公吨）

答：我方应装运 110 公吨才能达到合同规定的公量数。

项目 4

一、单项选择题

1．A 2．D 3．A 4．A 5．B 6．D 7．C 8．A 9．A
10．A 11．D 12．B 13．A 14．A 15．B 16．D 17．A 18．B
19．C 20．B

二、多项选择题

1．ABCDE 2．BCD 3．BCE 4．ABCD 5．AB 6．BDE
7．BCDE 8．ABC 9．ABC 10．ABCDE 11．ABCD 12．ABD

三、判断题

1．T 2．F 3．F 4．F 5．T 6．T 7．T 8．T 9．F
10．T

四、案例分析题

1．本合同以附加条件改变所使用贸易术语实际意义。根据《2010 通则》对于 CIF 的解释，CIF 属典型的象征性交货贸易术语，即卖方只要按期在约定的装运港完成装运并向买方提交符合合同规定的包括物权凭证在内的单据就算完成了交货义务，而无需保证到货。而本合同条文的规定明显是在要求卖方要实际交货，这跟 CIF 的涵义相矛盾。

2．本案例中进口方的做法是不正确的。根据《2010 通则》对于 CIF 的解释，在 CIF 条件下，买卖双方的风险划分界限是在装运港船上，即货物转船前的风险由卖方承担，一旦货物装船则风险由买方承担。受载船只在航运中触礁沉没发生在货物转船之后，这种风险由买方承担。另外，象征性交货下卖方凭符合要求的单据收取货款，买方凭符合要求的单据支取货款。所以进口方应接受单据，支付货款。

3．（1）进口方不能向卖方索赔。

（2）按 FOB 条件成交，卖方应在规定的装运港和规定的时间将货物交于买方指派的船只上，完成交货义务，卖方承担货物的风险从货物装船后开始转移给买方。就本案例而言，包装物破裂不是在装船后发生的，该项损失按风险划分界限，理应由出口方自己承担。

4．（1）买方的行为不尽合理。

（2）按《2010 通则》解释，在 EXW 条件下，除非合同中有相反的规定，卖方一般无义务提供货物的出口包装。如果签约时已明确该货物是供出口的，并对货物的包装要求做了规定，则卖方应按规定提供符合出口需要的包装。

（3）本案中，买方拒绝接受货物和支付货款时，并没有提出电缆的包装不符合合同规定，而只是提出包装不适合出口运输，这说明买卖双方在合同中就货物的包装问题没有做出明确的规定。那么，按照《2010 通则》解释，买方拒绝接受货物和拒绝支付货款显然理由不充分。

项目 5

一、单项选择题

1. D 2. A 3. D 4. A 5. A

二、判断题

1. F 2. T 3. F 4. F 5. F

三、简答题

1. 影响商品成交价格的因素有：商品的质量和档次；运输距离的远近；交货地点和交货条件；季节性需求的变化；成交数量的大小；支付条件和汇率变动的风险。此外，交货期的远近、运输条件、佣金多少、支付货币、关税征收、市场销售习惯和消费者的爱好等因素，对确定价格也有不同程度的影响，我们必须全盘考虑和正确掌握。

2. 在合同中规定固定价格是一种常规做法。它具有明确、具体、肯定和便于核算的优点。缺点是由于市场行情瞬息万变，价格涨落不定，规定固定价格就意味着买卖双方要承担从订约到交货付款以至转售时价格变动的风险。而且，如果行市变动过于剧烈，这种做法还可能影响合同的顺利执行。一些不守信用的商人很可能为逃避亏损，而寻找各种借口撕毁合同。

3. 佣金可用文字表示。例如，每打 100 英镑 CIF 伦敦包含佣金 2%，即 £100 per doz.CIF London including 2% commission。也可以在贸易术语后面加注"佣金"的英文缩写字母"C"并注明佣金的百分比表示。例如，每打 100 英镑 CIFC2% 伦敦，即 £100 per doz.CIFC2% London。

4. 一般用文字作具体表示。例如，每公吨 300 美元 FOB 上海，减 2% 折扣，即 USD300 per metricton FOB Shanghai Less discount 2%；也有不用百分率而用具体金额表示的，如"减 2 英镑"（less discount 2）。折扣有时也用在价格术语后加注折扣的英文缩写"R"或"D"来表示。如上例表示为，USD300 per metricton FOBR 2% Shanghai。

四、案例分析题

本案例合同中的价格条款不够明确。它属于非固定价格的定价方法。虽然规定了定价时间，但没有明确规定定价方法，因此容易引起争议。对此争议，当事人双方可以通过协商，补充上定价，如"按提单日期的国际市场价格计算"等。

项目 6

（略）

项目 7

一、单项选择题

1. A 2. A 3. D 4. B 5. C 6. B 7. A 8. A 9. B

二、多项选择题

1．ABCD　　2．ABCD　　3．ABCD　　4．BD　　5．ABC　　6．ABCD

7．AD　　　8．BC

三、判断题

1．T　　2．F　　3．T　　4．T　　5．F　　6．F　　7．T　　8．T　　9．T

四、案例分析题

1．我方不应赔偿。本案中，B商两次来电，要求将数量增加到500公吨，价格降低到225.00美元/公吨，已经构成了还盘。还盘一经作出，原发盘即告失效，合同没有成立。既然合同没有成立，也就不涉及毁约的说法。所以，我方不应该赔偿对方的损失。

2．我方的做法合理。根据我国《合同法》的规定，当约定合同于签订确认书生效时，双方签订了确认书，合同方成立。本案中，我方在电传中表明，要签订确认书交易才达成，在我方研究有关条款的措词时，对方向我方电催开立信用证，此时，合同未成立，我方可拒绝开证。

3．（1）双方的交易已经达成。因为，根据我国的《合同法》规定，我国与国外当事人订立的国际货物买卖合同必须采用书面的形式，书面形式包括电报和电传。此案中，我国某技术贸易公司与国外某客户之间的交易是经过双方多次的函电往来达成的，尽管双方未签订正式的书面合同，但双方函电往来的内容已构成了合同的内容，所以，双方的交易已经达成。

（2）就此案例，我方应责成对方履行合同，按双方的约定尽快向我方提供技术贸易的出口，另外，我方仍保留索赔的权利。

4．我方的接受不能使合同成立。因为我方在8月20日曾向对方复电："若价格能降至56美元，我方可以接受。"该复电已构成了还盘。该还盘一经作出，原发盘即告失效。所以，当我方于8月21日得知国际市场行情有变，向对方表示的接受已不具有接受效力。因此，我方的接受不能使合同成立。

5．我方的接受可使合同成立。根据《联合国国际货物销售合同公约》的规定，受盘人对货物的价格、付款、品质、数量、交货时间与地点、一方当事人对另一方当事人的赔偿责任范围或解决争端的办法等条件提出的添加或更改，均视作实质性变更发盘条件。受盘人在接受中的添加或更改，如果在实质上变更了发盘条件，就构成了对原发盘的拒绝，其法律后果是否定了原发盘，原发盘即告失效，原发盘人就不再受其约束。本案我方在接受通知中，表示对包装条件的添加，并不构成实质性变更发盘条件，不属于还盘性质，除非发盘人在合理的时间内及时地表示不同意受盘人的添加，否则，该接受仍具有接受的效力。因此，我方的接受可使合同成立。

6．双方的合同已经成立。因为，在国际货物买卖中，买卖双方之间订立的长期贸易协议对双方具有约束力。本案中，双方订立的长期协议规定："卖方必须在收到买方订单后15天内答复，若未答复则视为已接受订单。"本案中，卖方于11月1日收到了买方订购2000件服装的订单，但直到12月25日卖方才通知买方不能供应2000件服装，其答复已超过了双方长期协议中规定的收到订单后15天，其行为可视作已接受了订单。所以，双方的合同已经成立。

7．我方不应发货。因为我方7月24日用电传表示的接受，已超过了发盘规定的有效期，属于逾期接受。对于这种逾期接受，只有当对方毫不延迟的表示同意，才属于有效接受。本案中，"对方一直没有音讯"，所以，我方7月24日的接受无效。因此，合同并未成立，我方不应发货。因该商品的市场行情上涨，我方应寻找出价较高的买方将货物销售出去。

8. 对方的要求不合理。根据《公约》规定，构成一项接受应具备的必要条件之一是接受由特定的受盘人作出。本案中，我方发盘中特定的人是香港某中间商 A，其发出的接受通知才具有接受的效力。12 日我方收到美国 B 商人开来的信用证可视作一项发盘，该发盘必须得到我方的接受，合同才成立。在合同未成立的情况下，B 方就要求我方发货是不合理的。

项目 8

一、单项选择题

1. C   2. B   3. B   4. A   5. D   6. B   7. B   8. D   9. C
10. D

二、多项选择题

1. BCD   2. ABC   3. ABD   4. BCD   5. ACD   6. ABD
7. CD   8. AB   9. ABCD

三、判断题

1. F   2. F   3. F   4. F   5. F

四、简答题

1. （1）谈判中形成一言堂。　　　　　（2）过分沉默与反应迟钝。
   （3）观点的争执。　　　　　　　　（4）偏激的感情色彩。
   （5）人员素质的低下。　　　　　　（6）信息沟通的障碍。
   （7）软磨硬抗式的拖延。　　　　　（8）外部环境发生变化。
2. （1）了解影响谈判的因素。　　　　（2）寻找关键问题。
   （3）确定具体目标。　　　　　　　（4）形成假设性方法。
   （5）深度分析和比较假设方法。　　（6）形成具体的谈判策略。
   （7）拟定行动计划草案。

项目 9

一、不定项选择题

1. AC   2. C   3. ABCD   4. B   5. ABCD   6. ABCD   7. A
8. AB

二、判断题

1. T   2. F   3. T   4. T   5. T

三、简答题

1. （1）必须是在合同签订以后发生的。
   （2）不是由于任何一方当事人的过失或疏忽所造成的。

（3）必须是双方当事人所不能控制的，而这种事故的发生是不能预见、无法避免、无法预防的。

2．（1）继续履行。　　　　　　　　（2）损害赔偿。

（3）要求支付违约金。　　　　　　（4）解除合同。

3．仲裁解决方式，是指双方当事人在争端发生之前或在争端发生之后，达成书面协议，自愿将争端提交双方所同意的第三者审理，由其做出裁决。

同诉讼和调解解决方式比较，仲裁解决方式的主要特点在于：仲裁机构是民间组织，没有法定的管辖权；仲裁机构根据双方当事人的仲裁协议受理有关案件，双方当事人享有充分的自治权，可自由选择仲裁机构、仲裁员、仲裁地点、仲裁所使用的语言、仲裁规则以及仲裁所适用的法律；仲裁程序简便，其裁决一般是终局性的，没有上诉或再审程序；仲裁裁决具有可强制执行性，若一方当事人不自动执行裁决，另一方当事人有权申请法院予以强制执行；仲裁方式的信息保密性好，仲裁实行不公开审理开庭制度，未经当事人的同意，第三人不可旁听案件审理，案件程序和实体的进行情况不公布于媒体。

项目 10

一、不定项选择题

1．A　　2．ABDC　　3．D　　4．A　　5．ABC　　6．C　　7．B　　8．AB
9．B

二、判断题

1．T　　2．F　　3．T　　4．T　　5．T

三、简答题

1．3C 认证主要是试图通过"统一目录，统一标准、技术法规、合格评定程序，统一认证标志，统一收费标准"等一揽子解决方案，彻底解决长期以来我国产品认证制度中出现的政出多门、重复评审、重复收费以及认证行为与执法行为不分的问题，并建立与国际规则相一致的技术法规、标准和合格评定程序，可促进贸易便利化和自由化。3C 认证就是中国强制性产品认证的简称。对强制性产品认证的法律依据、实施强制性产品认证的产品范围、强制性产品认证标志的使用、强制性产品认证的监督管理等作了统一的规定。3C 标志并不是质量标志，而只是一种最基础的安全认证，它的某些指标代表了产品的安全质量合格，但并不意味着产品的使用性能也同样优异，因此购买商品时除了要看它有没有 3C 标志外，其他指标也很重要。

2．5R 原则：适时、适量、适质、适价、适地。

意思为：从适当的供应商（Right Place），在确保适当的品质（Right Quality）下，于适当的时间（Right Time），以适当的价格（Right Price），获得适当的数量（Right Quantity）的物料或服务所采取的一系列管理活动，即采购的"5R"原则。

3．设备能力；质量保证；财务状况；成本结构；供应商的价值分析开展情况；生产作业计划与控制；合同执行情况；供应商的资信；供应商所在国的相关政策及技术标准；价格、服务、质量、区位、供应商存货政策、柔性；第三方认证。

项目 11

一、单项选择题

1．D 　2．D 　3．A 　4．A 　5．A 　6．A 　7．E 　8．E 　9．B
10．E

二、简答题

1．（1）定义：海上风险又称"海难"，一般是指船舶或货物在海上运输过程中发生的或随附海上运输所发生的风险。（不仅包括海上运输，还包括连接两端陆地的运输）

（2）海上风险的内容：我国现行的海运货物条款及英国伦敦保险协会货物新条款所承保的海上风险从性质上划分，主要可分为自然灾害和意外事故。

2．海上风险和外来风险所造成的损失，按损失程度划分，可分为全部损失与部分损失。其中全部损失又分为实际全损和推定全损，部分损失分为共同海损和单独海损。

3．（1）实际全损也称绝对全损，构成被保险货物的实际全损有下列四种情况：①被保险货物的实体已经完全灭失。②被保险货物遭遇到严重损害，已丧失了原有的用途和价值。③被保险人对保险货物的所有权已无可挽回的被完全剥夺。④载货船舶失踪，达到一定时期（我国海商法规定为 2 个月，英为 6 个月）仍无音讯。被保险人在货物遭受了实际全损后，可按其投保金额，获得保险人的全部损失的赔偿。

（2）推定全损也称商业全损，是指被保险货物在海上运输中遭遇承保风险之后，虽未达到完全灭失的状态，但是可以预见到它的全损将不可避免；或者为了避免全损，需要支付的抢救、修理费用加上继续将货物运抵目的地的费用之和将超过保险价值。

4．共同海损是指在同一海上航程中，船舶、货物和其他财产遭遇共同危险，为了共同安全，有意地合理地采取措施所直接造成的特殊牺牲，支付的特殊费用。

共同海损所必备的条件：①导致共同海损的危险必须是真实存在的或不可避免的，危及船舶与货物共同安全的危险。②共同海损的措施必须是为了解除船货的共同危险，人为地、有意识地采取的合理措施。③共同海损的牺牲是特殊性质的，费用损失必须是额外支付的。④共同海损的损失必须是共同海损措施的直接的合理的后果。⑤造成共同海损损失的共同海损措施最终必须有效果。

三、案例分析题

出口欧洲器材的部分损失是由于运输工具发生碰撞造成的意外事故而产生的。根据平安险的承保责任，保险公司负责"由于运输工具遭受搁浅、触礁、沉没、互撞、与流冰或其他物体碰撞以及失火爆炸等意外事故而引起的部分损失"。上述货物损失显然属于承保的意外事故引起的损失，理应由保险公司负责赔偿。而向美国出口货物是由于船舶遭受自然恶劣气候影响全部损失，而不是部分损失。但是平安险承保责任又规定，对于运输工具曾经遭受搁浅、触礁、沉没、焚毁等意外事故的，在这之前或之后因恶劣气候等自然灾害造成的部分损失，保险公司予以补偿。所以，出口美国的货物虽然是由于自然灾害造成的部分损失，但因载货船舶在该航行中遭受搁浅，且船舶搁浅时货物仍在船上，因而保险公司对美国的货物所遭受的损失应予以赔偿。

项目 12

一、不定项选择题

1．ABCD　　2．AB　　3．ABC　　4．A　　5．C　　6．C　　7．AD　　8．AB

二、判断题

1．T　　2．F　　3．F　　4．T　　5．T

三、简答题

1．（1）接受委托：报关企业接受客户委托，按其要求办理相关手续，代理报关业务。

（2）准备单证：报关企业在接受委托后，开始准备报关所需单证，如进出口报关单、发票、装箱单、装货单或提货单、进出口核销单、减免税证明、合同、报关委托书及各种特殊管制证件等。

（3）报关单预录入：报关企业在准备好报关材料后，先进行电子报关单的填写，称为电子数据预录入，即（EDI）。中国目前很多海关都开设了海关预录入系统，方便对报关材料和报关企业资格进行初步审核。电子报关单填制好后企业将电子文档提交给海关。每个在海关注册的报关企业海关都会发给他们一个IC卡，企业凭IC卡进入到预录入报关系统进行电子申报。

（4）海关初审：海关对报关企业提交的电子材料进行初步审核。如无发现问题，报关企业则准备所有资料到海关现场进行现场申报。如果发现问题，企业及时更正重新申报。

（5）现场报关：通过初审的报关企业持所需材料进入海关现场递交材料。

（6）海关接受：海关核对报关材料后，接受报关并安排货物报检。

2．（1）品质检验。是对货物外观、化学成分、物理性能等进行检验。一般采用仪器和感官两种检验方法。

（2）数量和重（质）量检验。指按合同规定的计量单位和计量方法对商品数量和重（质）量进行检验。

（3）包装检验。指对货物包装的牢固度、完整性进行检验，看其是否适合货物的性质和特点，是否适于货物的装卸、搬运，是否符合合同及其他有关规定，是否合乎标准或合同规定的内包装和衬垫物料或填充物料，并对包装标志的各项内容进行核对，看其是否与合同规定相符。

（4）卫生检验。指对肉类罐头食品、奶制品、禽蛋及蛋制品、水果等货物是否无菌、无寄生虫等进行检验。

（5）残损鉴定。指对受损货物的残损部分予以鉴定，分析致残原因及对商品使用价值的影响，估计损失程度，出具证明等。

3．（1）指运地和启运地设有经海关批准的监管场所。

（2）运载转关运输货物的运输工具和装备具有密封装置和加封条件。

（3）对超高、超长等无法封入运输装置的货物办理转关手续，必须事先得到启运地海关的同意。

（4）承运转关运输货物的企业是经海关核准的运输企业。

项目 13

一、填空题

1．航空运输

2．石油、天然气及固体料浆等

3．30 ～ 45

4．矿石、石油等使用油管和传送带装卸

5．固定航线　停靠港口　停靠港口　运费费率

6．附加费

二、判断题

1．T　　2．F　　3．F　　4．F　　5．F

三、简答题

1．（1）定程租船（Voyage Charter,Trip Charter）　　（2）定期租船（The Charter）

（3）光船租船　　　　　　　　　　　　　　　　　（4）包运租船

2．（1）至少是两种不同运输方式的国际间连贯运输。

（2）有一份多式联运合同。

（3）使用一份包括全程的多式联运单据。

（4）由一个多式联运经营人对全程运输负责。

3．（1）班机运输　　　　　　　　　　　　　　　　（2）包机运输

（3）集中托运　　　　　　　　　　　　　　　　　（4）急件传递

项目 14

一、单项选择题

1．C　　2．B　　3．A　　4．B　　5．B　　6．B　　7．D　　8．D　　9．B

10．A　　11．B　　12．A　　13．C　　14．C　　15．B　　16．B

二、多项选择题

1．ABCD　　2．AB　　3．AC　　4．AD　　5．AD

三、判断题

1．F　　2．F　　3．F　　4．T

四、简答题

1．托收实际上是一种商业信用，即若交单后进口商拒绝付款，代收行无付款或赔偿责任，故他是一种风险极大的国际结算方式，特别是远期承兑交单方式下，进口商面临着钱货两失的风险，对进口商极为不利。所以现今托收常被作为一种非价格竞争手段。

2．（1）信用证方式是一种银行信用，由开证行负第一性付款责任。受益人无须也不得直接

找进口人付款，而是凭单据直接向信用证上注明的银行要求付款。

（2）信用证是独立于贸易合同之外的自足文件，不受贸易合同的约束。信用证开立的依据是贸易合同，但一经开立，银行与受益人之间就以信用证来履行义务承担责任，而不是根据贸易合同行事。

（3）信用证的标的是单据。信用证业务中，各有关当事人处理的是单据，至于单据上所代表的货物是否已装船或灭失，银行都不过问，只要受益人提供的单据与信用证相符，单据之间相符无误，则银行就应付款。即使对于欺诈性的单据，银行不知情则不予负责。因此可以说信用证下银行与受益人是从事一种单据买卖活动。

3．（1）买卖双方订立合同，约定以信用证方式进行结算；

（2）进口人填制开证申请书，交纳押金和手续费，要求开证行开出以出口人为受益人的信用证；

（3）开证行将信用证寄交出口人所在地的分行或代理行（通知行）；

（4）通知行核对印鉴无误后，将信用证转交出口人；

（5）出口人审核信用证与合同相符后，按信用证规定装运货物，并备齐各项货运单据，开具汇票，在信用证有效期内一并送交当地银行（议付行），请求议付；

（6）议付行审核单据与信用证无误后，按汇票金额扣除利息和手续费，将货款垫付给出口人；

（7）议付行将汇票和货运单据寄交给开证行或其指定的付款行索偿；

（8）开证行或其指定付款行审单无误后，向议付行付款；

（9）开证行在向议付行办理转账付款的同时，通知进口人付款赎单；

（10）进口人审查无误后，付清货款；

（11）开证行收款后，将货运单据交给进口人，进口人凭以向承运人提货。

4．（1）汇付：汇付的优点在于手续简便、费用低廉。汇付的缺点是风险大，资金负担不平衡。因为以汇付方式结算，可以是货到付款，也可以是预付货款。如果是货到付款，卖方向买方提供信用并融通资金。而预付货款则买方向卖方提供信用并融通资金。不论哪一种方式，风险和资金负担都集中在一方。

（2）托收：托收风险很大，托收对进口人比较有利，可以免去开证的手续以及预付押金，还有可以预借货物的便利。

（3）信用证：信用证相对来讲比较安全，信用证属于银行信用。

五、案例分析题

1．因开证行负第一付款责任，虽然开证行倒闭，但有保兑行，开证行责任归保兑行，所以我方可向保兑行申请付款。

2．开证行负第一付款责任，虽然案例中买方破产倒闭，但开证行还在，由开证行承担付款责任。

3．开证行这样做有道理，因为信用证的相关银行在付款时只审单据，不审货物，所以开证行这样做是合理的。

项目 15

一、不定项选择题

1．C　　2．ABCDE　　3．AB　　4．C　　5．A　　6．ACD　　7．CD

8．ABCD

二、判断题

1．T　　2．T　　3．T　　4．F　　5．T

三、简答题

1．（1）出口商将整套出口结汇单据（包括外销发票、海运提单、保险单、商检证书、出口货物原产地证等）发送给出口地银行。

（2）出口地银行将该整套单据发送给进口地银行。

（3）进口地银行在单据符合信用证要求的情况下，通过出口地银行向出口商付款（在托收方式下，则有进口商付款后，进口地银行才向出口商付款）。

（4）进口地银行向进口商发送整套单据，并由进口商向其付款。

（5）进口商向进口地银行付款。

（6）出口地银行收到货款后，向出口商发送结汇水单。

2．（1）提单是承运人或其代理人应托运人要求所签发的货物收据，证明已收到或接管提单所列货物。

（2）提单是物权凭证，即一种货物所有权凭证。谁持有提单，谁就可以提货，也可凭此向银行押汇，还可以在载货船舶到达目的港交货之前进行转让。

（3）提单是承运人与托运人之间运输合同的证明。多数人认为提单是运输合同的证明，而不是运输合同本身。一般手续，承运人在签发提单以前，运输合同已经成立，否则承运人不会承担货物运输。

3．倒签提单是指承运人或其代理人应托运人的要求，在货物装船完毕后，以早于货物实际装船日期为签发日期的提单。当货物实际装船日期晚于信用证规定的装船日期，若仍按实际装船日期签发提单，托运人就无法结汇。为了使签发提单的日期与信用证规定的装运日期相符，以利结汇，承运人应托运人的要求，在提单上仍以信用证的装运日期填写签发日期，以免违约。

4．预借提单是指货物尚未装船或尚未装船完毕的情况下，信用证规定的结汇期（即信用证的有效期）即将届满，托运人为了能及时结汇，而要求承运人或其代理人提前签发的已装船清洁提单，即托运人为了能及时结汇而从承运人那里借用的已装船清洁提单。

项目 16

简答题

1．出口收汇对我国发展经济有重大意义。它不仅能保证出口商品所创外汇即时收回、增加外汇储备、满足我国进口用汇，而且还能稳定人民币币值，提高我国在国际上的经济地位。同时可以加强我国对外经贸工作的管理，防止逃汇现象，减少外汇流失。

2．（1）开户。　　（2）领单。　　（3）报关。　　（4）送交存根。　　（5）核销。

3．（1）有关证件的送验及登记表的领取。

（2）退税登记的申报和受理。

（3）填发出口退税登记证。

（4）出口退税。

4．（1）报关单。

（2）出口销售发票。

（3）进货发票。

（4）结汇水单或收汇通知书。

（5）出口货物运单和出口保险单。

（6）有进料加工复出口产品业务的企业，还应向税务机关报送进口料、件的合同编号、日期、进口料件名称、数量、复出口产品名称，进料成本金额和实纳各种税金额等。

（7）产品征税证明。

（8）出口收汇已核销证明。

（9）与出口退税有关的其他材料。

项目 17

一、单项选择题

1．A　　2．D　　3．C　　4．C　　5．A　　6．B　　7．B　　8．A　　9．D

二、多项选择题

1．BC　　2．ABCD　　3．AB　　4．ABC　　5．ABCD　　6．ACD　　7．ABD

8．ABC　　9．ABCD　　10．ACD

三、判断题

1．F　　2．F　　3．T　　4．F　　5．T　　6．F　　7．F

四、简答题

1．（1）合同内容不严密。主要表现为：合同内容与协商内容不一致；合同条款的规定不严密，责任不明确；双方权利义务不对等，片面地规定约束一方的条款，对双方的约束力不同。

（2）合同条款之间不协调。主要表现为：合同条款之间有矛盾。例如，贸易条件为 FOB 或 CFR，而保险条款没有明确，保险由买方自理。

（3）对国际惯例的理解不同。在进出口买卖合同中订立的合同条款受某一国际贸易惯例约束，但买卖双方对国际惯例的理解不一致，极易导致争议发生。

2．违约金条款是合同的重要条款，是担保合同全面履行、补偿守约方的损失、惩罚违约方违约行为的重要措施。因为违约金是合同条款，应当充分尊重合同当事人的意志、体现私权自治的法治原则；同时因为违约金是民事责任的承担方式，人民法院可以基于公权力对违约金进行调整，以保障合同正义性。平衡合同自由与合同正义原则的适用，违约金调整应当以尊重当事人约定为原则，以公权力干预调整为例外补充。违约金的过高或过低的比较标准是守约方的实际损失，实际损失应当包括直接损失和履行利益；违约金的调整幅度体现着惩罚的程度和合同实质正义，因此违约方受到惩罚的程度应当同其过错程度相关联。

3. 不可抗力条款是指买卖合同中订明当事人一方因不可抗力不能履行合同的全部或部分义务的，免除其全部或部分的履约责任，另一方当事人不得对此要求损害赔偿。因此，不可抗力条款是一种免责条款。

国际货物买卖合同中的不可抗力条款主要规定：不可抗力的范围、不可抗力的处理原则和方法、不可抗力发生后通知对方的期限和方法，以及出具证明文件的机构等。

4.（1）启动的前提不同。

要启动仲裁程序，首先，必须要双方达成将纠纷提交仲裁的一致的意思表示，其次，双方还必须一致选定具体的仲裁机构。对诉讼而言，只要一方认为自己的合法权益受到侵害，即可以向法院提起诉讼，而无需征得对方同意。

（2）受案范围不同。

仲裁机构一般只受理民商、经济类案件（婚姻、收养、监护、抚养、继承纠纷不在此列），不受理刑事、行政案件。而对上述案件，当事人均可诉讼有门。

（3）管辖的规定不同。

仲裁机构之间不存在上下级之间的隶属关系，仲裁不实行级别管辖和地域管辖。诉讼实行级别管辖和地域管辖。

（4）选择裁判员的权利不同。

在仲裁中，当事人约定由三名仲裁员组成仲裁庭的，应当各自选定或者各自委托仲裁委员会主任指定一名仲裁员，第三名仲裁员由当事人共同选定或者共同委托仲裁委员会主任指定仲裁员。而诉讼之中，当事人无权选择审判员。

（5）开庭的公开程度不同。

仲裁一般不公开进行，但当事人可协议公开，但涉及国家秘密的除外。人民法院审理，一般应当公开进行，但涉及国家秘密、个人隐私或法律另有规定的，不公开审理。

（6）终局的程序不同。

仲裁实行一裁终局制，仲裁庭开庭后作出的裁决是最终的裁决，立即生效。诉讼则实行两审终审制。

（7）强制权力的不同。

仲裁机构对于干扰仲裁活动的当事人，无权行使强制措施。人民法院则可以对干扰诉讼活动的当事人采取拘传、训诫、责令退出法庭、罚款、拘留的强制措施。

五、案例分析题

1.（1）不合理。应取得我国贸促会签发的不可抗力事故证明书，在此基础上要求变更合同履行，即减少履行。

（2）如属不可抗力事故，美方不得要求索赔，其索赔要求不合理。

2. 依据《公约》第三十八条，应认可美国检验证书的效力。

3. 不合理。首先明确是否属不可抗力事故范围。即使属于不可抗力造成的事故，也只能要求变更合同履行，即替代履行。

业务操作（第 70 页）

1）错误。可更正为"每码 3.50 元 CIF 香港"或"每码 3.50 元 CIFC2% 香港"。
2）错误。可更正为"每箱 500 英镑 CFR 伦敦"。
3）错误。可更正为"每公吨 1000 美元 CIF 伦敦"。
4）错误。可更正为"每打 100 法国法郎 FOB 天津，减 1% 折扣"。
5）错误。可更正为"每打 2000 日元 FOB 上海，包含佣金 2%"。

实训安排（第 33 页）

3．实训操作
1）合同应规定："水分最高为 14%，杂质不超过 2.5%。"